Ausstellungskataloge des Landesarchivs Berlin · 8

Hans J. Reichhardt

… bei Kroll 1844 bis 1957

Etablissement · Ausstellungen · Theater · Konzerte · Oper · Reichstag · Gartenlokal

Eine Ausstellung des Landesarchivs Berlin
14. Juni bis 31. Oktober 1988
Konzeption und Gestaltung der Ausstellung: Gerd Müller
unter Mitarbeit von Sabine Preuß und Klaus-Dieter Pett

: TRANSIT

Leihgeber

Archiv für Kunst und Geschichte, Berlin
Bildarchiv PK
Bregstein, Philo, Amsterdam
Hammer, Konrad, Berlin
Kunstbibliothek SM PK
Landesbildstelle Berlin
Mischel, Bruno, Warpe
Müller, Gerd, Berlin
Schiller-Nationalmuseum/Deutsches Literaturarchiv, Handschriftenabt., Marbach a. Neckar
Staatliches Institut für Musikforschung PK
Stiftung Schweizerische Theatersammlung, Bern
Technische Universität Berlin, Plansammlung
Ullstein Bilderdienst, Berlin
Universität zu Köln, Theatermuseum

Impressum:

Umschlagentwurf: Nicolaus Ott + Bernard Stein, Berlin
Layout und Herstellung: Gudrun Fröba, Berlin
Reprografie: Rink, Berlin
Druck und Bindung: Fuldaer Verlagsanstalt
ISBN 3-88747-048-6
:TRANSIT Buchverlag, Gneisenaustraße 2, Berlin 61

Inhalt

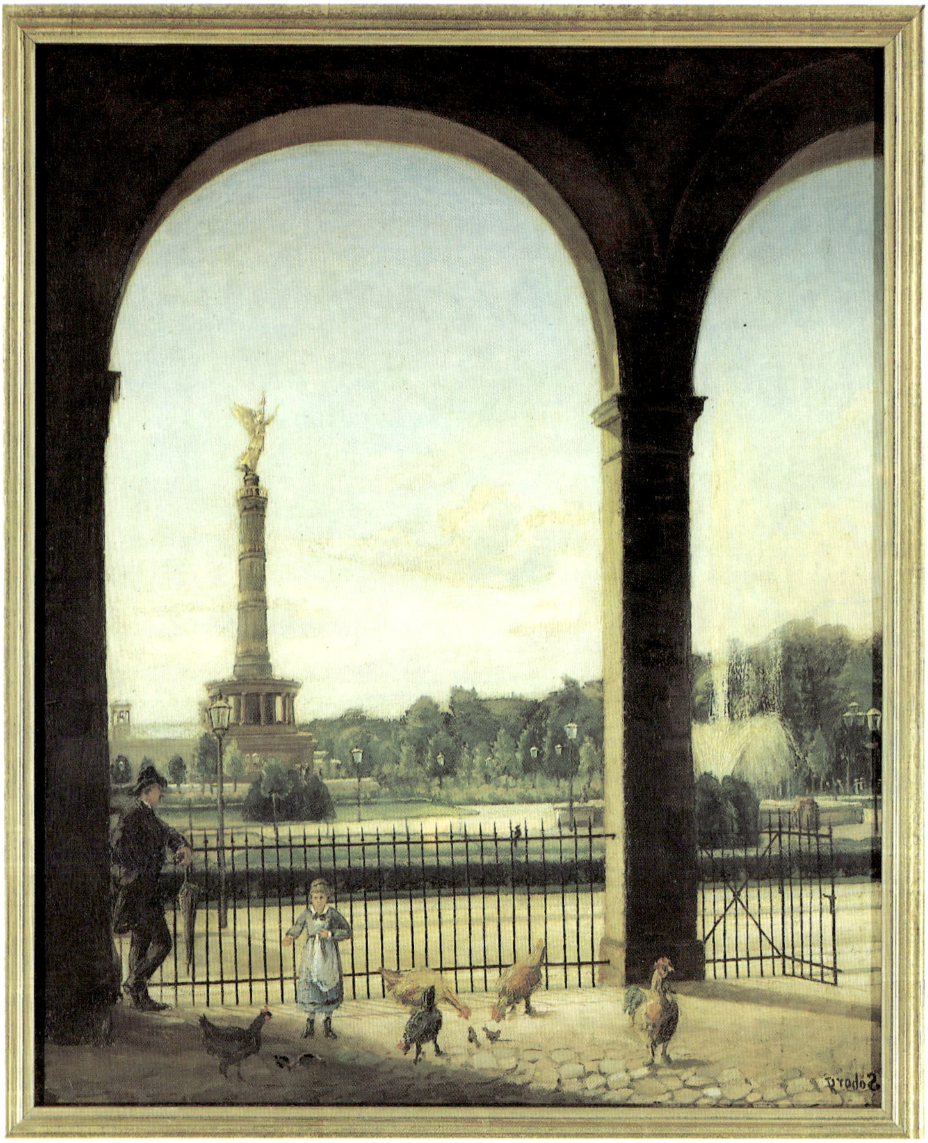

Vorbemerkung

»Kroll« – fast jeder in der Stadt, selbst unter den Zuwanderern der letzten Jahre, hat irgendwann und irgendwo schon einmal diesen Namen gehört oder gelesen, doch nur die wenigsten vermögen damit noch auch nur halbwegs konkrete Vorstellungen zu verbinden. Und selbst ältere Mitbürger, die vor nun mittlerweile auch schon wieder mindestens rund 50 bis 60 Jahren »Kroll« noch persönlich erlebten, sei's beim Besuch einer der legendären Opern-Aufführungen der Klemperer-Ära Ende der 20er Jahre, sei's bei einem der großen Bälle oder sei's bei einer der ganz »normalen«, dort üblichen Vergnügungen, hätten heute allergrößte Mühe zu sagen oder »vor Ort« zu zeigen, wo genau eigentlich im Tiergarten »Kroll« gestanden hat. 1957 waren seine letzten Ruinen- und Trümmerreste abgeräumt worden, die nach dem Kriege rund ein Dutzend Jahre noch eine mehr als kärgliche Existenz als bloßes Gartenlokal jeweils während der Sommermonate gefristet hatten.

Nachdem im Zusammenhang mit ersten Überlegungen und Gedankenspielereien zur Neugestaltung des Platzes der Republik vor einigen Jahren ein Kreis interessierter Bürger sich zusammenfand, der das Ziel eines Wiederaufbaues von »Kroll« verfolgt, entstand bei uns die Idee zu einer Ausstellung der überaus wechselvollen Geschichte dieses Hauses. Unsere Absicht dabei ist ganz einfach der Versuch, allen Besuchern der Ausstellung zumindest eine Vorstellung davon zu vermitteln, was »Kroll« von seinen Anfängen bis zum bitteren Ende einmal für Berlin bedeutete: Winter-Garten, Etablissement, Sommer-Garten, Spielstätte für Schwänke, Possen, Lustspiele, Konzerte und Opern, Ballhaus, Veranstaltungsort für Ausstellungen, Kongresse und Tagungen, Pleiten, Besitzwechsel, dreimal vom Abriß bedroht, Zentralsammelstelle für die »Reichswollwoche« im Ersten Weltkrieg, Übernahme durch die Preußischen Staatlichen Bühnen, Verpachtung an die Volksbühne, vier Jahre Klemperer-Ära, schließlich nach dem Brand des Reichstages am 27./28. Februar 1933 dessen Tagungsort bis 1942, wo zwar keine Weltgeschichte »gemacht«, immerhin aber doch einige ihren Verlauf in den 30er Jahren wesentlich beeinflussende Entscheidungen verkündet wurden – das sind einige Stichworte aus der über hundertjährigen Geschichte dieses Hauses.

Seinen Namen hatte es von dem aus Breslau stammenden »Restaurateur« Joseph Kroll, der auf Wunsch und mit nachdrücklicher Förderung Friedrich Wilhelms IV. sein Etablissement auf dem alten Exerzierplatz vor dem Brandenburger Tor, also auf einem dem preußischen Fiskus gehörenden Terrain, 1843/44 errichtet hatte, aber schon im Frühjahr 1848 gestorben war. Doch wie auch immer dann in den folgenden Jahrzehnten die offizielle Bezeichnung für das Etablissement lauten mochte und wer auch immer als jeweiliger Besitzer galt, von Beginn an sprach man ganz selbstverständlich nur von »Kroll«, und welche Veranstaltungen dort auch immer auf dem Programm standen, sie fanden statt »bei Kroll«.

Auf Grund höchst unterschiedlicher Quellenlage können wir weder in der Ausstellung noch im Katalog eine annähernd vollständige Dokumentation der Geschichte von »Kroll« bieten; dies bleibt eine Aufgabe für die Zukunft; sie hätte umfangreiche und langwierige Forschungen zur Voraussetzung, die Jahre in Anspruch nehmen. Hauptquelle für unsere Arbeit bilden die rund zwei Dutzend Bände Bauakten aus dem Bestand der Preußischen Bau- und Finanzdirektion zum Kroll'schen Etablissement, ferner Akten des Bezirksamtes Tiergarten für die Nachkriegsjahre, die über die rein bauliche Entwicklung mit den zahlreichen Veränderungen und Neuerungen hinaus eine Reihe wichtiger Dokumente über die Besitzverhältnisse und über das Verhältnis zwischen den Pächtern und den jeweils zuständigen Behörden enthalten, die vom ersten bis zum letzten Tag mit verblüffender Kontinuität auf Erfüllung der ihnen vertraglich zustehenden Rechte pochten, ohne jemals wirklich ausreichendes Verständnis für Nöte und Sorgen ihrer auf eigenes Risiko arbeitenden Vertragspartner aufzubringen.

Für das Geschehen »bei Kroll« existiert im Grunde nur ein Buch: Alwill Raeder, Kroll, Ein Beitrag zur Berliner Cultur- und Theatergeschichte, Denkschrift zu dem 50jährigen Bestehen des Hauses, Berlin 1894 |die Schlußbogen erscheinen später|. Alle Artikel und Broschüren über »Kroll« aus der Zeit danach basieren auf diesem Buch als Quelle. Sie hat nur einen gravierenden Nachteil: die recht detaillierte Auflistung aller Ereignisse bei »Kroll« und das Echo, das sie in der Presse fanden, hören bereits im Jahre 1859 wieder auf. Beim in der Staatsbibliothek Preußischer Kulturbesitz befindlichen Exemplar des »Raeder« steht auf einem Titel-Einkleber: »Die Schlußbogen des Werkes werden nach Erscheinen kostenlos nachgeliefert. Berlin W, Charlottenstraße 2, Verlagsbuchhandlung von Hugo Steinitz«, handschriftlich steht darüber: »Erscheinen nicht mehr, laut Mitt. d. Verl.« Die Gründe für diese höchst bedauerliche Merkwürdigkeit kennen wir leider nicht. Die Folge davon ist, daß für die nächsten Jahrzehnte nur mehr oder minder oberflächliche und in der Datierung nur vage Angaben vorhanden sind.

Eine fundiertere Quellensituation ergibt sich erst wieder für die Zeit von 1927 bis 1931, als die Kroll-Oper unter Leitung Otto Klemperers im Rahmen der Preußischen Staatstheater weitgehende Selbständigkeit genoß und zur maßgeblichen Opernbühne Deutschlands avancierte, vor allem durch Hans Curjels »Experiment Kroll-Oper 1927 bis 1931«, München 1975, und durch die Klemperer-Biographie des englischen Musikkritikers Peter Heyworth, die im Herbst 1988 in deutscher Übersetzung im Siedler-Verlag erscheint. Für die Hitler-Reden in den 19 »Sitzungen« des Reichstages von 1933 bis 1942 mit den knappen Angaben des Inhalts wie des unmittelbaren politischen Hintergrundes diente das Parteiorgan *Völkischer Beobachter* bzw. Max Domarus, Hitler Reden und Proklamationen 1932-1945, kommentiert von einem deutschen Zeitgenossen, 4 Bde, 4. Aufl., Leonberg 1988, als Textgrundlage; für die Nachkriegszeit ausschließlich Akten des Bezirksamtes Tiergarten sowie einige Zeitungsartikel.

Um den Katalog nicht noch umfangreicher zu gestalten, lag der Verzicht auf einen ausführlichen Anmerkungsapparat nahe, zumal dieser in den einzelnen Abschnitten fast nur in der ständigen Zitierung ein- und derselben Quelle bestanden hätte. Quellenangaben sind im Text eingefügt, soweit es unbedingt erforderlich erschien. Zitate aus den Akten lassen sich jederzeit bei einer Benutzung in unserem Haus überprüfen.

Ein erster Dank gilt, wie immer, den auf Seite 4 genannten Leihgebern, ohne deren Unterstützung die Ausstellung so nicht hätte konzipiert werden können. Besonderen Dank schulde ich wiederum unserem Restaurator Gerd Müller, der die Konzeption für die Ausstellung entwickelte und sie mit seinen Mitarbeitern Christine Göppinger und Ralf Michlenz auch aufgebaut hat; ebenso Sabine Preuß und Klaus-Dieter Pett, die weitgehend für Auswahl und Zusammenstellung sorgten und mit Volker Viergutz das Verzeichnis der Objekte erstellten, sowie Ilona Boppert und auch Gerda Fischer für das Schreiben der Manuskripte.

Berlin, im Mai 1988 — Hans J. Reichhardt

1844 bis 1894

Bau des Etablissements – Die ersten Jahre unter Leitung von Joseph Kroll

Als Friedrich Wilhelm IV. im Anschluß an seine Teilnahme bei den Manövern des 5. und 6. Armeekorps zur Erbhuldigung auch in Breslau weilte, gab ihm die Stadt am 15. September 1841 ein »großes Dejeuner« im 1837 erbauten Kroll'schen Wintergarten. Der König zeigte sich dabei offensichtlich angetan von Aufbau und Ausstattung dieses Etablissements. Derartiges Wohlwollen von »allerhöchster Stelle« ermutigte Joseph Kroll zu dem Entschluß, dann auch in Berlin ein »dem Vergnügen und der Erholung gewidmetem Lokal, aber in bei weitem größeren, ja in dem grandiosesten Maßstab« zu errichten (*Haude & Spenersche Zeitung,* Nr. 291 v. 12. Dezember 1843). Dieser Wunsch kam den Absichten des auf die »Verschönerung seiner Residenz bedachten, kunstsinnigen Monarchen« entgegen. Nach mehrfachen Vorverhandlungen hatte der König in einer Kabinetts-Ordre vom 19. August 1842 bestimmt, dem 'Restaurateur' Kroll aus Breslau, sofern er »die Summe von 30000 Taler produzieren kann«, auf dem westlichen Ende des 1730 von Friedrich Wilhelm I. angelegten, längst zu einer Sandwüste verkommenen, von den Berlinern daher nicht gerade liebevoll 'Sahara' genannten Exerzierplatzes vor dem Brandenburger Tor das zur Anlage eines Wintergartens erforderliche Terrain zu überlassen. Dies unter der Bedingung, so zitierte der Chef der Domänen- und Forstverwaltung im Ministerium des Königl. Hauses, Staatsminister von Ladenberg, in einer Mitteilung an den Intendanten der Königl. Gärten, den Geh. Regierungs-Rat von Massow, vom 20. November 1842 aus der 'Cabinettsordre', daß »von Seiten des Fiskus gegen den p. Kroll auf jeden Kanon verzichtet werde, so lange die zu errichtenden Gebäude und Anlagen zu dem angegebenen Zweck benutzt werden«.

Da es noch an der »allerhöchsten Entscheidung« hinsichtlich der Festlegung der Trasse für die geplante, vom Exerzierplatz in nördlicherRichtung führenden Straße fehlte, konnte die ursprünglich für den 28. Januar 1843 vorgesehene 'definitive Absteckung' des Areals für das Kroll'sche Etablissement erst am 18. März erfolgen. Zu diesem Behufe trafen sich laut Protokoll der 'Garten-Direktor' Peter-Joseph Lenné und der 'Thiergarten-Inspector' Koeber als 'Commissarien' des Domänen-Fiskus und der Tiergartenverwaltung unter Hinzuziehung des 'Vermessungs-Revisors' Meyer, Joseph Kroll sowie der Baumeister Eduard Knoblauch: »Der Garten-Direktor Lenné legte den von Sr. Majestät dem Könige genehmigten Plan vor, worauf das Kroll'sche Etablissement in allen Dimensionen richtig eingetragen war, und hiernach wurden unter gemeinschaftlicher Überzeugung die Baulinien abgesteckt, und zwar in folgender Art. Die Front des zu erbauenden Etablissements stehet rechtwinklig auf die südliche Länge des Exerzierplatzes gerichtet. Die Mitte des Gebäudes ist auf die auf dem Plan mit abbezeichneten Linie eingerichtet. Die Längenausdehnung ist 344 Fuß, die Breite der beiden äußersten Seiten ... ist 72 Fuß. Die nordwestliche Ecke dieser 72 Fuß langen Seiten liegt zwei Ruthen von der auf dieser Seite des Platzes begrenzenden Baumreihe. / Der mittlere Theil der östlichen Front des Gebäudes ist 142 Fuß lang und springt 20 Fuß vor dem schmalen 72 Fuß langen Sei-

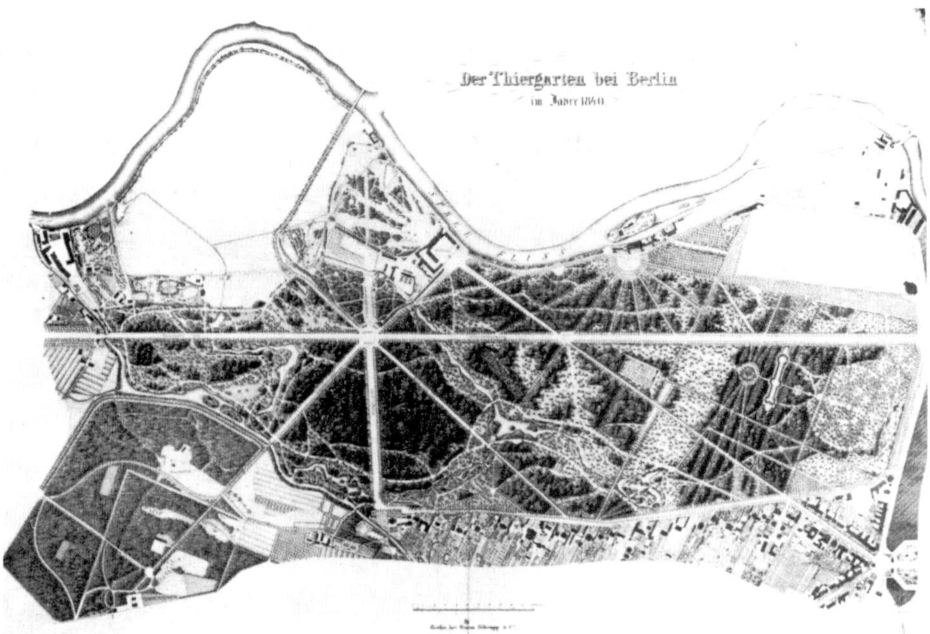

Tiergarten um 1840, rechts oben der Exerzierplatz

ten vor. / Vor diesem mittleren 142 Fuß langen Risalit liegt eine Terrasse, welche mit ihrem mittleren runden Perron des Gebäudes vorspringt. Vor dem mittleren Risalit der westlichen Front liegt ein 98 Fuß langer und 24 Fuß breiter Hof. / Nachdem sich alle anwesenden Herrn von der Richtigkeit des nach diesen Bestimmungen abgepfälten Bauplatzes überzeugt hatten, wurde diese Verhandlung geschlossen und abgezeichnet.«

Im April 1843 begann nach einem Entwurf des königlichen Baumeisters Ludwig Persius – ein Indiz dafür, welche Bedeutung Friedrich Wilhelm IV. diesem Projekt beimaß – dann der Bau, dessen Leitung in den Händen von Eduard Knoblauch lag. Die Unterzeichnung des Vertrages zwischen Fiskus und Kroll über die Zuteilung des Areals und den Bau geschah jedoch erst am 28. Juli. Danach waren Kroll und seine Erben u.a. zu folgendem verpflichtet: Nutzung des Terrains ausschließlich für das Wintergarten-Ensemble; Finanzierung der Bauten auf »alleinige Kosten«, ohne daß der »Fiskus das Mindeste dazu beiträgt«; entschädigungsloser Wiederabriß der Gebäude, wenn sie nicht gemäß dem Bauplan ausgeführt sein oder einmal in Verfall geraten sollten, und dann Rückgabe des Areals an den Fiskus; bei einem eventuellen Verkauf »des Gebäudes im Ganzen« Einholung der Zustimmung der »fiskalischen Behörde«; hinsichtlich Bebauung und Benutzung schließlich Unterwerfung unter die allgemeinen polizeilichen und die »für diesen speziellen Fall von der Polizei-Behörde zu erlassenden Vorschriften«. Dem Fiskus hingegen verblieb das unbeschränkte Eigentum »auf das darunter begriffene Dispositionsrecht über das überwiesene Terrain, soweit es nicht durch die Herrn Kroll eingeräumten Befugnisse eingeschränkt ist«; des weiteren verzichtete der Fiskus auf einen Grundzins, so lange Bauten und Anlagen zum angegebenen Zweck benutzt würden.

Die Bauarbeiten erfolgten mit »so ungemeiner Schnelligkeit«, daß der »tüchtige Bauherr« sein Haus schon am Weihnachts- oder Neujahrstage zu eröffnen hoffte. Anfang Dezember

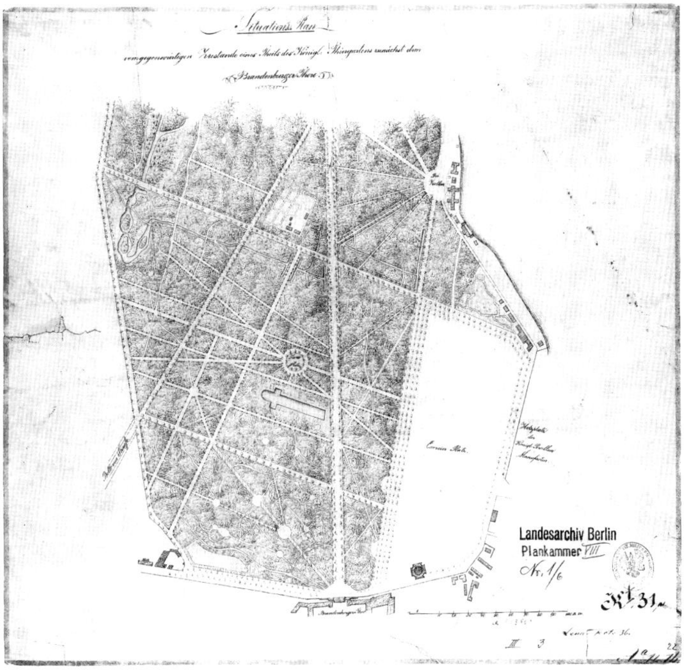

Tiergarten um 1840.
Unten Mitte das
Brandenburger Tor,
nordwestlich davon
der alte Circus

Der Circus vor dem Brandenburger Tor

gab es bereits erste detaillierte Berichte mit überschwenglichen Lobeshymnen auf das »eine herrliche Vue bildende Gebäude«, bestehend aus »drei Theilen«, massiv erbaut, »die ganze Structur im italiänischen Stil«, mit den im »hintern Theile ... zwei den Mittelpunkt bildenden Thürmen (jeder 90 Fuß hoch) ..., von denen man die schönste Aussicht auf die Stadt und Umgebung hat« – einerseits auf »Spandaus Thurm und Citadelle«, andererseits auf die »rauchenden Locomotiven der Potsdamer und Anhaltischen und weiterhin die der Frankfurter und der Stettiner Bahn«. Im Innern aber, so der Berichterstatter weiter, bleibe nur, »über die Großartigkeit der ganz nach der Idee des Herrn Kroll aufgeführten Anlagen zu staunen«; Rokoko-und Renaissancesaal und schließlich als Clou der Königssaal, so genannt nach lebensgroßen, von Konstantin J.F. Cretius gemalten Bildnissen Friedrich Wilhelms IV. und seiner Frau Elisabeth, wo 1000 und in jeder der anstoßenden Kolonnaden noch einmal je 400, alles in allem also 1800 Personen bequem tafeln konnten.

Nach »glücklicher Bewältigung« dieses »Saal- und Zimmer-Meeres mit allen seinen Herrlichkeiten und seinen gleichsam dem Märchen der 1001 Nacht entlehnten Zierathen« folgte die Empfehlung, auch noch »in den Tartarus, auf gut französisch in die Souterrains«, hinabzusteigen. Die unter dem Nord- und dem Südflügel liegenden waren Ökonomie-Räumlichkeiten vorbehalten, während das unter dem Mittelteil liegende aus einem großen Tunnel bestand, der mit 100 Fuß Länge und 94 Fuß Tiefe die gleichen Maße aufwies wie der darüber liegende Königssaal. Diesem Tunnel schlossen sich weitere Restaurationspartien an, in denen allein (!!) zu rauchen und Bier zu trinken erlaubt war. Auch für eine Halle zur Maskengarderobe und für Räume zur Gasreinigung war gesorgt, »wie denn überhaupt der Gasbeleuchtung, die hier einen Staat im Staate bildet, und 400 Flammen an das Abendlicht zu fördern hat, eine vorzügliche Aufmerksamkeit gewidmet ist« (*Haude & Spenersche Zeitung,* Nr. 291 v. 12. Dez. 1843).

Und dieser »Staat im Staate« bildete die Ursache für die Hinausschiebung des Eröffnungstermins um mehrere Wochen. Denn bei einer Besichtigung am 21. Dezember 1843 mußten der Polizeipräsident von Puttkammer, der Chef der Königl. Ministerial-Bau-Commission, Freiherr von Müffling, Tiergarten-Inspektor Koeber und einige andere Beamte feststellen, daß das auf dem Situationsplan skizzierte Gasometergebäude sich bereits im Bau befand, dabei aber längst noch nicht alle feuerpolizeilichen Auflagen erfüllt waren, und außerdem über das Joseph Kroll zugestandene Terrain hinausragte. Zwei Tage später bemerkte Staatsminister Graf zu Stolberg in einem Schreiben an den Freiherrn von Müffling, daß nach dem vom König gefaßten Beschluß das »unter lügenhaften Vorspiegelungen und im entschiedenen Ungehorsam gegen die Allerhöchste Entscheidung auf der nördlichen Seite des Wintergarten-Etablissements von dem Restaurateur Kroll auf fiscalischem, ihm nicht mit überlassenen Grund und Boden aufgeführte Gasometer-Haus sofort abgerissen und der p. Kroll deshalb zur Untersuchung gezogen werden« sollte. Der König habe jedoch aus »Allerhöchster Gnade und in Folge der von der Madame Amalie Beer – sie besaß ein nördlich vom Kroll'schen Etablissement gelegenes Grundstück – eingelegten Fürbitte die Ausführung dieses Allerhöchsten Beschlusses insoweit zu suspendieren geruht, daß der p. Kroll das gedachte Gasometer-Haus Behufs der einstweiligen Benutzung während der nächsten Monate zwar für jetzt vollends herstellen könne, solches aber unbedingt bis zum 1. April künftigen Jahres wieder abzureißen und den früheren Zustand wieder herzustellen gehalten sein soll, widrigenfalls beides auf seine Kosten dann sofort bewirkt und die Einleitung der Untersuchung erfolgen wird«. Der Minister ordnete an, daß man Kroll für den Bau eines Gasometers ein erforderliches Areal an anderer Stelle widerruflich überlassen solle. Immerhin hatte Friedrich Wilhelm IV. auf dem von Kroll eingereichten Situationsplan den Standort des Gasometer-Gebäudes »Allerhöchst ... mit Blei zu zeichnen geruht«.

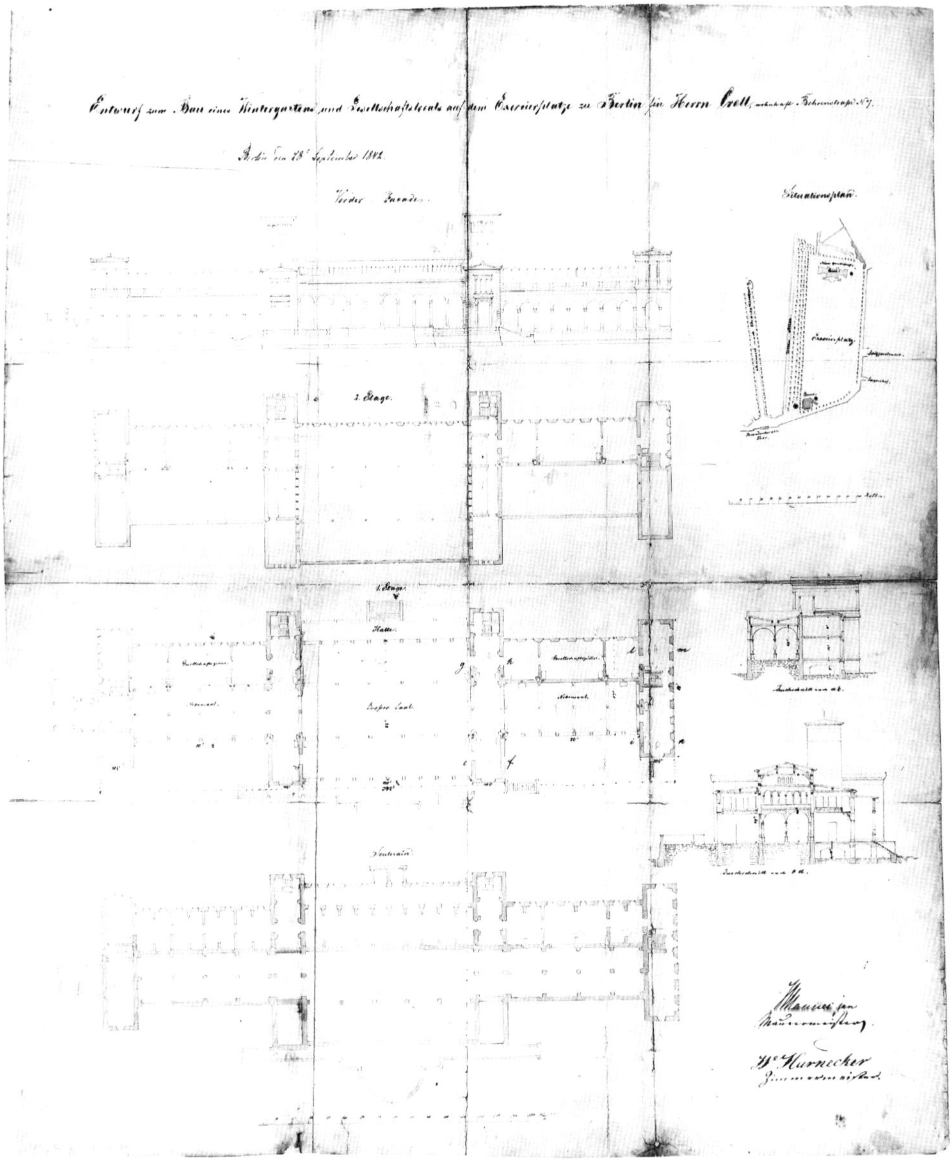

Entwurf zum Bau des Wintergartens, 18. September 1842

Noch am gleichen Tag übermittelte Freiherr von Müffling die im Schreiben des Ministers enthaltenen Auflagen Joseph Kroll, der alle Bedingungen zu erfüllen versprach und »anerkennen mußte«, daß er sich in einer äußersten Notlage befand, »in welcher [er sich] garnicht anders zu helfen wußte«, als der »Allerhöchsten Bestimmung« entgegenzuhandeln und das Gasometergebäude auf der nördlichen Seite des Etablissements anzulegen und zu vollenden.

Bei der »wegen der großen Ausdehnung der Baulichkeiten« zwei Tage erfordernden Abnahme des Baues konstatierten die Beamten des Polizeipräsidiums und der Ministerial-Bau-

Commission am 4./5. Januar 1844, daß sie »in öffentlicher Beziehung [gemeint war damit die Fassadengestaltung] ... bei der Local-Revision keine Abweichungen von dem Allerhöchst genehmigten Bauplane des Wintergartens vorfanden«. Hingegen werteten sie von Kroll vorgenommene Änderungen bei der Ausführung des Mittelbaus, nun neben dem Königssaal ein Vestibül mit Treppe und einigen Räumlichkeiten daneben sowie darüber eine Logenreihe zu gewinnen, als vorteilhaft, da dieser nun einen bequemen Zugang von der Westfront erhalten hatte, der bei Feuersgefahr leicht zu passieren sein würde. Da Kroll sich bereitwillig zeigte, die von den Beamten bemängelten Unzulänglichkeiten im Feuerschutz sofort beseitigen zu lassen, stand der Eröffnung des Etablissements nichts mehr im Wege.

Am 10. Februar 1844 erschien unter der Überschrift 'Kroll's Garten' eine Notiz, worin Joseph Kroll seinen »tiefgefühlten Dank« aussprach für den »lebhaften Antheil«, dessen sich sein Unternehmen bei allen Ständen und von allen Seiten her zu erfreuen habe. Um sich des »ferneren Wohlwollens« zu empfehlen, meinte er gegenüber manch »unrichtiger Verbreitung« über die Einrichtung seines Lokals und dessen Verwaltung erklären zu müssen: Nach »Allerhöchster Bestimmung« sollte sein Lokal dem »gebildeten Publikum Berlin's einen Erholungsort bieten«, eingerichtet für Konzerte, Bälle und andere Festlichkeiten, dabei den Anforderungen des »heutigen guten Geschmacks« entsprechend, und Zweckmäßigkeit mit einer äußeren Eleganz verbindend. Alle Lokalitäten des insgesamt bequem 5000 Personen fassenden Hauses würden den Besuchenden zur Disposition stehen -- neben den drei größeren Sälen noch 13 Logen, von denen die kleinsten noch 15 Personen aufnehmen konnten, außerdem 14 große Zimmer, »wohin sich kleinere Gesellschaften zurückziehen können«.

»Um nicht abhängig von Zufälligkeiten zu sein« gab Kroll bekannt, daß er eine Kapelle von »60 engagirten tüchtigen Musikern« unterhalten werde, die unter der Leitung des »Königlichen Kammermusikus Herrn Gaehrich mit Genehmigung der ihm vorgesetzten Behörde« spielen solle. Konzerte sollten drei- bis viermal in jeder Woche stattfinden mit »allen classischen Musikstücken«, aber auch »die neusten und besten Compositionen«. 40 Kellner würden bereit sein, »die ihnen ertheilten Befehle auf das Schnellste auszuführen« (*Haude & Spenersche Zeitung*, Nr. 41 v. 10. Febr. 1844).

Und am Tage vor der Eröffnung erschien es einem H. Schmidt in der *Haude & Spenerschen Zeitung* vom 14. Februar nicht »unangemessen«, die öffentliche Aufmerksamkeit darauf hinzulenken, daß man in einer anderen europäischen Hauptstadt wohl schwerlich ein gleiches Institut mit dieser Räumlichkeit und solcher Eleganz finden würde. Denn: »Die weiten Räume, an und für sich imponirend durch ihre Größe, haben durch die Ausschmückung ... zehnfach gewonnen, und bieten einen feenhaften Anblick dar. Diese kostbaren und zugleich kunstreichen Kronleuchter aus Glas und Bronce, diese Verzierungen von Steinpappe, diese geschmackvollen Draperien, dies kostbare Mobiliar vereinigen sich zu einem wahrhaften Festesschmuck. Kommen nun noch die Blumen hinzu ..., so ist der Zauber vollendet. Mag es draußen stürmen, mag es frieren oder der Regen sich in Strömen ergießen, in diesem Feenpalaste wird ein steter Frühling seyn ... So wandert denn hin, Berliner, zum fröhlichen Carneval und erfreut Euch der Concerte, der Thée dansants und der heitern Maskenfeste, die hier noch stattfinden sollen. Nach dem zu schließen, was dargeboten wird, kann ich die volle Überzeugung aussprechen, daß Niemand diese Räume unbefriedigt verlassen wird.« Allerdings soll Willibald Alexis zu dem Bau geäußert haben: »Viel zu groß für Berlin!« (Raeder, S.6)

Die Eröffnung am 15. Februar 1844 gestaltete sich zum »Ereigniß« schlechthin. Alle seit etlichen Wochen geschürten Hoffnungen und Erwartungen jener »zahlreichen Schaaren, [die] nach dem Exerzierplatz wallfahrten«, um Kroll's Garten in Augenschein zu nehmen, wurden

Kroll's Königssaal, Farblithografie, um 1845

weit übertroffen. »Gleich, als man am Abend das Brandenburger Thor passirt hatte und in die Zelten-Allee gelangt war, überraschte das durch seine trefflichen Formen ... ausgezeichnete, in strahlender Beleuchtung prangende Gebäude. Je näher man dem Ziele kam, desto schöner erschien das majestätische Gebäude.« Und wohin die Besucher auch nur blickten, »überall entdeckte das Auge neue Reize ..., überall Geschmack, solide Pracht, ohne Überladung, so daß der Gesammteindruck ein vollkommener war und seyn mußte«. Die Anwesenden sollen sich heiter und ungezwungen in den Sälen und Zimmern bewegt haben, einstimmiges Lob kundtuend und allgemeine Bewunderung äußernd. Das Festkonzert mit einer Beethoven-Symphonie, dem Finale des zweiten Aktes von Mozarts *Don Giovanni* und einer vom Kapellmeister Gaehrig zu diesem Anlaß komponierten Fest-Ouvertüre fand in der Berichterstattung nur wenig Beachtung. Zu sehr stand das Haus als solches im Vordergrund des Interesses, erntete die Leistung, es in nur knapp zehn Monaten bis zur Eröffnung hochgezogen und luxuriös eingerichtet zu haben, ungeheuren Respekt. Man wünschte dem »thätigen Besitzer« wie dem Publikum der Stadt, die »itzt durch die vielen Eisenbahn-Verbindungen ja eine neue, bisher nicht gekannte Ausdehnung« erhalten hatte, daß ein ihrer würdiges Etablissement dauernd erhalten bleibe. Dies, um den Vorwurf zu entkräften, »wir liebten die Abwechslung zu sehr, vergötterten heut', was wir später nicht beachteten, tadelten gern rasch, mit einem Wort, könnten uns zu der eigentlichen großstädtischen Höhe nicht erheben« (*Haude & Spenersche Zeitung,* Nr. 47 v. 17. Febr. 1844).

Zwei Tage nach der offiziellen Eröffnung folgte bei Kroll der erste »Bal masqué«, von den »Freunden und Verehrern des alten 'Fürsten Carneval', dessen Herrschaft in unseren nördlichen Gegenden nie recht Fuß fassen wollte« [woran sich auch auch bis heute nichts geändert hat!], nach dem Verlust entsprechend großer Säle durch die Brände im Colosseum und im Opernhaus Unter den Linden in den letzten Jahren, heiß ersehnt. Geradezu ängstlich hätten

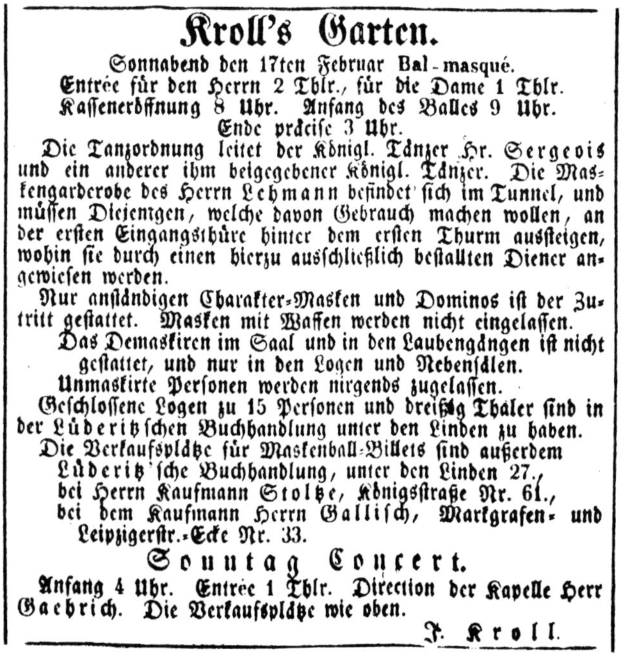

Kroll's Garten.

Sonnabend den 17ten Februar Bal-masqué.
Entrée für den Herrn 2 Thlr., für die Dame 1 Thlr.
Kasseneröffnung 8 Uhr. Anfang des Balles 9 Uhr.
Ende präcise 3 Uhr.

Die Tanzordnung leitet der Königl. Tänzer Hr. Sergeois und ein anderer ihm beigegebener königl. Tänzer. Die Maskengarderobe des Herrn Lehmann befindet sich im Tunnel, und müssen Diejenigen, welche davon Gebrauch machen wollen, an der ersten Eingangsthüre hinter dem ersten Thurm aussteigen, wohin sie durch einen hierzu ausschließlich bestallten Diener angewiesen werden.

Nur anständigen Charakter-Masken und Dominos ist der Zutritt gestattet. Masken mit Waffen werden nicht eingelassen.

Das Demaskiren im Saal und in den Laubengängen ist nicht gestattet, und nur in den Logen und Nebensälen.

Unmaskirte Personen werden nirgends zugelassen.

Geschlossene Logen zu 15 Personen und dreißig Thaler sind in der Lüderitzschen Buchhandlung unter den Linden zu haben.

Die Verkaufsplätze für Maskenball-Billets sind außerdem
Lüderitz'sche Buchhandlung, unter den Linden 27.,
bei Herrn Kaufmann Stoltze, Königsstraße Nr. 61.,
bei dem Kaufmann Herrn Gallisch, Markgrafen- und Leipzigerstr.-Ecke Nr. 33.

Sonntag Concert.

Anfang 4 Uhr. Entrée 1 Thlr. Direction der Kapelle Herr Gaehrich. Die Verkaufsplätze wie oben.

J. Kroll.

Haude & Spenersche Zeitung, 17. Februar 1844

sie immer wieder danach geforscht, ob das zur Aufnahme »Carnevals und seiner vielen Getreuen« wie geschaffene Etablissement vor den Toren der Stadt sich noch in der Faschingszeit auftun würde. Doch der Mann, welcher schon so viele unübersteiglich scheinende Hindernisse überwunden hatte, habe auch hier Rat zu schaffen gewußt und war den »regsten Wünschen« dergestalt entgegengekommen, daß er am 17. Februar, also noch drei Tage vor dem »diesjährigen Rückzug des Carnevals«, mit einem Maskenball debütieren konnte.

Und dieser nun sei eine »durchaus feine« Angelegenheit gewesen, auf dem eine edle und doch ungezwungene Heiterkeit herrschte. Auch *Terpsichore* habe einen »eigenen Zauber ausgebreitet«, wohl kein Wunder, lag doch in den Händen zweier »Königl. Tänzer«, einer davon 'Hr. Sergeois', die Tanzordnung. In bunter Reihe tanzten die Dominos und Charakter-Masken (bei letzteren waren laut Anzeige aber nur »anständige« und ohne Waffen zugelassen!). Einen »eigenen interessanten Augenblick« bot dann die »General-Tanz-Pause«, als der oben noch mit Tanzenden und Zuschauenden gefüllte Königssaal sich allmählich leerte, um die Hungrigen und Durstigen in den Colonnaden und Nebensälen zu beherbergen. Es bildete dann sicher keine Überraschung, daß bei soviel Wohlbehagen über solch einen Auftakt auch »II.kk.HH. die Prinzen und Prinzessinnen«, welche mit ihrem Gefolge von der großen königl. Haupt- und anderen Nebenlogen aus den Ball in Augenschein nahmen und im Rokokosaal sich dem bis 1.00 Uhr währenden Souper mit 100 Gedecken widmeten, voller Zufriedenheit wieder von dannen zogen (*Haude & Spenersche Zeitung,* Nr. 45, 48 v. 16., 19. Febr. 1844).

So erfolgreich im allgemeinen und so erfolgversprechend für die Zukunft Joseph Kroll die Eröffnung seines Etablissements hatte hinter sich bringen können, so wenig war damit schon eine Minderung seiner mit dem Bau verbundenen Sorgen und der daraus resultierenden Querelen mit den Behörden verbunden. Sie sollten fortdauern und die wenigen, ihm noch verbleibenden Jahre überschatten.

Bereits am 15. März 1844, also nur vier Wochen später, gab es die erste Beschwerde und zwar gegen den auf Veranlassung von Kroll angelegten »erhöhten, mit Laternenpfählen versehenen Fahrweg« von der Zelten-Allee über den Exerzierplatz zum Etablissement. In einem Schreiben an die Ministerial-Bau-Commission verwies Friedrich Karl Freiherr von Müffling, Gouverneur von Berlin, unter Hinweis auf eine Mitteilung des Kriegsministeriums vom 11. November 1842, derzufolge der König bei Überlassung des Terrains an Kroll ausdrücklich befohlen habe, die dabei beabsichtigten Anpflanzungen so lange zurückzustellen, bis der gesamte Platz für militärische Zwecke entbehrlich sein würde. Das Generalkommando des Garde du Corps habe deshalb schon vom Polizeipräsidium die »ungesäumte Demolierung« des Weges verlangt, da dieser den Übungen in geschlossenen Bataillonen und Eskadronen »in hohem Grade hinderlich« sein würde. Kroll sei um so weniger dazu berechtigt gewesen, als »das Bedürfniß eines solchen Weges gar nicht vorlag«.

Dieser Einwand erschien um so unsinniger, als zum einen die Anlegung dieses Weges für Kroll, angesichts der völlig unzulänglichen Wegeverhältnisse in diesem Teil des Tiergartens, wo man bei Regen im Schlamm steckenblieb, gleichsam existentielle Bedeutung besaß, und zum anderen die Umwandlung des Exerzierplatzes nach dem Willen Friedrich Wilhelms IV. längst eine beschlossene Sache war. Er hatte schon am 30. März 1842 dem Grafen Athanasius Raczynski seine Bereitschaft signalisiert, ihm auf der Ostseite des Exerzierplatzes, also genau gegenüber von »Kroll«, ein Areal zum Bau eines Palais' zur Unterbringung seiner Kunstschätze anzubieten. Offensichtlich war der Monarch hier Vorstellungen des Gartenarchitekten Lenné gefolgt, der dann auch 1845 das etwa 500 Morgen umfassende Areal des ganzen Platzes senken ließ und es mit symmetrisch angelegten Rasenflächen und Pflanzungen schmückte, durch die sich breite Kieswege hinzogen – eine Anlage, die bis zur Einweihung der Siegessäule am 2. September 1873 Bestand hatte.

Den ihm auferlegten Abriß des Gasometerhauses bis zum 1. April 1844 hatte Joseph Kroll durch eine ganze Reihe von Eingaben immer wieder hinauszuzögern vermocht, ehe er im Frühjahr 1845 die Pläne für den Bau eines neuen in Verbindung mit dem Bau eines Treibhauses hinter dem südlichen Flügel einreichen konnte, für deren Verwirklichung er am 1. Juli d.J. die Erlaubnis erhielt. Acht Wochen später, am 30. August, aber rügte die Ministerial-Bau-Commission schon, daß »nach den vorläufigen Ermittlungen« das Projekt zum Bau des Treibhauses »von der von Sr. Majestät dem Könige genehmigten Zeichnung sehr bedeutend abweicht«. Der Bitte an das Polizeipräsidium, »den p.Kroll ... gefälligst schleunigst inhibriren zu wollen«, entsprach dieses bereits am 4. September.

Diese Intervention aber überstand Joseph Kroll ebenso wie manch andere, z.B. Beschwerden darüber, daß er die bei der Reinigung des Gases sich absorbierende Kalkmilch, statt sie auf einem »Privatacker unterzubringen«, hinter der ehemaligen Pulverfabrik in Moabit auslaufen ließ, was einen fürchterlichen Gestank verursachte. Kroll fehlte es gewiß nicht an gutem Willen, derlei behördlichen Forderungen nachzukommen, wohl aber an den dafür notwendigen Geldmitteln. Angesichts der Masse baulicher Verpflichtungen erforderte die Aufrechterhaltung des überaus kostspieligen Betriebs seine ganze Energie und Umsicht. Trotz aller seiner Anstrengungen aber erzwangen die Gläubiger schon 1846/47 seine Exmittierung. Es bedurfte dann erheblicher »Mühe und hoher Protektion ..., um ihn, unter Administration gesetzt, wieder zu installiren« (Raeder, S.37).

Mit dem ersten Jahr war wohl der Reiz, den alles Neue, Blendende, und überraschend Großartige auf die Massen ausübt, auch beim »Krollschen Feenpalast« erschöpft. Doch, so schrieb ein Zeitgenosse, »wenn Herr Kroll nichts weiter thun wollte, als sein prächtiges Lokal offen halten, für gute Musik und gute Bedienung sorgen, so würde das Etablissement für die große Menge der Berliner, nachdem sie ihre Neugier befriedigt haben, keine große Anziehungskraft mehr besitzen. Herr Kroll muß also alle Raffinerie aufbieten und immer darauf aus sein, den Berlinern etwas Neues, etwas ganz Unerhörtes zu versprechen«.

So eröffnete Kroll am 11. Dezember 1844 eine Weihnachts-Ausstellung; sie bot einen Basar mit 22 »reich decorierten Verkaufszelten«, 16 große transparente »Witz- und Lebensbilder«, die gegen einen Silbergroschen »verabreicht« wurden, zwei Bilder vom Akademie-Professor Biermann mit Ansichten des Klosters Assisi und des Golfs von Neapel, schließlich ein »Theatrum mundi« im Tunnel mit einer Darstellung von Neapel »und dem feuerspeienden Vesuv; mit Tages- und Nachtbeleuchtung; Seesturm und anderen zur Belebung des Bildes erforderlichen Gegenständen«.

Diese Weihnachts-Ausstellungen bildeten dann in den folgenden Jahren einen festen Bestandteil des Veranstaltungskalenders bei »Kroll«. 1845 gab's dabei eine »scherzhafte Automaten-Galerie«, ein großes Schlacht-Tableau von der Auseinandersetzung zwischen Alexander und dem Perserkönig Darius, ein »Gastmahl im Elysium« mit neuen lebensgroßen Figuren, ein Metamorphosen-Theater und eine große Weihnachtslotterie gegen einen Einsatz von fünf Silbergroschen, »wobei jedes Loos gewinnt«; 1846 standen »200 der besten Ölgemälde jetzt lebender Künstler« zum Verkauf, dann gab's 14 große bewegliche Bilder »mit den pikantesten Hinweisungen auf Ereignisse«, 30 sich wandelnde Bilder, »den Staatshypochonder mit seinen vielen Beschäftigungen, seinen Krankheiten und seinen Vergnügungen vorstellend und mit den witzigsten Bemerkungen erklärt von Julius Linde«, das »Geburtstagsfest des

Kaisers von China«, die »Schicksals-Henne, welche goldene Eier legt, in denen die dunkle Zukunft der Menschen enthalten ist«, dazu wieder Lotterie und Basar; 1847 veranstaltete man im Königssaal den »Christmarkt in Schöppenstädt«, wo Rathaus, große Torwege, Verkaufslokale mit den belustigendsten Firmas ein höchst drolliges Ganze« bildeten, eine »Reise in die Schweiz« (gemalt vom Kgl. Dekorationsmaler Köhler), das Theatre pittoresque des »Herrn Morrieux aus Condé« und ein Kasperle-Theater. An diesem Rahmen sollte sich später im Grunde nur wenig ändern.

Was hatte Kroll noch an Attraktionen während der ersten Jahre zu bieten? 1845 gastierte zunächst im April Professor Julius Laschert mit »Vorstellungen auf dem Gebiete der Physik und der natürlichen Magie«; im Mai konzertierte der Kgl. dänische Musikdirektor Lumby aus Kopenhagen; ihm folgte im Juni der russische Virtuose Jacob Eben »auf dem Holz- und Stroh-Instrument«; am 20. Juni erlebte das Etablissement unter dem Motto »Italienische Nacht« die erste große »Transparent-Illumination« mit »5000 Flammen«; am Vorabend der Erstaufführung von Louis Spohrs *Die Kreuzfahrer* an der Linden-Oper, feierten viele musikliebende Berliner, allen voran Giacomo Meyerbeer, den seit 20 Jahren erstmals wieder in Berlin weilenden Komponisten mit »einem heitern Mahle« bei »Kroll« am 25. Juli; nur einen Tag später veranstaltete man ein »Großes Nationalfest (patriotisch)«, zu dessen Schluß um 11 Uhr abends »sämmtliche Musikchöre« zusammentraten, um »Heil Dir im Siegerkranze« zu spielen, danach hunderte Kanonenschläge und dann Feuerwerk um die Büste des Königs. Für den 28. August 1845 ließ Kroll in Anzeigen darauf hinweisen, daß im Rückblick auf das Jahr 1749 es »den Verehrern Goethes« gewiß wünschenswert sein würde, »einige Productionen des gefeierten Dichters, verbunden mit den Compositionen classisch-musikalischer Künstler anzuhören«. Er habe deshalb eine »musikalisch-declamatorische Feier unter Mitwirkung der Theaterschule 'Didaskalia' arrangirt«, die laut Programmzettel immerhin eine Mozart- und eine Beethoven-Symphonie, die *Egmont*-Ouvertüre und die Rezitation der Gedichte *Kennst Du das Land?, Der Sänger, Wirkung in die Ferne* und *Der Erlkönig* sowie eine Ouvertüre zum *Faust* von Lindpainther bot.

Den Höhepunkt der Veranstaltungen im Jahre 1845 dürfte jedoch das erste Auftreten des »Kaiserlich Königlichen Musik-Directors Herrn J. Strauß [der Äeltere]« in Berlin gebildet haben, den Kroll im Herbst für »einen Cyclus von Konzerten« verpflichten konnte, das erste am 29. Oktober. Neben seinen eigenen Melodien spielte Strauß auch Stücke von Flotow, Rossini, Meyerbeer und Herold. Berichtete die *Vossische Zeitung*, daß bei Anhörung der Strauß'schen Tänze auch der »willensstärkste Gegner des Tanzes ein Prickeln in den Füßen spürt, welches dann durch Gegenwirkung sich im Taktiren mit den Händen oder mit dem Kopfe kundgiebt«, so heißt es bei Friedrich Sasse, daß Strauß gemeint habe, die »Verführungskünste seiner Tänze« hätten dem »berlinischen Naturell wenig anhaben können«, weshalb er unbefriedigt mit seiner Kapelle nach Wien zurückgekehrt sei (Raeder, S.34).

Im März 1846 ersuchte Joseph Kroll die Königliche Tiergarten-Verwaltung um die Erlaubnis, in »jenem Teil meines Sommergartens ..., welcher frey von Bäumen und Gewächshäusern nach dem Brandenburger Thore gelegen ist«, die in London aufgestellt gewesene, »so viel Aufsehen machende Centrifugal-Eisenbahn« aufzustellen und sie »mit Brettern umfrieden zu dürfen«. Am 23. Mai konnte Kroll der Öffentlichkeit mitteilen, daß er diese Vorrichtung, die »sogar die gelehrte Welt in Erstaunen« versetzte, gekauft und den Engländer Blake als Fahrer engagiert habe. Ab Pfingstsonntag (24. Mai) konnte dann jeder für fünf Silbergroschen sich selbst von dem stündlich wiederholten, »halsbrecherischen« Unternehmen ein Bild machen:

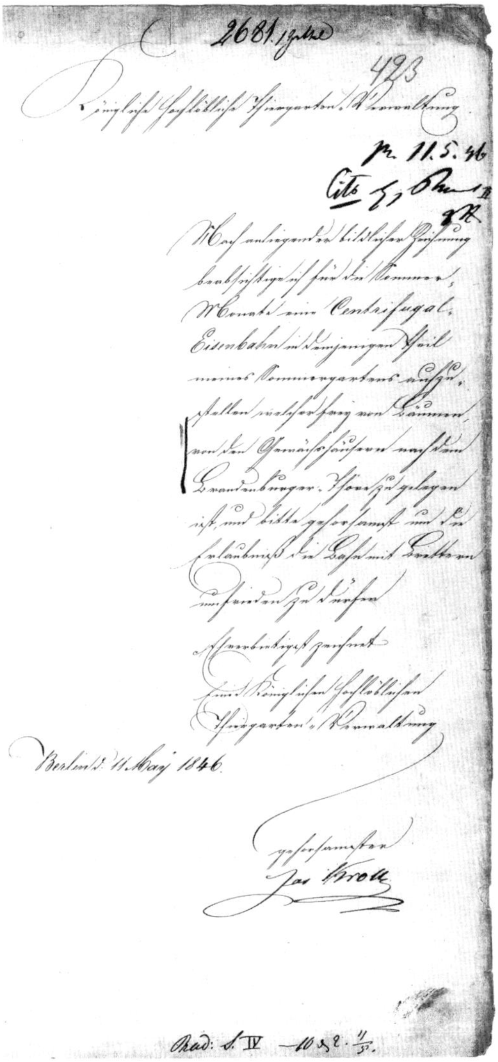

2681

Königliche Hofstaatliche Thiergarten-Verwaltung

Nach anliegender bildlichen Zeichnung beabsichtige ich für den Sommer-Monate eine Centrifugal-Eisenbahn in demjenigen Theil meines Sommergartens aufzustellen, welcher ganz von Bäumen, von den Gewächshäusern nach dem Brandenburger Thore zu gelegen ist, und bitte gehorsamst um die Erlaubniß die Bahn mit Brettern umfrieden zu dürfen.

Ehrerbietigst ganz ergebenst
Einer Königlichen Hofstaatlichen Thiergarten-Verwaltung

Berlin d. 11. May 1846.

gehorsamster
Jos. Kroll

Schreiben Kroll's an die Tiergarten-Verwaltung, 11. Mai 1846

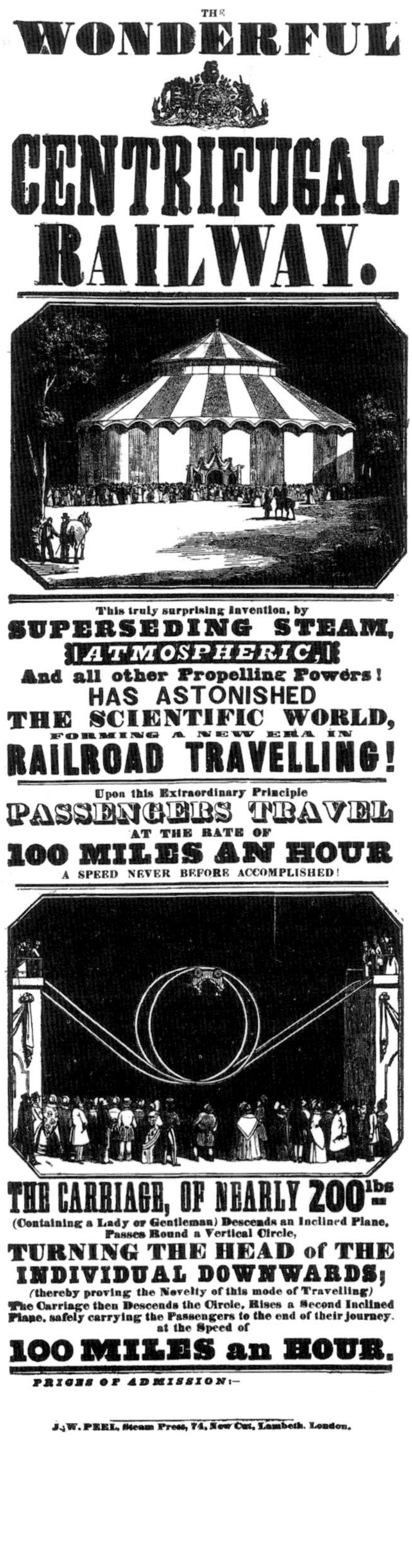

Werbeplakat für die »Centrifugal-Eisenbahn«, London 1845

»Aus Turmhöhe wurde der Wagen mit den Insassen auf einem abwärts führenden Geleise abgelassen, welches in der Mitte der Bahn sich senkrecht zu einer Spirale mit dem Durchmesser der halben Turmhöhe formierte und den Wagen, nachdem er den vertikalen Kreis mit einem Salto mortale durchlaufen, in mäßiger Höhe wieder ansteigend zum Endziele führte. Die Geschwindigkeit war so enorm, daß den Insassen der Salto ... garnicht zum Bewußtsein kam.« Die Berliner hatten daran wohl ein großes Vergnügen, denn die ganze Maschinerie wurde die nächsten zwei Jahre weiter benutzt, ehe sie 1848 »polizeilich inhibiert« wurde, vermutlich weil sie durch Rost ihre Sicherheit verloren hatte (Raeder, S.44).

Von den Aktivitäten im Sommer 1846 sind u.a. noch zu nennen das »erste Auftreten des Physikers und Bauchredners Herrn Sterff aus Wien«, der, so hieß es, eine »außerordentliche Kunst-Production« zum besten gab. Dann folgte am 22. Juli die »Eröffnung des Wiener Prater« mit Kasperle-Theater, Drahtseilartisten, fünf Kapellen, einer Camera obscura, einem großen Markt »von Gegenständen aller Art in Zelten, Carousselfahrten auf zehn Vollblutpferden mit Begleitung einer Trommel, Drehorgel und Trompete«, Bänkelsängern und Stegreifdichtern. Ab 14. Oktober gastierte dann noch der Musik-Direktor Musard aus Paris. Hier verwunderte das Publikum allein schon die Sitzordnung des Orchesters – »eine Batterie von sechs Kontrabässen an jeder Seite bildete mit acht Celli und 24 Geigen ein »imposantes Quarré«, hinter dem sich noch »eine entsprechende Anzahl der übrigen musikalischen Streitkräfte wirksam sehen und hören ließ« (Raeder, S.48).

Der Veranstaltungsreigen des Jahres 1847 begann am 23. Mai mit der »Eröffnung des Vaux-Hall«, bei welcher »Herr Direktor Kolter mit seiner Gesellschaft« in »mehreren Abtheilungen ... groteske, akrobatische und gymnastische Aufführungen« auf Drahtseilen boten, darunter solche auf einem »über 200 Ellen langen und über die höchsten Bäume nach einem der Thürme des Etablissements«, wobei Kolter, »den bis jetzt kein Künstler in dieser Art Seilgang übertroffen«, zusammen mit einem »Herrn Weitzmann ... Gruppen und Stellungen bis nach dem Thurme ausführte, welche an das Unglaubliche grenzten«. Dieser Attraktion folgten wieder Kasperle-Theater, Cosmoramen, das »Drury-Lane-Theater« des 'Herrn Carl Töpfer' mit allerlei Zauberkunststückchen, im Oktober und November Gastspiele der ungarischen Sing-Akademie, wiederum von Johann Strauß Vater und schließlich mit »höchster Genehmigung« die »Große militärische Harmonie«, offenbar aus mehreren Militärkapellen herangezogene Musiker (immerhin: je 6 Flöten, Oboen, Contra-Fagotts und -Bässe, 36 Klarinetten, 12 Fagotts, 8 Waldhörner, 16 Trompeten, 12 Posaunen, je 4 Sopran-, Alt-, Tenor-, Bariton- und Baß-Tubas, 12 Schlaginstrumente für türkisches Musik und Glockenspiel) unter der Leitung des Kgl. Musik-Direktors Wilhelm Wieprecht.

Noch ehe im nächsten Jahr die Veranstaltungen beginnen konnten, kam es zum »schmerzlichsten Ereignis«, von dem »damals das Kroll'sche Lokal betroffen werden konnte«. Am 17. April 1848 erschien in Berliner Blättern eine Anzeige der »trostlosen Hinterbliebenen« mit der Mitteilung, daß zwei Tage zuvor »nach kurzem Krankenlager ... an den Folgen eines Leberübels unser unvergeßlicher Gatte und Vater, der Wintergartenbesitzer Joseph Kroll, im noch nicht vollendeten 49. Lebensjahr« sanft entschlafen war (Raeder, S.37).

Übernahme durch Auguste Kroll – Sommergarten – Opern- und Theateraufführungen – Brand im Februar 1851

Wir wissen nicht, wer in welcher Form die fälligen Entscheidungen über die Weiterführung des Etablissements zu treffen hatte. Jedenfalls trat eine der vier »hinterlassenen« Töchter, nämlich die 1822 in Breslau geborene Auguste, die Nachfolge an. Dieses »verständige Mädchen«, wie Ludwig Rellstab sie einmal genannt hat, besaß den Mut, in die Fußstapfen ihres Vaters zu treten; sie handelte für ihre bereits stark kränkelnde Mutter, die ihren Mann nur wenige Monate überlebte.

Zunächst schien alles mehr oder minder in den gewohnten Bahnen zu laufen. Am 15. Mai 1848 erfolgte die »Eröffnung des National-Volks-Gartens«, worunter man sich »Productionen in der höheren Reitkunst und Pferdedressur, gegeben von der Reitergesellschaft des Herrn Josef Liphard, und Productionen von grotesken, gymnastischen und akrobatischen Künsten, gegeben von der Gesellschaft des Herrn A. Böhle ('plastisch-mimische Präsentationen auf zwei nebeneinander gespannten Thurmseilen')« vorzustellen hat. Das Revolutionsjahr – merkwürdigerweise war »Kroll« davon kaum tangiert, wenngleich ganz in seiner Nähe, nämlich in einigen Lokalitäten der Straße In den Zelten vor allem in den Märztagen Volksversammlungen stattgefunden hatten – verhinderte offensichtlich weitere größere Unternehmungen, denn die Kroll'sche Chronik verzeichnet lediglich noch Auftritte eines Professors Adolf Bils aus St. Petersburg mit seinem *Zauber-Palast*, ein »großes mechanisches Ballet und humoristische Figurenhalle« der Gebr. Richter, deren »Stücke den jetzigen Zeitansprüchen angepaßt (!)« waren, Gesänge in Soli's, Duetten, Terzetten und Quartetten der Deutschen National-Sängergesellschaft, ferner Volksbelustigungen mannigfacher Art und zum Schluß die übliche Weihnachts-Ausstellung.

1849 sah es dann wieder etwas besser aus. Am Himmelfahrtstag (17. Mai) starteten die Sommervergnügungen mit »Adolf Sigmund's optischem Welttheater« (Darstellungen »aus dem Gebiet der Natur und Kunst«). Dem folgten das »Schreyer'sche Affentheater« (u.a. mit einer »Menagerie wilder Tiere, bestehend aus einem schwarzen Tiger, zwei Löwen und einer Hyäne, mit denen Zahmheitsproductionen gegeben« wurden), im Königssaal eine Ausstellung von »Mr. Coxwell's großem Luftballon mit der ganz neuen Vorrichtung zum Kriegsgebrauch«, eine »außerordentliche« Vorstellung der Akrobaten- und Seiltänzer-Gesellschaft von Michele Averino aus Rom, die Wiener Ballettänzer-Gesellschaft, am 7. Oktober ein Gedenkkonzert für den am 19. September in Wien verstorbenen Johann Strauß Vater, und endlich die von der Polytechnischen Gesellschaft in den Räumen und draußen durchgeführte Berliner Gewerbe-Ausstellung.

Die »eifrige Tätigkeit« Augustes, das Kroll'sche Lokal »auf der Höhe des Rufes zu halten«, steuerte letztlich auf die Errichtung einer Sommerbühne hin. Eine solche erschien um so dringlicher, als es sich gegenüber aufkommender Konkurrenz zu behaupten galt.

Berlin besaß bis 1848 nur zwei Bühnen: Die Königlichen Schauspiele (Oper, Ballett, Schauspiel und Französische Komödie umfassend) und das Königstädtische Theater in der Nähe des Alexanderplatzes. Innerhalb der Stadtmauern verweigerte das Polizeipräsidium jede weitere Konzession; »in der Zeit des beschränkten Unterthanenverstandes« sollten die Bürger sich mit dem Vorhandenen begnügen. So waren seit 1840 in der Umgebung einige Sommer- und Sandbühnen entstanden, die theaterlustigen Berlinern überdies noch den Reiz angenehmer und unterhaltsamer Ausflüge mit »Dampfroß« oder Mietwagen boten.

Diese mißliche Situation änderte sich nach der Revolution. Innerhalb weniger Wochen entstanden neben dem Wintergarten der Gebr. Hennig in der Chausseestraße 25 durch den Erfur-

Gewerbeausstellung bei »Kroll«, 1849

ter Theaterdirektor Carli Callenbach die erste Bühne (11. Juni), ihr folgte das »Friedrich-Wilhelmstädtische Theater« in der Schumannstraße 14 (25. Juli) – dort etablierte sich später das »Deutsche Theater« –, das »Volks-Theater« in der Leipziger Straße 48 (2. Juni) und das »Urania-Theater« in der Kommandantenstraße 73 (16. Juli). Hatten die ersteren sichtlich Erfolg, blieben die beiden anderen nur Eintagsfliegen. 1849 kam das kleine »Vorstädtische Theater« am Weinbergsweg hinzu, 1850 vor dem Rosenthaler Tor und in der Charlottenstraße neue Zirkusse mit Pantomimentheater.

Sie alle waren in »ihren jugendlichen Anfängen« Sommertheater, auch wenn sie sich später zu Winterbühnen wandelten. Aus dieser »Naturzugabe der dramatischen Genüsse« entwickelten sich »mancherlei Originalitäten im Charakter des heimischen Theaterbesuchers und der äußerlichen Aufführungsform«, die es woanders nicht gab. Das »Repertoire der Bagatelle, der Einakter, das dramatische Fricassé« ging vorwiegend von jenen leichten Bühnen aus, und wenn nun bei »Kroll« eine Sommerbühne erstehen sollte, die vor Opern-Aufführungen »im ersten Anlauf nicht zurückschreckte, so war das trotz aller Schattenseiten ebenso verwegen und originell wie epochemachend für die künstlerische Zukunft des Lokals« (Raeder, S.74ff.).

Auguste Kroll wollte weg von »jener Fülle primitiver und grotesker Theatralia«, sie erschien persönlich beim Polizeipräsidenten von Hinckeldey, der, gewiß *contre coeur*, schon etliche Konzessionen habe gewähren müssen. Er soll dabei eine gar strenge Miene aufgezogen, einen Stuhl hochgehoben und ihn geräuschvoll wieder niedergesetzt haben. In diesem Gepolter sei eine lange Papierschere vom grünen Tisch gerutscht und mit der Spitze, »wie eine tanzende Ballerina, das andere Bein hebend, im Fußboden steckengeblieben«. Die Directrice von

»Kroll« habe daraufhin schleunigst das Zimmer verlassen – gleichwohl aber 24 Stunden später ihre Konzession bekommen. Der neue Sommerbau entstand an gleicher Stelle, wo früher das »Schreyersche Affentheater« die Besucher ergötzt hatte (Raeder, S.83f.).

Unter der Überschrift »Noch ein Sommertheater« äußerte dazu die *Haude & Spenersche Zeitung* (Nr. 148 v. 29. Juni 1850): »Thalia, die gütige Muse, treibt es mit den Berlinern, wie weiland die Professoren der Magie. Wie diese zur allgemeinen aus einem Hute 'noch ein Sträußchen' und immer und immer wieder holten, so holt Thalia den Berlinern aus einem, wie sich von selbst versteht, unsichtbaren Behältniß ein Sommertheater nach dem anderen hervor und macht es den Theaterlustigen so bequem, daß sie jetzt fast vor jedem Thore, nach allen Himmelsgegenden eine Kommandite jenes großen Bretter-Geschäftes finden können, welches die Welt bedeutet. War's eine Laune Thalia's oder souveräner Beschluß – kurz, der Thespiskarren ist mitten unter die 'Volksbelustigungen aller Art', welche in Kroll's Garten allsommerlich Statt finden, hineingeschoben worden. Der Architekt Tietz ... hat hier eine zierliche Kunststätte aus Holz aufgeführt, und den ganzen Bau vom vergangenen Freitag bis vorgestern zu Stande gebracht – da muß also schon etwas Außergewöhnliches im Spiele gewesen sein ... So hat denn Kroll's Garten ..., der uns Wiener Prater, lebende Bilder, italienische Nächte, Industrie-Ausstellungen, Stadtverordneten- und andere Zweckessen geboten, auch sein Sommertheater. Dasselbe ist in einer Ecke links vom Eintritt in den Garten errichtet. Eine von hohem Bretterzaun amphitheatralisch gebaute Einfriedung bildet den zweiten Steh-Platz, den man für fünf Silbergroschen genießen kann, und in der Mitte dieser Einzäunung befinden sich auf Bänken numerierte Sitzplätze à zehn Silbergroschen, welche wohl später mit einer Rücklehne vervollständigt werden müssen. Zu beiden Seiten des Theaters sind zwei übereinander gelegene Prosceniums-Logen en miniature angebracht, welche dem Privatgebrauch überwiesen sind. Die Bühne ist dem Verhältnisse angemessen, sie enthält sechs Coulissensätze, welche wie die Rampe beleuchtet sind«.

Rund zwei Wochen vor Eröffnung des Sommertheaters hatte es am 12. Juni 1850 noch eine »Große Festlichkeit zur Feier der glücklichen Errettung und Genesung Sr. Majestät des Königs« gegeben – Friedrich Wilhelm IV. war am 12. Mai bei einem Attentat verwundet worden – mit einer »Großen Illumination durch viele Tausend Lampen; gleichzeitig brillante Beleuchtung des Gartens durch Gas- und Spiegelreflexe in Sonnen, Sternen und Kronen«, ferner einem »Großen Tableau, arrangirt vom Königl. Holz-Decorateur Herrn Hiltl, erleuchtet durch bengalische Flammen«, einem »Großen Conzert vom doppelt besetzten Orchester, ausgeführt unter Leitung des Musikdirektors Herrn Manns«, einem »Imposanten Feuerwerk, ausgeführt durch den Königl. Theaterfeuerwerker Herrn Dobremont«, dessen Beginn und Ende jeweils durch drei Kanonenschläge »angezeigt« wurde, und schließlich durch eine »Academie lebender Bilder von der Gesellschaft des Herrn Prof. Becker in neun Gruppen«. Das »Entree« betrug fünf Silbergroschen, und dafür war dann auch der Sommergarten »durch seine Ausschmückung mit Festons, Flambeaux u.s.w. auf das Glänzendste verziert« (Raeder, S.727).

Für das Sommertheater hatte Auguste Kroll in der ersten, vom 27. Juni bis 1. November 1850 dauernden Saison den Erfurter Theaterdirektor Wilhelm Böttner verpflichtet, der »in der deutschen Theaterwelt einen vortrefflichen Ruf« genoß; ihm stand ein Ensemble von fünf Sängerinnen, sechs Sängern, sechs Schauspielerinnen, zehn Schauspielern sowie ein Chor von vier Damen, neun Herrn, zwei Hausstatisten« und ein 36köpfiges Orchester zur Seite. Dem ersten Premierenabend mit der Posse in fünf Akten von einem Herrn Kaiser und der Musik von Adolf Müller *Stadt und Land oder Der Viehhändler aus Oberösterreich* folgten 37(!) weitere, das Erinnerungsvermögen der Schauspieler arg strapazierende Inszenierungen von Possen,

Liederspielen, Lustspielen, Schauspielen und »komischen Zeitgemälden«; darunter die gelegentlich noch heute gespielten *Hundertthausend Thaler* von David Kalisch und die erstmalige Aufführung von Karl Gutzkows *Zopf und Schwert* in Berlin, das bis zu den Märztagen 1848 »innerhalb der preußischen Grenze polizeilich mit dem Bannstrahl belegt war«, während es auf allen übrigen deutschen Bühnen als »fesselndes und durch und durch deutsches Werk« schon längst »enormes Aufsehen und Kasse« gemacht hatte. Der »Provinz-Direktor, der nach der Hauptstadt gekommen war«, so vermerkte Jahrzehnte später der Chronist, habe sehr wohl gewußt, was er tat, als er den Berlinern auf der Kroll'schen Bühne jene Stücke vorführte, die für sie »sensationellen Charakter angenommen hatten« (Raeder, S.101).

Daß der 'Erfurter Direktor' nicht vor dem Unternehmen zurückschreckte, auf der freien Tagesbühne auch Opern zur Aufführung zu bringen, galt dem Chronisten als ein »kühnes Wagnis«. Mag Böttner dabei »manches Schlimme hierbei mit untergelaufen sein« – ein Kritiker fand, daß gelegentlich »von den Leistungen vieles auf Null, vieles noch darunter« stand –, im allgemeinen aber hätten Presse und Publikum dem musikalischen Genuß auch in dieser neuen Form ihre Teilnahme bezeugt. Daher »dürfte man dem Erfurter das Verdienst vindizieren, für die Kroll'sche Sommer-Oper eine Art von Fundament gelegt zu haben«, wobei man ihm noch ein »bewußtes Streben« attestierte, sich für deutsche Komponisten einzusetzen, also »das mehr deutsche Gepräge der Böttner'schen Oper ... gegenüber den Italianissimi des Königstädtischen Theaters einen sehr günstigen Eindruck machte« (Raeder, S.102f.).

Als erste »Novität« brachte Böttner am 17. Juli die dreiaktige Komische Oper *Prinz Eugen* des Leipziger Komponisten und Kapellmeisters Gustav Schmidt heraus, als zweite dann am 12. August Lortzings bislang in Berlin noch nicht aufgeführten *Waffenschmied,* den die *Haude & Spenersche Zeitung* (Nr. 188 v. 14. August) in einer Weise entfaltet fand, welche »den größesten Kunstinstituten, denen Mittel aller Art zu Gebote stehen, zur Nachahmung dienen kann«. Ein anderer Kritiker hingegen merkte etwas boshaft an, »hier in einer Wolke von Staub und Tabaksqualm auf einer Holzbank ohne Lehne sitzend, gestört durch obligates Kindergeschrei und Hundegebell ... nicht zu einem ruhigen Genusse der Musik zu gelangen«. Desgleichen erlebte am 28. September *Undine* ihre erstmalige Berliner Aufführung. Hierbei nötigte die kühle Witterung bereits, die Vorstellungen in den Königssaal zu verlagern, »wo ein kleines, primitives, in der Axe des Rittersaales flüchtig etabliertes Theater die dramatische Muse gegen herbstlichen Schnupfen und Heiserkeit schützte«.

Albert Lortzing war nach einem »unruhigen Wanderleben« 1850 in seine Heimatstadt zurückgekehrt und vom Friedrich-Wilhelmstädtischen Theater als Kapellmeister engagiert worden, was »einer rettenden Tat« gleichkam, denn sein »Stern« ging von neuem auf, wozu auch »Kroll« sein Scherflein beitrug. Neben der Erstaufführung des *Waffenschmied* und seiner *Undine* empfing Lortzing dort noch eine »ganz besondere Auszeichnung«, indem er die Premiere seines *Zar und Zimmermann* am 12. Oktober und drei Tage später, zum Geburtstag Friedrich Wilhelms IV., die erste Wiederholung dirigieren durfte. Ein Vierteljahr später, am 21. Januar 1851, starb Lortzing, beigesetzt auf dem Sophienkirchhof unter großer Teilnahme der Bevölkerung.

Neben diesen drei Lortzing-Opern gab es in der ersten Spielzeit noch Einstudierungen von Flotows *Martha,* Donizettis *Regimentstochter,* Boieldieus *Johann von Paris* und *Weiße Dame* – »in einer für die Verhältnisse dieser Bühne bewundernswerten Vollendung«, wobei allerdings sich »das Personal, besonders das der Männer, so ziemlich auf einem gleichen Niveau, dem der guten Mittelmäßigkeit« hielt, während ein »Fräulein Wetterhan freilich alles an hübscher Stimme wie an Kunstfertigkeit überflügelte«, als »der Magnet jener Bühne« gelobt wurde, dem »Ganzen eine anziehende Folie« gebend (*Neue Musik-Zeitung*) –, Herolds *Zampa,* Schenks *Dorfbarbier* und Rossinis *Barbier von Sevilla* (Raeder, S.99ff.).

Am 1. Februar 1851 »lachte ein schöner, sonniger, milder Nachmittag über Berlin«, der jedoch für »Kroll« zu einer Katastrophe werden sollte. Während ein Lehrer von der Noska'schen Erziehungsanstalt mit der 1. und 3. Mädchenklasse sich an der Kasse noch mit der Regelung des Eintrittsgeldes beschäftigte, war im großen Saal Feuer ausgebrochen. Dort hatte man von der Weihnachtsausstellung des Hofdecorateurs Hiltl – »Die Wanderung des Gedankens« und dessen »Sieg über die rohe Materie« darstellend – einige Teile für das am 17. Januar eröffnete, auf 27000 Quadratfuß Leinwand gemalte bewegliche Riesen-Cyclorama des Mississippi und des Ohio reserviert. Noch schwebten »Genien« über dem Kronleuchter an der durch Krepp in einen Wolkenhimmel verwandelten Decke. Dem Anzünder des Kronleuchters unterlief das Mißgeschick, mit der Spiritusflamme seiner Zündstange dem leichten Material zu nahe zu kommen. Innerhalb einer Stunde stand der ganze Bau in Flammen, die zudem noch durch die Gasröhren Nahrung erhielten.

Die Nachricht vom Brand sprach sich in Windeseile in der Stadt herum. Viele Berliner strömten in den Tiergarten, darunter die Prinzen Wilhelm, Carl, Albrecht und Georg mit ihrem Gefolge. Der in den *Berliner Blättern* am 2. Februar erschienene Polizeibericht konstatierte, daß die »umfassendsten Rettungsanstalten« dem »wogenden Feuermeer wenig Einhalt zu thun vermochten«. Es ging alles so rasch, daß Auguste Kroll und ihre Geschwister nicht einmal ihre Garderobe retten konnten. Die Kapelle verlor alle ihre Instrumente und sämtliches andere Inventar, vor allem auch die Notenblätter. Vom Brandunglück verschont geblieben war der Park; die neu organisierte Feuerwehr Scabells – noch im gleichen Jahr dann hier zum Leiter der ersten Berufsfeuerwehr ernannt –, die »sich Riesenanstrengungen zur Dämpfung des tobenden Elementes auferlegt hatte«, konnte dort angesichts der rauchenden Trümmerhaufen an den zum größten Teil erhalten gebliebenen Weinvorräten »endlich auch bequem ihren Durst löschen«.

Auguste Kroll ließ sich durch diesen schweren Schlag nicht niederzwingen. Sie dachte sofort an Wiederaufbau. Nach einiger Ungewißheit stellte ihr die Versicherung eine ansehnliche Summe zur Verfügung. Zugleich übernahmen »die tüchtigsten« Bausachverständigen und andere geschäftskundige Männer, »denen das Schicksal der Besitzerin nahe ging«, eine Art Kuratel für sie, »und selbst hoher Schutz wurde ihr zu Teil« (Raeder, S.121ff.).

Der Neubau von Eduard Titz – Übergangsjahre mit den Direktionen von Keller und Martini

Schon am 16. Juni 1851 überreichte Auguste Kroll dem »hochwohllöblichen Polizei-Präsidium« die Zeichnungen für den Wiederaufbau des Etablissements und bat »um baldige Erledigung der Bauerlaubniß«, die nicht lange auf sich warten ließ. Beim Neubau wurde der ursprüngliche Entwurf des Oberbaurats Langhans aus dem Jahre 1843 von Baumeister Titz, dem die Ausführung oblag, im wesentlichen beibehalten. Im Inneren jedoch strebte er nach einer praktischeren Gliederung und einer Prachtentfaltung, welche jene von 1844 noch übertraf.

Wie sieben Jahre zuvor legte man bei den Ende Juli 1851 begonnenen Bauarbeiten ein solches Tempo vor, daß schon am 24. Februar 1852 die Wiedereröffnung erfolgen konnte. An der Saal-Gruppierung änderte sich nichts, da die äußeren Umfassungsmauern stückweise stehen geblieben waren. Dagegen wurden die beiden an der Gartenfront liegenden Türme um 30 Fuß erhöht. Im Innern erhielt der Eintretende »überrascht viele neue Eindrücke«, vor allem im mit »dem höchsten Aufwand« neu gestalteten Königssaal. Seine Architektur an den Wänden bildeten nun vergoldete Pilaster, in Karyatiden endend, mit zwischengelegten Bogenöff-

»Berlin von Krolls gesehen«, um 1850

nungen und vergoldeten Logenbrüstungen. Die Decke schmückte ein Kassetten-Netz, weiße Balken mit Feldern, durch goldene Ornamente gefüllt. In der Mitte der langen Rückwand hatte man die neue Bühne aufgebaut, und zu deren beiden Seiten Konditoreien angelegt. In der oberen Etage waren an diese Wand rechts und links der Bühne sowie an beiden Stirnseiten Logen eingerichtet, verbunden durch eine an der Fensterwand laufende Galerie.

Durch ein Foyer getrennt, lag links vom Hauptsaal ein an der Stelle der früheren ersten Kolonnade errichteter erster Saal von 80 Fuß Länge, 30 Fuß Tiefe und 26 Fuß Höhe, in der oberen Etage gleichfalls mit Logen; die Architektur rundboglich mit Einfassung von Pilastern und Architraven. Zwei lange Wände wiesen »pikante Kompositionen« des Malers Hartmann auf; die Decke kassettiert, in reichen Farben gemalt, zeigte zwei Gemälde von Albert Woycke.

Rechts vom Königssaal war an Stelle der früheren Endkolonnade ein neuer, etwa wie der vorerwähnte großer Saal entstanden, »in romantischer grotesker Auffassung« mit teils hängendem, teils auf Karyatiden ruhendem Hängewerk, 14 Felder an der Längsseite, später durch Hartmann mit Bildern ausgefüllt.

Hinter dem ersten Saal präsentierte sich der neue Speisesaal in gelber Tapete mit Palisanderpaneelen und gleicher Leisteneinfassung.

Unter dem Königssaal erschien der Tunnel wieder, jetzt aber größer und eleganter. Kronleuchter von Steinpappe und Wandleuchter von Zinkguß spendeten eine »feenhafte Gasbeleuchtung«, produziert von der englischen Gas-Assoziation.

Auf seinem Weg von Wien nach St. Petersburg legte ein »junger Musicus« im Mai 1851 in Berlin einen Zwischenaufenthalt ein. Da er das Leben hier recht anregend fand, blieb er länger als ursprünglich beabsichtigt, was ihm sogar die Gelegenheit verschaffte, infolge einer Erkrankung seines seit Jahren die Konzerte in »Sommer's Hof« leitenden Landsmannes Josef Gungl für diesen einspringen zu müssen. Der zufällig anwesende Hof-Musikaliendirektor Gustav Bock zeigte sich von der Gewandheit dieses jungen Mannes stark beeindruckt. Wissend um die Suche von Auguste Kroll nach einem neuen Leiter für ihre Kapelle, glaubte Bock nun, den richtigen Mann für diese Position entdeckt zu haben. Da der »stipulierte Vorschuß« von Petersburg auf sich warten ließ, fiel es nicht allzu schwer, ihn davon zu überzeugen, daß eine »hiesige Position« sehr viel vorteilhafter sein würde – und Jakob C. Engel blieb.

Er war »damals eine blühende männliche Persönlichkeit, ungarischen Ursprungs, von 30 Jahren, vorwärts drängend und für sein thatkräftiges künstlerisches Wollen und Können den passendsten Spielraum suchend«. Aus ärmlichen Verhältnissen stammend, hatte er, »von anderer Seite unterstützt«, vom 7. Lebensjahr an Violinunterricht erhalten; mit 13 Jahren »exzellierte« er im Stadttheater zu Buda erstmals öffentlich mit einem Violin-Konzert von Charles A. Bériot. Anschließend besuchte er das Wiener Konservatorium, fand dann im Pester Theater Anstellung als erster Geiger und Ballettdirigent, komponierte nebenher einige Walzer, diente nach einem kurzen Engagement im Theater an der Wien, zwei Jahre lang als erster Geiger in der von Johann Strauß (Sohn) neu gegründeten Kapelle, ehe Direktor Carl ihn für sein neu organisiertes Theater gewinnen konnte. Die Petersburger Offerte ließ ihn dort aber recht schnell seine Zelte wieder abbrechen. Immerhin hatten die letzten Jahre ihm eine ganze Reihe praktischer Theaterkenntnisse vermittelt, die ihm dann bei »Kroll« sehr zustatten kommen sollten.

Eduard Schmidt-Weißenfels äußerte in seinem Buch »Die Stadt der Intelligenz« über ihn: »Engel, welcher gut seinen Bogen streichen konnte, beschloß, der Nachfolger ... Gungl's zu werden. Gungl's große Akkuratesse und orchestrale Disziplin hatten den Berlinern imponiert, Engel verstand gleichfalls damit aufzuwarten, nur noch effektreicher. Wenn er dirigierte, gab er sich Mühe zu zeigen, daß jeder Zoll an ihm ein Kapellmeister sei, und in der That, man anerkannte seine Dirigentenfähigkeit und die Vortrefflichkeit der von ihm disciplinierten Kapelle. Er stand wie ein Feldherr da, Geige und Fidelbogen in malerischer Art an sich gedrückt, bis zu den Fortis der Kompositionen, wo er dann mit theatralischem Effekt den Arm im Takt schlug, glücklich, wenn es schien, als fielen die Paukenschläge aus seinem Rockärmel heraus. Der Effekt war brillant und packte. Bald hatte Engel sein Glück gemacht und versammelte in seinen Konzerten das eleganteste Publikum. Herr Engel hatte aber auch noch andere Eigenschaften, mit denen er Glück machte. Er konnte den angenehmsten Gesellschafter machen, die lustigsten Anekdoten erzählen und Baron Münchhausen in liebenswürdigster Art nachahmen. Auch besaß er elegante Manieren, war Lebemann bei allem feingeschäftlichen Sinn und machte, wenn auch kein Adonis, doch wegen seines schönen Bartes, viel Glück bei den Damen.«

Als Johann Strauß' Vater erstmals in Berlin musizierte, machten die Besucher seiner Konzerte »äußerlich schon eine vorteilhafte Wahrnehmung«. Denn während Orchestermitglieder an der Spree gewöhnlich, wenn auch nicht en negligé, so doch in den verschiedensten Kleidungen und Kopfbedeckungen und nicht in schmucker Gala auf der Estrade musizierten, »feine Allüren ... noch nicht an der Tagesordnung« waren, mußte das »saubere Exterieur der Wiener Kapelle ... berechtigtes Aufsehen« erregen. Engel führte sofort nach Amtsantritt »den Wiener Chic« ein, ganz abgesehen von künstlerischen Verbesserungen und Rekrutierungen, die er für nötig erachtete. »Glatt ging das nicht von statten, das ist wahr, an Widerstand und Verkennung der guten Absicht fehlte es auch in diesem Falle nicht. Aber die künstlerischen Erfolge, die das Ansehen der Kapelle unter der neuen Leitung rasch vermehrten, öffneten schließlich selbst dem letzten Paukenschläger die Augen, der vielleicht nur mit verbissenen Zähnen unter dem Kommando des neuen Obersten seine Wirbel loslies.« (Raeder, S.145ff.) Zum ersten Mal leitete Engel ein Konzert im Kroll'schen Garten am Tage der Wiedereröffnung nach dem Brand, am 8. Juni 1851.

Brand des Kroll'schen Etablissements, 1. Februar 1851, Holzstich

Rund vier Monate nach dem Brand kündigte Auguste Kroll für Pfingstsonntag den Start in die neue Saison des Sommertheaters an, für die sie Josef Keller (»Direktor der Vereinigten Theater von Görlitz, Liegnitz und Großglogau«) und seine Gesellschaft habe engagieren können, der seine Darbietungen mit Adolphe Adams »Postillon von Longjumeau« beginnen werde, während »Herr Direktor Engel« künftighin die Konzerte leiten würde.

Hinsichtlich der äußeren Umstände des Neuanfangs stand in der *Haude & Spenerschen Zeitung* (Nr. 169 v. 9. Juni) zu lesen: »Neben der Brandstätte entfaltet sich unter grünem Laubdach ein neues Leben, den kahlen Wänden wie zum Trotz. Die zu nutzenden Räume sind durch ein Gehege von frischen Tannenzweigen abgesteckt; dort, dem Eingange gegenüber eine kleine, vorne offene Halle für die Tischgäste. Küche und Buffets am alten Orte, sich schützend vor den nackt hervorragenden Überresten der Mauern durch ein Überdach von Brettern, direkt bei den Trümmern das Orchester, sich lustig an die Ruine anlehnend, geleitet mit der Violine in der Hand von Herrn Engel aus Pest, welcher, wie es scheint, nicht so ein Geberdenspiel erheuchelt, als ob das von Amtswegen sein muß, wie andere Salondirigenten. Ein von ihm gesetzter Walzer soll mit symbolischer Bedeutung auf eine große Zukunft hindeuten, er heißt *Phönix-Walzer.* Das Sommertheater, von dem Riesenbrand verschont geblieben, steht am alten Fleck, es ist nur übertüncht, sonst in nichts verändert. Besser aber, es wäre, wie verlautet hatte, noch überdacht und somit gegen Überfall und Platzregen geschützt worden ... Wo sollen, wenn der Regen maßlos niederströmt, die Besucher sich bergen? Der Himmel hatte gleich am ... Tage der Eröffnung ..., in dem er seine Schleusen öffnete, diese Frage in mehr als in einem Sinne zu einer offenen gemacht, welche selbst durch ein unendliches Meer von aufgespannten Regenschirmen eine dennoch nicht genügende Lösung gefunden.«

Soweit es »der engere Kunstbezirk einer schlichten Sommerbühne« gestattete, arbeitete Keller »mit frischen Kräften und besten Absichten« nach allen Seiten hin. Eingedenk der Erfolge der ersten Sommerbühne unter Böttners Leitung, bemühte er sich um eine Erweiterung des »Kroll'schen Opernfundus« – bis Ende September gab er zwölf neue Inszenierungen – und schaffte es, im gleichen Zeitraum nicht weniger als 57 Komödien neu aufzuführen. Diese außerordentlichen Anstrengungen honorierte die Presse mit fast durchweg guten Kritiken und nicht wenigen Lobsprüchen. So meinte die *Deutsche Tageszeitung* am 6. August: »Trotz der vermehrten Konkurrenz, trotz Trümmer und Schutt und trotz des Stabes des Neubaues hat das Kroll'sche Sommertheater auch in diesem Jahre seine alte Anziehungskraft bewahrt. Es ist der Tummelplatz der eleganten Welt, und wenn das Wetter nur einigermaßen günstig, faßt der etwas beschränkte Raum kaum die Hälfte des schaulustigen Publikums. Die Gesellschaft des Herrn Direktor Keller hat nicht wenig dazu beigetragen, das günstige Vorurteil für das Kroll'sche Etablissement überhaupt, und in jeder Beziehung auch für die scenischen Leistungen zu verdienen; und in der Oper wie im Schauspiel ist im Laufe des Sommers recht Verdienstvolles geleistet worden. Dazu kommt, daß das Repertoire des Mannigfaltigen genug bot ... Wir dürfen diesen Artikel nicht schließen, ohne die vortreffliche Kapelle und ihren Direktor Engel erwähnt zu haben, die gewiß mit allen bekannten Orchestern den Vergleich aushalten und nicht wenig dazu beitragen kann, ein ebenso gewähltes wie zahlreiches Publikum heranzuziehen ... Nach dem, was Fräulein Kroll bis jetzt dem Publikum geleistet, unterliegt es keinem Zweifel, daß ihr Theater ebenfalls nichts Gewöhnliches bieten wird, und ist dies ... gewiß ein sehr großer Gewinn, als dadurch eine Konkurrenz erwächst, die anderen Unternehmungen zum Sporn dienen muß.« (Raeder, S. 142f.)

Und am 13. September hieß es im gleichen Blatt: »Von allen Sommertheatern Berlins ist das Keller'sche in Kroll's Garten sowohl in artistischer Beziehung, als was den Besuch des Publikums betrifft, das bedeutendste und, wie ungünstig die Witterung auch in diesem Jahre für

Erstes Heft. Preis 2 Sgr.

Das gemüthliche Berlin.

Herr Bullrig

in Kroll's Winter-Garten.

Heiteres Lebensbild in vier Abtheilungen von A. Hopf.

Kellner. Sie entschuld'gen, mein Herr, in den Sälen darf nicht Cigarren geraucht werden.

Herr Bullrig. Cigarren nich? — Denn wer' ick mir meine kurze Pfeife anstechen, die ick in die Tasche habe. Roochen muß ick, sonst hab' ick hier keen Vergnügen.

Cöslin, 1852.
Verlag der Volger'schen Buchhandlung.

Aufgeschnittene Exemplare werden nicht zurück genommen.

Zur Orientirung.

Für Fremde, die vielleicht von Neugierde getrieben, die persönliche Bekanntschaft des armen Musikanten machen möchten, liefern wir hiermit einen kurzen Ariadnefaden zum Auffinden desselben. Vom Brandenburger Thore rechts führt eine Allee — dicht am früheren Exercierplatze entlang — nach dem, in ganz Europa berühmten Vergnügungslokal, genannt „Kroll's Etablissement.“ Hat man sich hier an den vielfachen körperlichen und geistigen Genüssen hinreichend gelabt, und schlendert in heiterer Stimmung dem Thore zu, so hört man, ungefähr vom Mittelpunkte der vorhin bezeichneten Allee her, eine Geige qualvoll wimmern. Im ersten Augenblicke wird der Uneingeweihte seine Schritte ängstlich zügeln, denn er gedenkt unwillkürlich an Bürgers „Pfarrers-Tochter zu Taubenheim,“ und zwar an die grausige Stelle: „da drüben allnächtlich am Unkenteich, da wimmert's wie Mord aus dem Sumpfe.“ — Nur immer vorwärts! Es ist hier weder ein Sumpf, noch ist hier — unseres Wissens — jemals ein Mord begangen. Noch wenige Schritte, und unter einer hellen Gaslaterne sieht man den unvermeidlichen Paganini seine „Cremoneser-Geige“ in den malerischsten Windungen bearbeiten. Der gutmüthige, im Wohlthun nie ermüdende Berliner wirft im Vorübergehen dem armen Musikanten lachend ein Kupfer- oder kleines Silberstück zu, beeilt sich dann aber, so schnell als möglich aus dem Bereiche der Töne dieses modernen Arion zu gelangen. — Auf der Kroll'schen Bühne kopirte ein Schauspieler „den armen Musikanten“ in Maske und Spiel in dem vorliegenden Schwanke so treffend, daß dadurch die größte Heiterkeit im Publikum hervorgerufen wurde und auf dem Rückwege, wo wir bei Marx mit ansprachen, erzählte er uns mit heiterem Gesicht: „Heute is det Jeschäft jut! Et wird nämlich bei Krollens uf mir een Stück gegeben, un da fallen nu die Jröschkens heute dutzendweise.“ — Wir wünschen, daß das hier nachfolgende kleine Bild ihm seine Einnahme nicht schmälern möge.

dergleichen Unternehmungen war, ... das Publikum war fast an jedem Abend zahlreich versammelt und zeigte eine Beharrlichkeit, die jedenfalls in der vorzüglichen Leitung und Regie, sowie in den befriedigenden Leistungen der Mitglieder ihre Begründung findet.« (Raeder, S.146f.)

Aufgelockert wurde der Spielplan noch durch eine Reihe von Gastspielen anderer Ensembles wie einzelner Darsteller. Erwähnt werden soll hier nur Franz Wallner, der 1845/46 als »gemütvoller Charakterkomiker« im Königstädtischen Theater schon einmal in Berlin »außerordentlich« gefallen hatte. Er begründete später das Wallner-Theater, »welches berufen sein sollte, der Berliner Volksmuse durch einen seltenen Verein glücklicher Talente neuen schöpferischen Glanz zu verleihen«. Als er nach seinen ersten lukrativen Berliner Direktionsjahren 1863 ein neues Haus bauen ließ, kehrte er mit »seiner prächtigen Gesellschaft« provisorisch bei »Kroll« zu einem längeren Gastspiel zurück.

Nach Abschluß der Bauarbeiten erfolgte die Wiedereröffnung des Etablissements am Abend des 24. Februar 1852 mit einem abends um 9 Uhr beginnenden »Bal masqué et paré«, nachdem zuvor »Se. Majestät ... das Local in hohen Augenschein« genommen hatte. Und am 16. Mai startete die dritte Sommer-Saison, für die Auguste Kroll den Leiter der »herzoglich Anhaltischen Hofbühne zu Dessau, Herrn Martini« gewonnen hatte. Innerhalb von viereinhalb Monaten vermochte er nicht weniger als 15 Opern- und 73 Lustspiel-Aufführungen auf die Bretter zu bringen, »Fleiß und Regsamkeit« war also »reichlich entfaltet« worden. Das Opern-Repertoire wurde erweitert, im Schauspiel jüngeren Autoren ein »ansehnlicher Platz eingeräumt«. Doch gerade der Umstand, daß die Premieren sich förmlich jagten, den »notorisch guten Stücken kein dauernder Aufenthalt gewährt wurde«, und daß selbst »gymnastische Künste ... als Reizmittel der Besucher dienen mußten«, galten als Indiz für einen schlechten Geschäftsgang. Und in der Tat war die Direktion finanziell nicht auf Rosen gebettet.

Generalversammlung
der
Berliner Dienstmädchen,
zur Erledigung der
Aussteuer-Frage.
In drei Abtheilungen.
1. Die Verlobten in der Küche; 2. Die Generalversammlung bei Kroll; 3. Beschlüsse der Dienstmädchen.
Von A. Hopf.

Präsidentin Charlotte: „Feste druf, Mächens! Aber immer nach die Geschäftsordnung, von oben run, uffen Biber. Den wollen wir aussteuern, mit die ganze Versicherungssumme!"

Berlin, 1852.
In Commission bei Ferd. Geelhaar (Fr. Enslin'sche Buchhandlung), breite Straße Nr. 23.
(Preis: 2½ Sgr.)

Berliner Stadtklatsch.
Heitere Lebensbilder aus Berlin's Gegenwart.
№ 4.
Vom Brandenburger Thor bis zu Kroll.
Komische Scenen von H. Salingré.

Erster Herr. Nehmen Sie diese landesübliche Münze. (Ruft den beiden andern Herren nach) das that ich für Euch Alle! (Folgt seinen Freunden nach Kroll's Etablissement.)
Musikant (betrachtet das Geldstück). Einen Dreier? und das gab der für Alle? Kommt auf den Mann ein Pfennig (ruft den Herren nach.) Sie da, thun Sie sich keinen Schaden. Und was der Eine für'n Paar Vatermörder in die Halsbinde zu stecken hat — das ist schon mehr Familientödter, damit kann man ja eine ganze Generation umbringen! (Geigt weiter).

Preis 2½ Silbergroschen.

Eduard Bloch.
Firma: L. Lassar's Buchhandlung.
Berlin, Brüderstraße Nr. 2.

Sechste Auflage.

Später legte Martini »das Bühnencepter seiner theatralischen Proveniencen« nieder und begnügte sich mit einer »friedlichen kleinen Stellung« als Souffleur am Berliner Hoftheater.

Am 2. Oktober begann schon die Wintersaison 1852/53 mit einem »Großen Vocal- und Instrumental-Conzert« unter Leitung von Jakob C. Engel, dessen Orchester sich mittlerweile »eine solche Fertigkeit und Abrundung im Spiel angeeignet«, daß die Presse nicht umhin konnte, es »lobend zu erwähnen« (Raeder, S.171). Mitte Oktober gab erstmals Johann Strauß (Sohn) mehrere Konzerte, teils mit dem Orchester von Engel als »Großes Doppel-Conzert« oder gar zum Abschluß des Gastspiels ein »letztes großes Monstre-Conzert« am 2. November unter »Vereinigung beider Capellen zu einem Musikcorps von 80 Mann«, wobei »Herr Strauß die Salonmusik« und »Herr Engel die classische Musik« leitete.

Zuvor hatte Auguste Kroll in einer Anzeige am 22. Oktober kundgetan, daß, um dem »verehrlichen Publikum« auch in der bevorstehenden Wintersaison die »möglichste« Abwechslung zu gewähren, für die Dauer »derselben« Opernvorstellungen, Konzerte, Bälle und Produktionen von verschiedenen Künstlern in ihrem Etablissement stattfinden würden. Dessen »großen Unterhaltungskosten« und der aus »38 Künstlern« bestehenden Kapelle ungeachtet, habe sie »im Vertrauen auf die Fortdauer des Wohlwollens«, mit welchem man sie bislang beehrte, vielfachen Wünschen von Familien entsprechend, das »Entree bei gewöhnlichen Conzerten auf fünf Silbergroschen für die Säle, auf zehn Silbergroschen für die Logen herabgesetzt«; hingegen müsse sie bei Opernvorstellungen und beim Auftritt fremder Künstler der größeren Kosten wegen weiterhin zehn Silbergroschen als Entree nehmen. Außerdem empfahl sie ihre »sämmtlichen Localitäten sowie die einzelnen Säle zu besonderen Festlichkeiten, Hochzeiten usw.«, wo nach wie vor bei Diners von einem Taler an aufwärts und bei der Sonntagstable-d'hote kein Entree verlangt wurde.

Erste Direktion Engel

Im Oktober 1851 schloß die Polizei das Königstädtische Theater. Sein Direktor Cerf und ein Teil des Ensembles suchten ihre Arbeit anderen Orts fortzusetzen, so in der Charlotten- und dann in der Blumenstraße. Doch dies änderte nichts mehr daran, daß die Berliner nach 27 Jahren eine »auserlesene Pflegestätte« der komischen wie der italienischen Oper verloren hatten.

Der Dirigent der Kroll'schen Kapelle wußte sehr wohl, was das Publikum nun entbehren mußte; nichts auch lag eigentlich näher, mit dem neuen Saal-Theater für diesen »musikalischen Ausfall der Residenz einen Ersatz zu schaffen«.

Nachdem das Polizei-Präsidium dem mittlerweile zum Direktor avancierten Jakob C. Engel die erforderliche Konzession »bereitwilligst« gewährt hatte, konnte er seine »Komische Oper« am 2. Dezember 1852 mit Donizettis *Maria oder Die Tochter des Regimentskommandeurs* eröffnen und bei der Presse durchweg Anerkennung einheimsen: »Trotz der ungünstigen Witterung hatte die erste Vorstellung ... ein zahlreiches Publikum angezogen. Das allerliebste, reizend eingerichtete Theater mit seinen herrlichen Dekorationen nimmt sich wie ein Schmuckkästchen aus. Der Inhalt beschämt den Rahmen nicht ... Vorwärts schreitend, wie es angefangen, wird sich das Unternehmen die Beliebtheit erhalten, welche die Residenz dem Kroll'schen Lokale stets in reichstem Maße geschenkt hat«, schrieb die *Deutsche Theater-Zeitung*. Und in der *Neuen Musik-Zeitung* hieß es: »Mit fast unglaublicher Schnelle ist das neue Unternehmen entstanden. Der bisherige Musikdirektor Engel ... hat in der Zeit von 14 Tagen ein Ensemble zusammengestellt, welches unter den angegebenen Umständen so Vortreffliches leistet, daß es zu den günstigsten Erwartungen berechtigt ... Unsere Residenz hat durch diesen Zuwachs

J.C.Engel, 1881, Lithographie

Kroll's Etablissement.

Sommer - Theater

unter Leitung des Hrn. Martini.

Sonnabend den 28. August 1852.

Der Nasenstüber.

Posse in 3 Aufzügen vom Dr. Ernst Raupach.

Personen:

Wall, vormals Wachtmeister, jetzt Gutsbesitzer	Hr. Dumont.
Regina, seine Tochter	Fräul. Butze.
Ursula, seine Schwester, vormals Gouvernante	Frau Müller.
Frohberg, Oberförster, sein Neffe	Hr. Koenig.
Schelle, Bataillons-Chirurgus	* * *
Till, Candidat	Hr. Güldenberg.

* * * Schelle — Hr. Wollrabe, als Gast.

Nach der Theater-Vorstellung:

Grosses Concert unter Leitung des Musik-Directors **Herrn Engel** aus Pesth.

PROGRAMM.

ERSTER THEIL.

1. **Ouverture** zum Ballet: **Der Seeräuber,** v. Gährich.
2. Redoute-Quadrille von Strauss.
3. **Lied ohne Worte** von Pegel. (Neu.)
4. Abschied von Petersburg, Walzer von Josef Gung'l.

ZWEITER THEIL.

5. **Der Neuigkeits-Krämer,** grosses Potpourri von Josef Gung'l.
6. Gambrinus-Tänze von Strauss Sohn.
7. Hamburger Polka von Herzog.
8. Nicolaus-Marsch von Frau L. von St.

Vorstehende Musikstücke sind in der Hof-Musikalien-Handlung von **Ed. Bote & G. Bock,** Jäger-Strasse № 42., Ecke der Oberwall-Strasse, zu haben.

Anfang der Theater-Vorstellung **5** Uhr.

Entrée **5** *Sgr., numerirte Sitzplätze* 5 *Sgr. extra.*

Bei ungünstigem Wetter findet Theater-Vorstellung und Concert im Königs-Saale statt, und treten alsdann die Preise von 10 Sgr. für den Saal, und 15 Sgr. für die Logen ein.

Ein Theater-Zettel kostet 1 Sgr.

Anzeige.

Sonntag, um 2 Uhr: **Table d'hôte** à 20 Sgr. incl. Entrée (bei günstigem Wetter im Freien). Kinder werden gleich Erwachsenen gerechnet. Billets hierzu sind nur an der Kasse zu haben.

Bei Couverts von 1 Thlr. an wird kein Entrée entrichtet, wenn das Billet dazu beim Eintritt an der Kasse gelöst ist, da die Kellner nicht ermächtigt sind, das Entrée in Anrechnung bringen zu lassen.

Zur gefälligen Beachtung. Hierdurch erlaube ich mir darauf aufmerksam zu machen, dass Inhaber von Sitzplatz-Billets zur Sommerbühne beim Verlassen ihrer Plätze bei plötzlich eintretendem Regen sich gefälligst mit Contre-Marquen versehen, da für den Fall, dass im Winter-local die Vorstellung fortgesetzt wird, dieselben zum Eintritt in die Logen berechtigen.

Auguste Kroll.

Druck von A. Obst, Adlerstr. 14.

seiner künstlerischen Produktionen sich sehr beachtenswert vermehrt. Die Teilnahme des Publikums wird erhalten bleiben, wenn das Repertoire sich auf die komische Oper begrenzt. Für die Folge kann das Institut ganz besonders dadurch wichtig werden, wenn es jugendlichen Talenten die Künstlercarière öffnet und sich dadurch zu einer Vorbereitungsschule für die Hofbühne bildet.« (Raeder, S.185)

Auch den in kurzen Abständen hintereinander folgenden Premieren blieb der Erfolg treu. Desgleichen brachten weitere Debuts auswärtiger Gäste »glückliche Bereicherungen« des Personals. Mit dem Gastspiel des »Barytonisten« Wack von der Wiener-Hof-Oper gab's so etwas wie das erste »Star-Experiment« im ansonsten recht jungen Ensemble bei »Kroll«. Mit ihm in der Titelpartie von Rossinis *Othello* wagte Engel im Frühjahr 1853 sogar die Einführung der opera seria in den Spielplan.

Um mehr Stabilität in den Spielplan der Opern zu bringen, der schon mannigfache Abänderungen »infolge häufig wiederkehrender Indispositionen« einiger Damen erfahren mußte, suchte Engel sein Gesangspersonal durch den Abschluß fester Engagements zu vervollständigen. Welche Aufmerksamkeit andere Theater der wachsenden Bedeutung der Kroll'schen Bühne, insbesondere »den guten und besten auserwählten Kräften« zuwandten, mag die Tatsache erhellen, daß andere Bühnenleiter diesen oder jenen Sänger noch vor Ablauf seines Berliner Kontrakts zu »kapern« sich bemühten. Engel konnte sich nur mit Erklärungen wehren, wie jener vom 4. Mai 1853: »Ich gehöre allerdings mit meiner Bühne nicht zu dem sogenannten Kartel-Verbande, indessen halte ich dafür, daß die Moralität des Rechts nicht bloß an äußere Verträge gebunden ist, sondern dieselbe von jeder ehrenwerten Theaterdirektion als Richtschnur genommen werden muß.« (Raeder, S.187ff.)

Der »mikrokosmische Charakter« des Etablissements bedingte die Berücksichtigung vieler Interessen; so mußte auch der Schaulust durch die »interessantesten Sehenswürdigkeiten« Genüge getan werden, was jedoch stets »im großen Stil« geschehen sein soll. Nach dem Ende der Wintersaison änderte sich das äußere Verhältnis des neuen Direktors zum Unternehmen, als Auguste Kroll und Jakob C. Engel am 7. Juli 1853 ihre Vermählung bekanntgaben.

Diesem Schritt vorausgegangen war am 26. Mai die Unterzeichnung eines förmlichen Ehekontrakts beider Partner beim Notar Franz Hinschius in der Burgstraße 16, der die Eigentumsrechte und Vermögensverhältnisse regelte. Entsprechend § 2 dieses Vertrages blieb Auguste Eigentümerin des Etablissements sowie des darin betriebenen umfangreichen Restaurationsgeschäfts, Engel verzichtete zugleich ausdrücklich auf sein Recht, bei einer Veränderung seines Aufenthalts oder Wohnsitzes zu verlangen, daß seine Frau Berlin verläßt. § 3 legte fest, daß das gesamte Vermögen einschließlich Grundstück, Restaurationsbetrieb, Kapitalien und Effekten, ferner alles, was sie während der Ehe auf irgendeine Art erwirbt, ihr zur freien Verwaltung und Verfügung bleibt. In § 4 sicherte Auguste ihrem künftigen Ehemann zu ein »jährliches Quantum« von 4000 Talern für seine »Mühewaltungen« als Mitarbeiter im Geschäft sowie als Direktor der Musikkapelle und des Kroll'schen Winter- und Sommer-Theaters, das vierteljährlich zahlbar war. § 5 bestimmte, daß über die gesamten Zinsen und die eine Hälfte des belegten Kapitals Engel die freie Verfügung zustand, die andere Hälfte dazu dienen sollte, ihm die Mittel zu sichern, seiner künftigen Frau den standesgemäßen Unterhalt zu gewähren, falls sie das jetzt von ihr betriebene Geschäft nicht fortsetzen kann oder will.

Noch vor dem Ende der ersten Wintersaison und im Hinblick auf die bevorstehenden Sommermonate 1853 mußte Engel erkennen, daß allabendliche Opernvorstellungen sich für die Dauer als undurchführbar erweisen sollten. So entschloß er sich, seinen Spielplan künftig durch Lustspiele, Schwänke und Possen zu ergänzen. Als Probelauf ging Eugene Scribes *Die Gefangenen der Zarin* am 26. April in Szene; die offizielle Eröffnung der Sommer-Spielzeit erfolgte Mitte Mai, wobei vor allem die Komiker Rudolf Haase und Heinrich Triebler zu Stützen des Ensembles heranwuchsen.

Im Laufe des Sommer 1853 aber offenbarte der ganze Bühnenbetrieb doch einige Schwächen, man sprach von einer gewissen Stagnation oder Monotonie des Repertoires sowohl im Opernbereich als bei den Lustspielen. Klagen über Lässigkeit im Spiele, Lahmheit der Regie blieben in den »öffentlichen Organen nicht ungerügt«. Und auch das Ensemble konnte im Fortgang der Spielzeit die »wünschenswerte Höhe« nicht halten. Hauptursache all dieser Unzulänglichkeiten scheint gewesen zu sein, daß »das Theater eine Zeit lang der persönlichen Leitung seines bisherigen Führers entbehren« mußte. Denn nach der Vermählung traten Auguste und Jakob C. Engel eine ausgedehnte Hochzeitsreise an, die sie nach Wien, Pest und Paris führte. Nach der Rückkehr sorgte sich die Direktion »selbstverständlich«, den »eingeschlichenen Mängeln« sofort zu begegnen, was nicht immer gelang. So wurden »die künstlerischen Bemühungen der Direktion im Beginn des August stark geschädigt und zwar durch den Umstand, daß der so erfolgreiche Barytonist Pichler, plötzlich kontraktbrüchig, sich seinen Verpflichtungen entzog, überdies unter den erschwerenden Umständen nicht zurückgezahlter Vorschüsse«. Der schnell besorgte Ersatz konnte die künstlerischen Ansprüche bei weitem nicht erfüllen.

Die Wintersaison 1853/54 begann im Opernbereich mit durchweg fast neuen Kräften. Ihre Höhepunkte waren gewiß die Aufführung von Donizettis *Liebestrank* im November und im Dezember die Uraufführung der Operette *Rübezahl* des neuen hauseigenen Dirigenten August Conradi, dessen Musik man als »melodiös, ansprechend, in einzelnen Nummern genial« rühmte, die aber ein »besseres Libretto« verdient gehabt hätte. Der nachlassenden Attraktivität der Opernbühne suchte Engel durch Gastspiel-Verpflichtungen von Künstlern aus anderen Bereichen und Artisten auszugleichen, was seiner stetigen Opernpflege geradezu entgegenwirkte, so daß im Frühjahr 1855 Opernaufführungen auf dem Veranstaltungskalender bei »Kroll« allmählich immer weniger wurden und schließlich ganz verschwanden.

Im Bereich des Lustspiels gestaltete sich die Entwicklung ein wenig günstiger. Hier gab's genug Novitäten, die immer wieder die Neugier des Theaterpublikums zu wecken vermochten. Gelegentlich führten sie zu wirklich großen Erfolgen. Nach dem ersten Auftreten der andalusischen Ballerina Pepita (»keine blonde ätherische Sylphide, aber eine feurige, schwarzhaarige Südländerin, deren Zauber nichts weniger als ätherisch genannt werden konnte«) im Friedrich-Wilhelmstädtischen Theater herrschte in Berlin jahrelang der »Pepitanismus«, der ungeachtet schärfster Persiflagen die kuriosesten Blüten trieb. Bei »Kroll« eröffnete man mit der Posse *Die falsche Pepita* den Reigen dieser Tanz-Parodien. In der Titelrolle gastierte zunächst ein Fräulein de Branco (»eine hübsche Persönlichkeit, graziös, aber nicht Tänzerin genug«), später dann die schöne Ungarin Emma Nemeth vom Theater in Graz, die »das Entzücken aller echten und falschen Pepita-Schwärmer« fand. Indessen, auch mit ihr hatte sich die Imitationsmode der gefeierten Spanierin noch nicht erschöpft. Frau Braunecker vom Deutschen Theater in Prag eroberte sich in Rudolf Hahns neuer Posse *Senora Pepita oder Mein Name ist Meyer* die Sympathie des Berliner Publikums »in Stürmen«. Sie habe »ihren Vorbildern alle Nuancen des Tanzes abgelauscht«, und, von der Natur mit Anmut und Grazie ausgestattet, sei ihr die Kopie fast bis zur vollständigen Sinnestäuschung« gelungen. Die »köstliche Nachahmung des spanischen Abgottes« hatte so sehr eingeschlagen, daß sie zahllose Male wiederholt werden mußte. »Man wußte kaum noch in der Überschwenglichkeit des Entzückens, wem der Vorzug gebührte, dem Original oder der Kopie.« (Raeder, S.223f.)

Nach Ende der Spielzeit 1853/54 stieß als bemerkenswerteste neue Kraft Anna Schramm vom Königsberger Stadttheater zu »Kroll«. Sie brillierte in mehreren Rollen, erfreute sich bald großer Beliebtheit, welche »durch ihr forsches und anmutiges Talent, durch die Sicherheit ihrer Charakterzeichnung vollständig gerechtfertigt wird«. Einen besonderen Erfolg feierte sie im *Pariser Taugenichts*, den Rudolf Löwenstein in der *Feuerspritze* vom 21. August 1854 mit den Worten umriß: »Wir haben manchen Taugenichts gesehen ..., aber bisher kaum einen so liebenswürdigen. Das Publikum war erkenntlich und die naiv-komischen ebenso wie die leidenschaftlichen Stellen riefen lauten und anhaltenden Beifall hervor.« Anna Schramm bildete später die weibliche Hauptstütze der klassischen Alt-Berliner Posse im Wallner-Theater und wirkte noch in den 90er Jahren »mit unverwüstlicher Frische im älteren Fache als Humor-Spenderin im königlichen Schauspielhaus« (Raeder, S.226).

Neben Oper und Lustspiel pflegte man bei »Kroll« noch eine rege Konzerttätigkeit. Zu Beginn der Engel'schen Direktionsjahre stand am 16. April 1853 ein vom Königl. Musikdirektor Hieronymus Thrun geleiteter Abend zur Einführung des als Konzertmeister am ungarischen Nationaltheater in Pest tätigen Eduard Singer. Zwei weitere Konzerte dieses »Geigenbeherrschers« leitete Engel. Er brachte im Sommer 1853 mit der Kroll'schen Kapelle vorzugsweise Teile aus Werken Richard Wagners zur Aufführung. »Allabendlich konnte das elegante Publikum in dem glänzenden Park Ouvertüren, Märsche aus *Tannhäuser* und *Lohengrin* vernehmen. Das Orchester, dem mittlerweile wieder »namhafte virtuose Vertreter« ihrer Instrumente zugesellt worden waren, erhöhte »durch diese musikalischen Novitäten nicht wenig das Interesse, welches alle Freunde bedeutsamer und für den Geschmack besonders anregender Konzerte ihm entgegenbrachten«.

Am 14. Juni 1854 gab's das erste große Promenaden-Konzert in Berlin, als alle Kavallerie- und Infanterie-Musikcorps der Berliner Garnison, elf an der Zahl, »zum Besten der (Hofmusikhändler) Gustav Bock'schen Spezialstiftung für invalide Militärmusiker und Spielleute und deren Witwen und Waisen« musizierten. Da nirgendwo ein so großer Saal existierte, um sie alle aufzunehmen, wählte man den Ausweg, sie im Kroll'schen Garten, in Kemper's Hof und im Hofjäger spielen zu lassen, was den Besuchern bei sehr billigem Entree die Möglichkeit bot, alle Konzerte nacheinander auf einem Spaziergang durch den Tiergarten genießen zu können. Bei »Kroll« spielten die Kapellen des 2. Garde- und des Garde-Reserve-Regiments sowie das Trompetercorps der Garde-Kürassiere, außerdem die Kroll'sche Theaterkapelle. »Der Andrang war kolossal.«

Mit den Gebrüdern Henri und Joseph Wienawski aus Lublin, Geiger und Klavierspieler (»fast ans Unglaubliche grenzender Beifall«, »Paganini« und »Liszt der Zweite!«), Antonio Bazzine aus Brescia (»einer der größten Violinspieler, den wir je gehört«, »ohne große Anpreisungen eingeführt, errang er durch die Größe und Macht seines Genies die glänzendsten Triumphe«), Franz und Karl Doppler aus Lemberg (»das Zusammenspiel dieser beiden Flötisten sucht seines Gleichen«, »ihr Spiel greift ineinander, als ob es das eines einzigen Instruments wäre ... und hat einen Liebreiz, der sich kaum beschreiben läßt«), dem zehneinhalbjährigen, von deutschen Eltern stammenden, in Lissabon geborenen und dann in Paris aufgewachsenen Arthur Napoleon (»hier ist nichts Angelerntes, nichts Abgerichtetes, sondern das göttliche Genie verkörpert in einem Kinde«) und Wilhelmine Neruda, mit ihrer Schwester schon in den 40er Jahren bei »Kroll« als Wunderkind aufgetreten (»der Charakter ihres Spiels, von jeher ein heiterer und unternehmender, hat sich durch die jungfräuliche Reife nicht verändert, sondern ist eher noch pikanter geworden«) sind ein paar der Virtuosen hier genannt, die bei »Kroll« in jener Zeit Furore machten.

Auf das Konto des modischen Pepita-Enthusiasmus war das Gastspiel der spanischen Tänzer-Gesellschaft zu setzen, derem Star, Petra Camora, von Paris aus der Ruf einer neuen »Pepita« vorauseilte, doch die Berliner Pepita-Fans schienen das Urteil der Pariser keineswegs zu teilen, denn es kam zu nicht mehr als sechs Abenden. Im Spätsommer 1854 hingegen gerieten die Berliner über die Ballett-Gesellschaft von José de Olonna mit Pepa Vargas *(la perla de Andalusia)* in helles Entzücken. Diese Truppe mußte bei »Kroll« insgesamt an 28 Abenden auftreten (Raeder, S.248ff.).

Auch »Taschenspieler, Physiker, Akrobaten, Gaukler und Fremdländisches« fanden weiterhin eine Heimstatt bei »Kroll«. Schon der erste aus dieser Gilde, Houdin aus Paris, ließ ganze Scharen zu Fuß, lange Züge von Droschken und Karossen sich zu »Kroll« bewegen, getrieben von der Sorge, eventuell keines Billetts mehr habhaft zu werden. »Ein eleganter Herr in schwarzem Frack redet die gespannten Hörer französisch an, beginnt seine Séance, und das Rätsel ist gelöst, Herr Houdin enthüllt, er ist ein Taschenspieler, Excamoteur, voilà tout. Aber kaum war das erste Kunststück unter donnerndem Beifall beendet, da fühlte jeder, daß dieser Prestidigitateur kein Gaukler sei, sondern ein Künstler in der höchsten Bedeutung dieser Art, ... der den Namen der Schnellfinger in jeder Beziehung verdient.«

Houdin folgten der Engländer William Edward Klischnigg mit seiner »dramatischen Affen-Mimik«, der Hellseher Compars Herrmann aus Ungarn (»ein Befreier der Deutschen von ihrem Erbfeinde – der Langeweile!«), seine Kollegin Madame Benita Anguinet, die englischen Gymnastiker »Die Hutchinsons« und »Mr. Thompson«. Schlechthin sensationell wirken mußte der Auftritt von »Zulu-Kaffern« im »eleganten Rahmen des Kroll'schen Etablissements ... und der praktische Engel hatte sich darin nicht getäuscht«. Seit sie nach jeder Vorstellung auf der Bühne erschienen, häufte sich der Besuch im ungewöhnlichen Maße. Die »Zulu-Kaffern« wurden Mode, allein schon daraus ersichtlich, »daß ein zahlreicher Damenkreis stets bei dem Auftreten der schwarzen Menschenbrüder zugegen war«. In Berlin, »dem Felde eigentümlicher Schwärmereien, schwangen sich diese Kinder Afrikas nach Überwindung des ersten abstoßenden Eindrucks zu Löwen des Tages empor. Die Neu- und Wißbegierigen wanderten ... zu Kroll, so daß trotz Sturm, Regen und Schmutz die Räume überfüllt waren« (Raeder, S.265f.).

Von der Anwesenheit der »seltsamen Menschenbrüder« nahm schließlich auch der Hof Notiz. »Am 17. Februar 1854«, so berichteten Berliner Blätter, »geruhte Ihre Majestät die Königin in Begleitung Ihrer königlichen Hoheit der Frau Großherzogin von Mecklenburg und Gefolge, das Kroll'sche Etablissement mit Allerhöchst Ihrem Besuche zu beehren und sich von Direktor Engel die dort zur Schau gestellte Kafferngesellschaft vorführen zu lassen. Allerhöchst dieselben geruhten, sich längere Zeit mit denselben über die Sitten und Gebräuche der Kaffern zu unterhalten und Allerhöchst Ihre Befriedigung über die im Gebiete der Völkerkunde seltene Erscheinung gegen denselben auf das huldreichste auszusprechen.« Engel selbst war dann auch noch mit einigen Afrikanern bei Alexander von Humboldt in der Oranienburger Straße aufgetaucht, wobei dieser eine Grammatik der Kaffernsprache benutzt haben soll, um sich mit seinen Gästen unterhalten zu können.

Für das ungeheure Aufsehen, das die Zulus bei einem Teil der Berliner erregt haben mußten, sprechen einige an Arroganz, Bosheit und geradezu maßloser Borniertheit kaum überbietbare Sätze aus einem Bericht in der *Feuerspritze* vom 16. Januar 1854. »Man braucht noch nicht abergläubisch zu sein, um darin, daß die erste Novität des Karnevals von 1854 zwölf Herren aus einem wilden Völkerstamme sind, eine sehr schlimme Vorbedeutung zu erblicken. Gebe der Himmel, daß wir das Jahr nicht mit den Kaffern anfangen, um mit den Russen auf-

Kroll's Etablissement.

Montag den 21. August 1854.

Im Königs-Saale.

Wegen fortdauernder Heiserkeit des Herrn Triebler können die angekündigten Stücke nicht gegeben werden; dafür:

Ränke und Schwänke.

Posse mit Gesang in 3 Acten von G. Starke. Musik von Ed. Stiegmann.

Personen:

Amtmann Grossbrotz	Hr. Podesta.	Der Wirth zum Landesvater	Hr. Heck.
Amtsactuar Schlau	Hr. Eichenwald.	Carl, sein Sohn	Hr. Löckell.
Amtsbote Sportelbüchs	Hr. Hesse.	Kälberstich, der Schlächter	Hr. Köhler.
Rentmeister Ehrenfried	Hr. Gliemann.	Waizenblüth, der Bäcker	Hr. Werner.
Röschen, seine Tochter	Fräul. Schramm.	Hopfensack, der Brauer	Hr. Neitsch.
Anton Wahrberger, Verwalter	Hr. Grunow.	Kümmeltürk, der Branntweinbrenner	Hr. Rosenthal.
Ein Reisender	Hr. Gysi.	Schmalekost, der Schulmeister	Hr Hildenhagen.
Zeisig, } Studenten	Hr. Baum.	Schlafenberg, } Beigeordnete des Gerichts	Hr. Hammerström.
Wachtel, } Studenten	Hr. Jehle.	Schlummermann, } Beigeordnete des Gerichts	Hr. Clement.
Fink, } Studenten	Hr. Herger.	Jasager, } Beigeordnete des Gerichts	Hr. Schulze.
Spatz, } Studenten	Hr. Huth.	Der Richter.	

Bürger und Bürgerinnen. Mädchen und Jungen. Ort der Handlung: Ein kleines Landstädtchen.

Hierauf:

Neunte Vorstellung der berühmten

Chinesischen Jongleur-Gesellschaft

aus dem himmlischen Kaiserreiche.

PROGRAMM.

Kaiserlicher Empfang zu Peking, Darstellung Chinesischer Sitten.
Die magischen Bälle, das Non-plus-ultra der Jonglerie, ausgeführt von Ar-Hée, berühmter Magiker, 12 Jahre alt.
Orientalische Spiele mit Elfenbeinbällen von 5 Zoll Umfang und mit Messern, ausgeführt von Yan-Gin und Wan-Sing.
Die bezauberte Schaale. Dieselbe wird, am Ende einer Schnur befestigt, mit überraschender Schnelligkeit um die Glieder, den Körper und den Hals des Jongleurs geworfen, ausgeführt von Chong-Mong und Yan-Yan.
Die um eine bewegliche Stange sich drehende Schüssel, von Chong-Moon und Ar-Hée.
Die magische Schaale, von Won-Sing.
Die fliegenden Messer, elegantes Jongleurspiel von Chong-Moon.
Jongleur-Uebungen von Wan-Sing.
Die geheimnissvolle Schaale, von Chong-Moon.
Das Bänderspiel, von Wan-Sing.
Spiel mit Chinesischen Münzen und Strohhalm, von Chong-Moon und Ar-Hée.
Die Schaale und die Bälle, von Yang-Gin.
Die bewegliche Scheibe. Die grossen Messer werden auf einen lebenden Menschen, ohne denselben zu berühren, geworfen, indem sie seinen Körper, der auf einem Holzbrett gestützt, umspielen.
Fantasiespiele von Ar-Hée.

Zum Schluss:

Großes Concert im Sommergarten

unter persönlicher Leitung des Unterzeichneten

bei brillanter Beleuchtung.

Kroll's Etablissement.

Donnerstag, den 2. Juli 1857.

GROSSES CONCERT im Sommergarten,

unter Leitung des Capellmeisters Herrn **Braun.**

(Bei ungünstigem Wetter im Königssaal.)

Festmarsch von E. Braun.
Jubel-Ouvertüre von C. M. von Weber.
Herbstblumen, Walzer von E. Braun.
Pilgerchor und Lied an den Abendstern aus der Oper „Der Tannhäuser," von Wagner.
Marie-Taglioni-Polka von Strauss.

Im Königssaale.

's Lorle, oder: Ein Berliner im Schwarzwalde.

Schwank mit Gesang in 1 Akt, von J. Ch. Wages. Musik von Th. Hauptner.

Der Freiherr von Stritzow . .	Hr. Himmel.	Frieder, ein junger Müller . . Hr. Wolf.
Jakob Gengenbacher, Wirth zum grünen Baum	— —	Bauern und Bäuerinnen.
Lorle, eine Magd	— —	Ort der Handlung: Ein kleines Dorf im Schwarzwalde.

Herr von Schütz: Jacob Gengenbacher. Frl. von Schütz: Lorle, als 2tes Debut.

15 Minuten Pause.

☛ Der Beginn der Theater-Vorstellung so wie die Fortsetzung derselben nach der Pause wird durch ein Glocken-Zeichen im Sommergarten angezeigt. ☚

Im Sommer-Garten:

Grosses Militair-Concert,

ausgeführt von den Musikcorps des zweiten Garde-, Garde-Reserve und Kaiser-Franz-Grenadier-Regiments, unter Leitung des Königl. Musikdirektors

Herrn Wieprecht.

Erster Theil.

Ouvertüre zur Tragödie „Egmont," von Beethoven.
Finale aus dem Ballet „Satanella," von Hertel.
Galop di Bravoura, von Schulhoff.
Einzug der Gäste auf der Wartburg aus der Oper „Tannhäuser," von Wagner.

Zweiter Theil.

Ouvertüre zur Oper „Euryanthe," v. C. M. v. Weber.
Bachus-Chor zu „Antigone," von Mendelssohn.
Triumph-Marsch und Hymnus aus der Oper „Olympia," von Spontini.
Belle Amazone, von Löschhorn.

Dritter Theil.

Ouvertüre zur Oper „Die lustigen Weiber von Windsor," von Nicolai.
Fackeltanz zur Vermählungsfeier I. K. H. der Prinzessin Anna von Preussen, v. Meyerbeer.
Le Réveil du Lion, von Kontzky.
Zwei Defilir-Märsche, a) Colonnen-Marsch von Leonhardt, b) Links! Rechts! v. Wieprecht.

Zum Schluss:

Grosser Zapfenstreich.

Während der Dauer der Theater-Vorstellung:

Concert auf dem zweiten Orchester im Sommergarten.

Anfang des Concerts 5 Uhr, der Theater-Vorstellung 6 Uhr, des Militair-Concerts 7 Uhr.

Entrée 7½ Sgr. Numerirte Sitzplätze im ersten und zweiten Parquet 15 und 10 Sgr. Loge 15 Sgr. Tribüne 20 Sgr.

Kinder unter zehn Jahren zahlen die Hälfte.

☛ Kindern unter 5 Jahren ist der Zutritt zum Königssaale während der Theater-Vorstellung nicht gestattet. ☚

Freitag, den 3. Juli. „Therese Krones." Genrebild mit Gesang in 3 Abtheilungen und 6 Tableaux, von C. Haffner. Musik von A. Müller. (Frl. von Schütz: Therese Krones, als 3tes Debut.)

Schnellpressendruck von Ernst Litfass in Berlin Adlerstr 6.

zuhören ... Noch nie hat der Königssaal solche Gäste beherbergt, noch nie ist die Naivität der Unkultur (!!) in Berlin so dreist gewesen. Entweder gehen die ungenierten Völker ... einer großen Umwandlung ihrer Sitten und Anschauungen entgegen, oder unsere Mitbürger sind entschlossen, die Civilisation, die so viele Unbequemlichkeiten mit sich führt, abzulegen und die einfache Philosophie dieser netten Leute anzunehmen ... Verschiedene messingene Gardinenringe, Adlerfedern, Fetzen von Leopardenfellen und Fragmente von Pferdeschwänzen, die ihre Blöße mit großen Schildern aus Rinderhäuten bedecken und füllen ihre müßigen Augenblicke mit Bogenschießen und Lanzenwerfen aus. Man male diese halbnackten Lieblinge eines warmen Klimas in der Phantasie mit dem violettbraunen Firniß der englischen Theekessel an, und man hat die neuesten Acteure auf dem Kroll'schen Salon-Theater ... Ihre Gesichter scheinen sie nicht zu bemalen, die Natur hat indessen soviel für sie gethan, daß sie ihre ursprüngliche Gräßlichkeit nicht zu erhöhen brauchen ... Betrachten wir ihre Kriegsbräuche, so fühlen wir uns einigermaßen versöhnlich gegen alle ersten Eroberer wilder Landstriche gestimmt, wenn sie in die Schwäche verfielen, die Eingeborenen weniger als Menschen, denn als gefährliches Schwarzwild zu betrachten. Lauschen wir auf ihre Lieder, so geben wir die Hoffnung nicht auf, die Affen im Zoologischen Garten für die edle Gesangskunst noch gewonnen zu sehen. Verfolgen wir aber ihre Hochzeitsbräuche, so finden wir zu unserer Beruhigung gar keine Abweichung von den modernen Sitten, daß Eltern ihre Töchter dem Meistbietenden überliefern u.s.w.«.

Die Zulus traten insgesamt 40 mal bei »Kroll« auf, ehe sie am 10. März 1854 ihr Gastspiel beendeten. Sie standen später noch achtmal auf der Kroll'schen Bühne.

Was Oper und Lustspiel nicht vermochten, nämlich auch im Hochsommer das Etablissement zu füllen, schafften die ab 8. August 1854 bei »Kroll« gastierenden chinesischen Gaukler, die mit Jonglieren und Akrobatik »alles in Erstaunen setzten« (Raeder, S.269ff.).

Das Bild der ersten Direktionsjahre von Engel war nach außen hin gewiß erfreulich und glänzend. Doch seine unermüdliche Aktivität allein reichte nicht aus, um ein von vornherein gegebenes Grundübel der Struktur des Unternehmens zu beseitigen. Seine wirtschaftliche Gesundheit nämlich war bedingt durch die Gesamteinnahmen seiner einzelnen Zweige. Davon aber befanden sich einige wichtige wie Weinschank, Konditorei usw. weiterhin in Pfandbesitz von Lieferanten. Dies hing zusammen mit den hohen Kosten des Neubaues, für dessen Errichtung die Feuersozietät-Gelder nicht ausgereicht hatten. Auch die von Auguste seinerzeit zur Erfüllung der eingegangenen Verpflichtungen aufgenommenen Kredite verschlangen zu hohe Zinsen. Als die Situation sich immer bedrohlicher zu entwickeln begann, kam »der Verzagenden« zunächst Johann Jacob Bergmann, Besitzer eines blühenden Fournier-Schneide-Geschäfts in der Friedrichstraße 106 an der Weidendammer Brücke, »mit einem größeren Kapitale zu Hülfe«, um sie gegen Wucher zu sichern. Allein, die Einnahmen hinkten den Betriebskosten stets hoffnungslos hinterher.

Schließlich faßte die beim Polizei-Präsidenten von Hinckeldey, der behördlicherseits das fiskalische Interesse zu vertreten hatte, tagende Generalversammlung der Kroll'schen Gläubiger am Sonnabend, den 31. März 1855, den definitiven Beschluß zur Schließung des Etablissements. Am Sonntag, den 1. April, mußte man den zur Probe auf der Bühne erschienenen Künstlern eröffnen, daß die Gläubiger sich nicht mehr bereit erklärt hätten, das ganze Unternehmen auf der bisherigen Basis weiterzuführen. Ein späterer Beschluß bezog sich auf die Neuordnung, wonach der gesamte Pfandbesitz Johann Jakob Bergmann und seinem Sohn Gustav Heinrich Wilhelm die künftige Verwaltung überlassen blieb.

Für diese Entwicklung fand die Berliner Presse nur Worte des Bedauerns. Sie rühmte Unvermüdlichkeit und rastlosen Eifer Engels, und überall hegte man die Erwartung, daß er die künstlerische Leitung beibehalten könne, sobald die Verhältnisse eine Wiedereröffnung gestatteten. Dazu sollte es jedoch nicht kommen, denn Engel und Bergmann konnten keine vernünftige Basis für eine halbwegs gedeihliche Zusammenarbeit finden.

In der *Berliner Montags-Post* vom 10. April kommentierte Ernst Kossak das Geschehen: »Wir beeilen uns, zur großartigsten Exmission überzugehen, welche je an einem Quartale in Berlin vorgekommen – wir meinen die Exmission von ganz Berlin aus dem Kroll'schen Lokale. Denn wenn wir an unsere eigene Nase greifen und den Sachverhalt genau prüfen, so müssen wir einsehen, daß nicht allein die seitherigen Besitzer, sondern sämmtliche Vergnüglinge in Pausch und Bogen, die edlen Väter der Stadt und Kammern, die polytechnischen, die vereinten Handwerker, der Erk'sche Gesangsverein mit seinen tausendundein Liederwesen, das jüngere Diplomatische Corps und Corps de Ballett an die Luft gesetzt worden sind. Sobald das nächste Mal wieder 1 800 gemeinschaftlich geatzt werden sollen, dürften die Festkomitees, wie der wahnsinnige Daniel in E.T.A. Hoffmanns *Majorat von Rositten* sich die Nägel an der zugeschlossenen Thüre des Königssaales blutig kratzen. Aber dies Ende hat uns nicht überrascht. Was in Berlin gedeihen soll, muß sich vor den Exzessen der Großartigkeit hüten und in den beschränkten Grenzen einer angenehmen Mittelmäßigkeit bleiben. Unser lieber Mitbürger ist ein seltsam organisierter Mann. Er wünscht vornehm, aber möglichst wohlfeil bedient zu werden. Er will alle Vierteljahre einmal sich im Glanze von tausend Gasflammen baden und sie wochenlang vor einem leeren Hause brennen lassen. Er will unter sich sein und bleibt fort, wenn man ihm zumutet, den Wert seiner Persönlichkeit durch 5 Silbergroschen Entree auszudrücken. Er lobt die Vornehmheit und Pracht, aber seine Cigarre und ein alter Rohrstuhl mit einem eingeklemmten Bruch sind ihm lieber. Er schimpft auf die Kaffern, aber er besucht nicht die ernsten Konzerte. Mit einem Wort, er ist der Mann des 2 1/2-Silbergroschen-Entrees, der eingewickelten Butterbrote, Hilfsfläschchen und Weißbierstangen, an denen eine Familie einen halben Tag lang umherklettert, der ausgeschobenen Gänse und Hammel, des selbstgekochten Kaffees. Noblesse und Geldaristokratie haben noch nie in Berlin ein Etablissement erhalten, und kein Geschäftsmann darf auf sie spekulieren.« (Raeder, S.278f.)

Das Interregnum 1855 bis 1862 – Jährlich eine neue Direktion – Erneuter Wechsel in den Besitzverhältnissen

Johann J. Bergmann begann gewiß mit der redlichsten Absicht, das »auf eine Sandbank geratene Schiff wieder flott zu machen«. Aber als gelerntem Tischler, der mit seiner gut florierenden Fournier-Schneide-Anstalt es immerhin zu einiger Wohlhabenheit gebracht hatte, war es ihm an der Wiege eben nicht gesungen worden, auch ein künstlerisches Unternehmen zu leiten, »und das hielt die kritischen Berliner in kühler Reserve«.

Die vorläufige Pause bis zur Wiederinbetriebnahme nutzte Bergmann für notwendige Renovierungen und Neueinrichtungen des Lokals. Hier war manches nachzuholen, vornehmlich bei den Türmen. Da bereits »die Maienblüte vor der Thür stand«, widmete man sich der Park-Verschönerung mit besonderer Sorgfalt. Bergmann holte aus Paris die neuesten Luxus-Beleuchtungskörper für Vergnügungslokale und -parks. Er ließ Treibhäuser bauen und dem Park an der Südseite eine 'prächtige' Bosquet- und Promenadenform geben.

Auf »dramatischem Felde« hingegen hegte Bergmann die Hoffnung, mit Lustspiel, Posse und Vaudeville über die Runden zu kommen, zumal der »mobile Kleinkram« für eventuelle Gastspiele »tanzender oder musikalischer Lockvögel« zweckmäßiger zu handhaben war. Die Gefahr freilich, daß die Bühne statt großstädtischen Ansprüchen zu genügen, sich ins Klein- oder Vorstädtische verirrte, blieb dabei unberücksichtigt. Die Bühnenleitung übernahm der Schauspieler Edmüller (eigentl. Eduard Müller), der zusammen mit einem Kollegen auch Regie führte. Der junge Komponist Theodor Hauptner fungierte als Kapellmeister und Musikdirektor Rudersdorff leitete die Gartenkonzerte.

Die Wiedereröffnung des renovierten Hauses am 12. Mai 1855 hatte Johann Jakob Bergmann mit einem Wohltätigkeitsakt für die in demselben Jahr durch Überschwemmungen von Rhein und Weichsel angerichteten verheerenden Schäden verbunden. Ungeachtet dieser captatio benevolentiae aber ließ der kritische Sinn der Berliner, die »in Überfülle anwesend« waren, sich nicht täuschen, vor allem nicht hinsichtlich des mit reichlich Stückwerk vollgestopften Programms: »Es war des Guten fast zu viel: zwei Lustspiele, sechs Konzert-Pièces, darunter eine brillante, aber mindestens um 200 Takte zu lange Phantasie, zwei Deklamationsstücke, deren eines ... um mindestens 100 Strophen zu lang war, vier Solotänze und dann noch einmal Konzert.«

Die Verschönerung des Gartens mit neuen Anlagen, ein üppiger Blumenflor, die komfortablen Schutzhallen und die luxuriösere Beleuchtung jedoch nahm das Publikum mit sichtlichem Wohlgefallen zur Kenntnis. Zur Erhöhung der Attraktivität des Etablissements senkte Bergmann den Minimal-Eintrittspreis wieder auf fünf Silbergroschen. Frischen Reiz verbreitete sicher eine weitere neue Einrichtung: »Im Kroll'schen Garten ist jetzt auch ein anmutiges Atelier zur Aufnahme von Photographien errichtet, welche der demselben vorstehende dänische Künstler gegen ein sehr mäßiges Honorar nach einer einzigen momentanen Sitzung in dem kurzen Zeitraum von 24 Stunden ausführt.«

Den Gartenkonzerten unter der Leitung von Rudersdorff schenkte man »vorläufig nur halbes Ohr«. Allzu offensichtlich standen sie in der Leistung hinter jenen von Engel zurück, »und die Parkbesucher hielten das im Gedächtnis« (Raeder, S.283ff.).

Am 24. Juni begann die Theatersaison mit drei einaktigen Lustspielen und Laura Schubert vom Hamburger Thalia-Theater als Star, die sich schnell zu einem Liebling des Publikums mausern konnte. In den nächsten Wochen folgte Inszenierung auf Inszenierung, ohne daß damit aber eine Erhöhung des Niveaus verbunden gewesen wäre. Ein ziemlicher Tiefpunkt scheint dabei Mitte November der Auftritt des früher am Königstädtischen Theater tätigen Philipp Grobecker in der von ihm verfaßten Posse *Abdel Poppe oder Ein falscher Prinz* gewesen zu sein, hierzu Ernst Kossak u.a. in der *Berliner Montags-Post*: »Grobecker ist auf dem Theater der Repräsentant jener Eigenschaften im hiesigen Lokalcharakter, die wir wohl nicht mit Übertreibung die Berliner Unverschämtheit nennen dürfen. Die gänzliche Respektlosigkeit vor allen Dingen der sichtbaren und unsichtbaren Welt, der felsenfeste Glaube an die eigene absolute Vollkommenheit, die Selbstgenügsamkeit, alles mit einem raschen und niederträchtigen Witz abzufertigen und dann auf diesem moralischen Misthaufen wie auf mühsam errungenen Lorbeeren schmunzelnd zu ruhen, dies schätzenswerte Ensemble kann Grobecker wie kein anderer lebender Mensch auf der Bühne zur Erscheinung bringen. Er ist als Schauspieler der Urtypus für eine ganz bestimmte Klasse von Berlinern, ein menschliches Fabrikat aus Gußeisen, ein unverwüstlicher Prellpfahl gegen die zerbrechlichen Räder jedes poetischen Thespiskarrens.« Seine ihm auf den Leib geschriebene Rolle des Schneidergesellen Poppe war »ein wahres Extrakt aus der Poudretten-Fabrik von sogenannter Berliner Kodder-Schnäuzigkeit. Fast jedes seiner Worte ist eine Herausforderung an den Himmel, statt Wassertropfen Jagdhiebe regnen zu lassen.«

Gegenüber der mangelnden Zugkraft des Theaters, der »Kleinigkeitskrämerei im Repertoire«, nahmen sich die Bälle in der Karnevalszeit freilich anders aus. Als ganz hervorragend wird eine am 19. Februar 1856 von Ernst Litfaß arrangierte Redoute geschildert, »bei welcher ein großartiger Glanz ganz Berlin auf die Beine gebracht hatte«. Er, der Erfinder der Anschlagsäulen, von denen die ersten ein halbes Jahr früher, am 1. Juli 1855, in der Stadt aufgestellt worden waren, erschien selbst in einer Anschlagssäule als Charaktermaske, aus der er um Mitternacht heraustretend die Besucher überraschte.

Den 100. Geburtstag von Mozart konnte und wollte auch »Kroll« nicht ohne eigene Aktivität vorübergehen lassen. Am 28. Januar 1856 gab's deshalb im Königssaal ein »Großes Conzert mit verstärktem Orchester unter Leitung des Conzertmeisters Rudersdorff« und ein »Großes allegorisches Tableau, arrangirt nach Scenen aus Mozart'schen Opern« – immerhin ein Programm von zehn Stücken: Ouvertüren, Arien, Violin- und Klavierkonzerte, der Symphonie C-dur, op. 38, und dem Finale des 1. Aktes aus *Don Giovanni*.«

Im späten Frühjahr 1856 hatte Edmüller mit seiner Direktion endgültig abgewirtschaftet. Johann J. Bergmann berief Karl August Görner, der seit 1853 am Friedrich-Wilhelmstädtischen Theater gearbeitet hatte, zum Nachfolger. Dazu ließ sich Ernst Kossak wie folgt vernehmen: »Wir haben, um nicht fortwährend unser Tintenfaß bis auf den Grund umrühren zu müssen, über die lange Anarchie an diesem Theater weislich geschwiegen, hoffen aber, von jetzt an wieder Gelegenheit zu finden, die Kroll'sche Bühne in den Kreis unserer Besprechungen zu ziehen und zu vergessen, wie eifrig man daran gearbeitet hat, das Theater des großartigsten Vergnügungs-Etablissements von Berlin im Stil der weiland Steglitzer Bühne zu dirigieren ... Eine verbesserte Auswahl in den aufzuführenden Stücken wird die erste Sorge des Herrn Görner sein müssen, wenn nicht wie bis vor kurzer Zeit der Theaterzettel eine Warnungstafel vor dem Besuch des Lokals sein soll.« Der Mißstände muß es wohl eine ganze Reihe gegeben haben, Mangel an Disziplin und dergleichen mehr, und »selbst die gute Sitte hatte Einbuße gelitten«. Denn eine Kritik des ersten Görner-Abends vermerkte »mit besonderem Vergnügen ... das Verhängen der übelberüchtigten Prosceniumslogen, die jetzt den Söhnen des Mars und Vulkan verschlossen sind und ein 'hinter die Coulissen Telegraphieren' unmöglich machen«. Und an anderer Stelle hieß es gar: »Die Aufgabe des Herrn Görner sollte es sein, ein tief gesunkenes Theater dem Schlamme der Crapüle zu entziehen und anständigen Leuten den Zutritt wieder möglich zu machen.«

Die Direktion war zunächst genötigt, noch auf viele ältere Stücke zurückzugreifen, bis es ihr gelang, etwas fähigere Schriftsteller zu bewegen, ihre Arbeiten wieder »Kroll« anzubieten. Die kargen Tantièmen, die man zuvor zahlte, das Fehlen guter Schauspieler für die Hauptrollen, der Mißkredit, den die Bühne innerhalb nur eines Jahres bei der Kritik sich »erworben« hatte, wirkten noch lange nach. Görner bemühte sich erfolgreich um eine weitgehende Auswechslung des künstlerischen Personals und um die Rekrutierung junger Talente; dazu gehörten u.a. August Wolf, der spätere Gründer und Besitzer des Belle-Alliance-Theaters, und als »echtes Juwel« Ottilie Genée. Sie erinnerte sich Jahrzehnte später ihres Engagements einmal mit den Worten: »Daß ich »die Wiege meines Ruhms«, die Friedrich-Wilhelmstädtische Bühne, verließ und zu »Kroll« überging, war eigentlich ... Görners Werk, dessen großer Liebling ich war (auch schrieb er ja für mich viele Lustspiele) ..., welcher mich durchaus haben wollte – wir beide waren ... als Gäste mit für damalige Verhältnisse großer Gage engagiert – aber – wir brachten es auch ein!«

Vor Eröffnung der Sommersaison am 2. Juni 1856 war das Kroll'sche Theater mehrere Wochen geschlossen. In dieser Zeit verschwand auch die Sommerbühne gänzlich, da man nach jahrelangem Streit »endlich zu der Überzeugung gelangt war, daß der geschlossene, dem Tageslicht nicht ausgesetzte Raum den Bühnenkünsten denn doch günstiger sei«. In jener Zeit verschwanden auch die anderen Sommerbühnen in Deutschland, um erst 15 Jahre später »im Sonnenschein einer neuen Theaterfreiheit vorübergehend wieder aufzuleben« (Raeder, S.306ff.).

Am 6. August 1856 hatte die preußische Korvette *Danzig* an der marokkanischen Küste ein »heftiges Gefecht« gegen arabische Piraten bestanden, bei dem ein Offizier und sechs Matrosen den Tod fanden und 18 Besatzungsmitglieder verwundet worden waren, darunter auch der Kommandant Prinz Adalbert – für »Kroll« Anlaß genug, am 11. September ein »Preußisches Flaggen-Fest zum Besten der von den Riff-Piraten Verwundeten , so wie der Angehörigen der Gebliebenen der Mannschaft von Sr. Majestät Kriegs-Corvette *Danzig*, veranstaltet von Ernst Litfaß« zu feiern, begleitet von dem Lustspiel *Der alte Fritz und seine Zeit,* das seit seiner Premiere fünf Wochen zuvor mit der »meisterhaften Darstellung« der Rolle des Königs durch Görner (wohl gleichsam eine Art Vorläufer von Otto Gebühr, *dem* »Alten Fritz« in den UFA-Filmen der 20er und 30er Jahre) die Berliner massenweise zu »Kroll« lockte, und einem »großen Brillant-Feuer-Tableau mit Feuerwerks-Ausstattung« (Raeder, S.317ff.).

Neben dem Theater baute aber auch die Direktion Görner auf andere Attraktionen: im September eine spanische Nationaltänzer-Gesellschaft mit der Primaballerina des Madrider Teatro Real, Cristina Mendez, einen Monat später beherrschte der »unverwüstliche Affe« Klischnigg mit einigen Stücken die Kroll'sche Bühne, im November erschienen Caterina und Alice Strafford vom Royal-Princess Theatre in London, »zwei schöne Tanzphänomene«, schließlich im Dezember eine »Mohren- und Mulatten-Gesellschaft aus dem südlichen America«. Am 15. März 1857 betrat dann noch eine »höchst auffällige Erscheinung« die Kroll'sche Bühne: der irische Riese Murphy in der Gelegenheits-Burleske *Murphy und Molly oder Eine riesige Liebe.* Dieser »über alle Möglichkeit langgeratene Herr, dessen Wachstum auch den größten Potsdamer Gardisten überragte«, hatte hierbei kaum mehr zu tun, als über die Bühne zu gehen und »Yes« zu sagen. Dann verschwand er, um als »größte Sehenswürdigkeit« mit seinem Impresario allabendlich durch Berliner Lokale zu wandern, wofür die Wirte zehn Taler zahlten.

Während die »glutvollen« Südamerikaner im Königssaal sich präsentierten, durften Jung und Alt auf einer neuen holländischen Eisbahn im Garten mit Schlitten und Karussell bei strahlender Beleuchtung und Konzertmusik sich amüsieren. Dieses Wintervergnügen fand wesentlich mehr Verehrer als die »geräuschvollen, bodendröhnenden Tänze und ohrkränkenden Gesänge« der fremdländischen Gäste, deren Produktionen man nach vierzehn Tagen schon höchst überdrüssig war.

Am 24. September 1857 legte Görner die Leitung eines Breslauer Gastspiels wegen nieder. Dieser Tag markiert auch den Amtsantritt des neuen technischen Leiters, Ferdinand Roeder, der diesen Schritt schon drei Monate vorher allen seinen Geschäftsfreunden angekündigt hatte. Acht Tage später, am 30. September, stand Ottilie Genée letztmals bei »Kroll« auf den Brettern: »Sie will der Caprice ihres blonden Köpfchens folgen und statt eine ruhige, ansässige Kunstbürgerin zu bleiben, lieber sich der unstäten Gastspiel-Vagabondage ergeben: doch wohl nur für kurze Zeit, denn Ottilchen ist für das Berliner Theater eine Notwendigkeit, wie dieses für sie.« (Friedrich W. Held) Doch dieser sollte sich irren, denn Ottilie ging nach Amerika und wirkte 15 Jahre als Theater-Directrice in San Franzisko, ehe sie wieder heimkehrte.

Eine wichtige Änderung bei »Kroll« hatte sich Mitte Juli 1857 vollzogen, ein »Reformakt«, den Berlin »mit großer Freude« aufnahm. Im letzten Jahr waren die Leistungen der Kapelle unter Leitung von Johann Gungl geradezu auffallend gesunken, so daß sich Johann J. Bergmann entschloß, deren Leitung wieder Jakob C. Engel zu übertragen. »Die großen Dimensionen und die glänzenden Einrichtungen dieses in seiner Weise vielleicht einzigen Vergnügungs-Instituts erheischen auch für die Leitung des Orchesters eine gewisse Eleganz der Repräsentation, wie sie Herr Engel während der Zeit seiner früheren Leitung stets aufrecht zu erhalten wußte.« (Raeder, S.353ff.)

Ferdinand Roeder hatte bis 1855 fünfzehn Jahre lang Theater in Bamberg, Mainz, Regensburg, Nürnberg, Amsterdam, London, Riga und Köln geleitet und 1856 in Berlin eine Theater-Agentur eröffnet. Sein Geschäftseifer und sein ursprünglicher kaufmännischer Sinn hatte ihn bei diesem Tun so sehr zum »Champion« gemacht, daß das Bühnen-Kartell seine Macht fast »als eine bedrohliche ansehen zu müssen glaubte«. Er galt als ein Organisator von etwas rücksichtsloser Art. Die Kroll'sche Theaterleitung mochte ihm so kaum etwas anderes sein als ein Faktor mehr in seinem umfangreichen Geschäftsbetrieb, in welchem »er schaltete und waltete mit gehobener Brust und mit starken Schultern wie ein amerikanischer Plantagen besitzer«.

Gleichwohl, seit seinem Wiedereintritt gelang es Jakob C. Engel mehr und mehr, einen gewissen Einfluß auf die Entwicklung der künstlerischen Produktionen zu nehmen. Waren ihm bereits in der voraufgegangenen Saison »die reichen musikalischen Genüsse« zu verdanken, so wußte er durch Gastspiele einiger Pariser Gruppen auch der neuen Spielzeit einige Glanzpunkte zu schaffen. Damals war der Stern Jacques Offenbachs »im Aufgehen begriffen«, der auch über die Kroll'sche Bühne »einen kurzen schimmernden Glanz werfen« sollte. Zur französischen Operette gesellte sich, wenn auch nur erst für eine kurze Stagione, die italienische Oper.

Nach Görners und einer Reihe weiterer Sänger und Schauspieler Weggang war offensichtlich, daß neue künstlerische Höhenflüge kaum noch zu erwarten standen. So war es kein Wunder, daß der neue Bühnenleiter auch der »verwegensten Kuriosität« nicht auswich, wenn es galt, mehr die allgemeine Neugier zu reizen als den Geschmack zu befriedigen. Er sorgte für Gastspiele »graziöser Jüngerinnen der Terpsichore« ebenso wie für die Präsentation irgendwelcher Abnormitäten. So bewegte sich das Repertoire unter Roeders Leitung in »erstaunlichen Gegensätzen«. Einmal genoß man »die holden Kehltöne einer gefeierten Sängerin, die herrlichen Saitenklänge virtuoser Instrumentalisten«, ein anderes Mal ganz »merkwürdige Erscheinungen«.

Typisch für letztere war das Auftreten der Mexikanerin Miss Julie Pastrana. Bis auf ihre schönen schwarzen Haare soll ihr Kopf nichts aufgewiesen haben, »was dazu berechtigen könnte, ihn für den eines menschlichen Wesens zu halten«; das ganze Gesicht nicht nur behaart, sondern mit einem vollständigen langen Backen-, Schnurr- und Kinnbart »geziert«.

Ein »höchst amüsantes« Gastspiel bot die »Représentation des Artistes-Zouaves du Theatre d' Inkerman«: acht Zuaven, die während des Krimkrieges bei der Belagerung Sewastopols im Lager von Inkermann Komödie spielen gelernt hatten und dann Tourneen durch Europa unternahmen, wobei die Kritiker in Berlin verwunderte, daß auch Frauenrollen von Männern gespielt wurden.

Anläßlich der »festlichen Einholung« des frisch vermählten Paares, des Prinzen Friedrich und der britischen Prinzessin Victoria am 8. Februar 1858, hatte »Kroll« ein eigens für diesen Anlaß geschriebenes Festspiel aufführen lassen: *Victoria Regia,* eigentlich nichts weiter als ein Dialog zwischen Minerva, Neptun und Merkur zu dem Geschehen, daß »eine am britischen Strande soeben zur Blüte gelangte Victoria Regia von dem auf einem Adler heranschwebenden Amor gebrochen und geraubt wird« – das war die Grundidee einer Dichtung, die von der Berliner Kritik nicht eben sanft behandelt wurde.

Mehr oder weniger ähnliche Qualität wiesen auch alle anderen theatralischen Bemühungen unter Roeders Leitung auf, was nicht gerade zur Stärkung der Anziehungskraft der Bühne beitragen konnte. »Der finanzielle Flor wollte trotz aller Mühe nicht eintreten.« Nach wenig mehr als zehn Monaten, am 24. Juli 1858, muß Roeder schon wieder kapitulieren.

Sein Nachfolger wurde Arthur Woltersdorff, langjähriger Leiter des Königsberger Stadttheaters, welchem er einen solchen Ruf verschafft hatte, daß er mit »den trefflichen Kräften seiner Gesellschaft« 1851 und 1853 von der Königl. Oper Unter den Linden zu längeren Gastspielen eingeladen worden war. Er sollte die Kroll'sche Bühne 14 Monate lang regieren, und das beweist im Verhältnis zu den drei Vorgängern immerhin eine gewisse Zähigkeit, denn er hatte sich die energische Bekämpfung von allerlei Schludrigkeiten vorgenommen, welche kaum noch reparabel schienen. Die Teilnahmslosigkeit des Publikums wich nur zeitweilig. Die Presse ließ, wenn sie es überhaupt der Mühe für wert erachtete, »Kroll« zu erwähnen, äußerst kritische Töne verlauten: »Das Kroll'sche Theater zeigt bereits ... zuverlässige Vorboten des nahen Todes, bei dessen Erscheinen das Käuzchen schreit und die Hunde heulen. Dies Gesicht konnte man am verflossenen Sonntag (15. Januar 1859) beobachten, wo es öde und leer war, und wenn das einem Berliner Theater an einem Sonntage passiert, dann pfeift es gewiß auf dem letzten Loche. Herr Woltersdorff also hat sich das Verdienst erworben, dieses Bastard-Theater unter die Erde gebracht zu haben.« (Raeder, S.381)

Dieses Urteil war sicherlich arg überzogen, denn Woltersdorff hatte sich bemüht, eine wirkliche Linie in den Spielplan zu bringen. Sein Konzept, zunächst ältere Opern und Stücke, aufgefrischt, wieder darzubieten, scheiterte und mußte daran scheitern, weil seinem Ensemble die Protagonisten fehlten, die sie darstellerisch überzeugend umzusetzen verstanden. Aber auch neueren Stücken war, von wenigen Ausnahmen abgesehen, nicht viel mehr Erfolg beschieden.

Selbst die größten pekuniären Opfer des neuen Eigentümers Johann J. Bergmann hatten nicht vermocht, »Kroll« die »volle, zum künstlerischen Wachstum der Bühne erforderliche warme Temperatur in der Gunst der öffentlichen Meinung zurückzuerobern«. Hinzu trat die vermehrte Konkurrenz, die dem Publikum oft sehr viel verlockendere Offerten unterbreiten konnte. Bergmann hielt als praktischer Kaufmann sich von den künstlerischen Dingen fern, handelte aber umsichtig und energisch, wenn ihm die Dinge auf die schiefe Ebene zu geraten drohten, ohne aber diese negative Entwicklung letztlich aufhalten oder gar umkehren zu können. Doch auch äußere Verhältnisse erschwerten die im Interesse des Etablissements stets gezeigte Opferwilligkeit. Berlin wurde in der Zeit des italienisch-französischen Krieges 1859 von mancherlei Krisen heimgesucht, die auch an der Substanz des bislang kerngesunden Bergmann'schen Unternehmens zehrten. Er mußte sich eingestehen, daß, um seine Firma nicht zu ruinieren, der Verzicht auf »Kroll« unausweichlich war, das im Herbst 1859 in die Hände einer neuen Firma geriet: Berger, später Berger & Conrad (Raeder, Kroll, S.386ff.).

So jedenfalls war's vorgesehen. Doch der Fiskus versagte dieser Transaktion seine Zustimmung. Bergmann, nun vor allem der Sohn Gustav Heinrich Wilhelm, blieb weiterhin der Besitzer von »Kroll«. An der grundsätzlichen Misere änderte sich dadurch natürlich überhaupt nichts. Die finanzielle Belastung drückte den jungen Bergmann so stark, daß er am 3. September 1860 in Anbetracht dessen, daß sein Vater »Kroll« doch schon »ein Opfer von mehr als 100000 Reichsthalern gebracht, und dadurch Preußens Residenzstadt ein weltberühmtes Etablissement erhalten hat, auf das Berlin stolz sein kann und von dem jeder Fremde in der Heimath gerne spricht, und nachdem [er] selbst, als titulierter Besitzer desselben, den Angriffen der Hypothekengläubiger und anderen das Etablissement betreffenden Prozessen seit mehr als fünf Jahren ausgesetzt gewesen bin, ohne von dem Etablissement selbst auch nur den geringsten Nutzen zu haben«, das preußische Finanzministerium »ganz gehorsamst« ersuchte, die Tiergarten-Verwaltung »hochgeneigtest« anzuweisen, ihn von der Erfüllung der eingegangenen Verpflichtungen der Pflasterung des Droschken-Halteplatzes, der vollständigen »Chaussierung« an der Hinterfront des Etablissements und der »Instandhaltung der Chaussee in der großen QuerAllee und dem dabei befindlichen Fußwege nach der Zelten-Allee« zu befreien. Denn er »vermochte keine Überzeugung zu gewinnen, aus welchem Grunde [er] die ganze Last« der Kosten für derlei Arbeiten tragen solle.

Doch die Tiergarten-Verwaltung kannte kein Pardon und beharrte auf den bereits 1855 eingegangenen Verpflichtungen. Sie hatte die verlangten Arbeiten ausführen lassen und Bergmann die Begleichung der Kosten auferlegt. Da er sich dazu außerstande zeigte, war ein Verkauf unumgänglich geworden. Nach längerem Hin und Her kam es am 9. September 1862 vor dem »Stadtgericht zu Berlin, Abtheilung für Civilsachen, Deputation für Credit- und Nachlaßsachen« zur »Subhastation« (öffentliche Versteigerung) des im stadtgerichtlichen Hypothekenbuch »von den Umgebungen«, Band 39, Nr. 2298, »auf den Namen des Kaufmanns G.H.W. Bergmann eingetragenen nutzbaren Rechts an der Oberfläche ... des dem landesherrlichen Fiscus gehörigen Vol. 13, pag. 253, No. 583 des kammergerichtlichen Hypothekenbuchs verzeichneten Thiergartens nebst allem Zubehör, insbesondere den unter dem Namen Kroll'sches Etablissement errichteten Gebäulichkeiten u. sämmtlichen dazu gehörigen Inventarienstücken, gerichtlich abgeschätzt zu 279,990 Rthlr. 18 Sgr., ... öffentlich an den Meistbietenden verkauft werden« sollte.

Und der 'Meistbietende' war, zur allgemeinen Überraschung, niemand anders als Jacob C. Engel, der für nicht mehr als 109000 Reichstaler den Zuschlag erhielt. Diese Summe soll ihm kurz vor dem Versteigerungstermin einer der reichsten Großgrundbesitzer Preußens zur Verfügung gestellt haben (Krieger, S.361).

Zweite Direktion Engel – Verkaufsabsichten – Abriß für den Reichstag?

In den Freudenbecher über den Wiedererwerb des von seinem Schwiegervater errichteten Etablissements müssen sich bei Jacob C. Engel gleich zu Beginn aber doch ein paar Wermutstropfen gemischt haben. Denn dem Zuschlagsbescheid vom 18. September 1862 zufolge hatte er einige Bedingungen zu akzeptieren, die ihm fürderhin mehr als einmal die Freude an der Arbeit vergällen sollten: 1. oblag es ihm, sich mit den »Eigenthumsansprüchen« einer Reihe von Personen auf die »beweglichen Inventarienstücke« doch »im Wege der Güte oder des Prozesses« auseinanderzusetzen; 2. mußte er demjenigen, der den jährlichen »Feuerkassenbeitrag« am 15. Februar 1862 für ein Jahr im voraus ausgelegt hatte, den bis zum Zuschlagsbescheid geleiteten Anteil zurückzahlen; 3. hatte er noch einmal ausdrücklich die vom Fiskus schon in früheren Verträgen und Vereinbarungen formulierten Bedingungen und Dispositionsbeschränkungen, vor allem im Hinblick auf Veränderungen an den »Gebäulichkeiten« und ihres Umfeldes oder gar eines Weiterverkaufs, zu akzeptieren.

Doch Engel strahlte trotz allem Optimismus aus und suchte durch ein möglichst abwechslungsreiches Programm die Berliner wieder in Scharen in sein Etablissement zu locken. Neben den vielfältigen Festivitäten zählten dazu vor allem die Weihnachts-Ausstellungen, gleichsam *der* Fixpunkt im Veranstaltungsreigen, ferner die in mehreren Jahren von der Friedrich-Wilhelm-Victoria-Stiftung zur Ausbildung junger Landwirte in Verbindung mit dem Verein zur Beförderung des Gartenbaues in den Preußischen Staaten organisierten Ausstellungen, die nicht allein die diversen Räumlichkeiten des Etablissements, sondern auch den ganzen alten Exerzierplatz als Stellfläche für bestimmte Objekte benötigten.

Mit einigem Geschick vermochte Jacob C. Engel für die einzelnen theatralischen Produktionen immer wieder von neuem Schauspieler und Sänger zu verpflichten, wobei er teils der Zugkraft ihrer schon bekannten oder gar populären Namen vertraute, teils aber auch Talenten die Chance bot, »Kroll« als Ausgangspunkt ihrer Karriere zu nutzen. Damit das Publikum aber nicht nur das Entree für ein Stück bezahlte, ließ Engel die Pausen zwischen den Akten weit über das übliche Maß hinaus ausdehnen, um es zu animieren, auch seinem kulinarischen Angebot kräftig zuzusprechen. Dabei soll er die Bedeutung der engagierten Künstler nicht zuletzt daran gemessen haben, welche Portionen während ihrer Auftritte verzehrt worden waren. »Die Trebelli? Faul, sag ick Ihnen! Bloß 262 Stullen.« Kein Wunder, wenn das Urteil über den Komiker Nachbaur wesentlich freundlicher ausfiel: »Jroßartich! 734 belegte Brote!«

Kroll's Etablissement.
Dienstag, den 1. November 1864.
2. Cyclus. 22. Auftreten von Juliano Donato
aus Madrid, Tänzer mit einem Bein.
Zum zweiten Male:
Junge Männer, alte Weiber.
Lustspiel in 2 Akten von Th. Appel.

Oberförster Grunewald	Hr. Böhm.
Wittwe Grunewald, Zimmermeisterin, dessen Schwägerin	Frau Rüger.
Emma, eine junge Verwandte der Vorigen	Frl. Matthey.
Gustav Birkner, Zimmergeselle	Hr. Niemann.
Doktor Schuhmacher, Privatgelehrter	Hr. Pohlmann.
Frau Renate Schuhmacher	Frau Echter.

Unmittelbar darauf:
Mantel-Tanz, getanzt von Juliano Donato.
20 Minuten Pause.
Zum Schluß, zum zehnten Male:
Auf Alsen.
Genrebild aus dem schleswig-holsteinschen Kriege von F. Schröder. Musik von Hauptner.

KROLL'S ETABLISSEMENT.
Freitag, den 17. August 1866.
58ste Opern-Vorstellung.
Dirigent: Herr Kapellmeister L'Arronge.
Gastdarstellung des
Herrn Roger,
von der großen Oper zu Paris.
Zampa,
oder:
Die Marmorbraut.
Romantische Oper in 3 Akten, nach dem Französischen des Melesville, von Carl Blum. Musik von Herold. Regie: Hr. Löwe.

Adolphe l'Arronge

Zuweilen teilte sich Engel die Leitung der künstlerischen Veranstaltungen mit anderen – so bis Mitte der 60er Jahre mit Theodor Lebrun, in den Jahren 1866/67 mit Adolphe L'Arronge, der in dieser Zeit als Kapellmeister auch seine ersten Possen zu schreiben begann und später im Bereich der leichten Muse eine der beherrschenden Figuren des Berliner Theaterlebens werden sollte, oder mit Rudolf Bial, dem Kapellmeister des Wallner-Theaters, der 1877 bis 1879 »Kroll« sogar gepachtet hatte. Stand ursprünglich die leichte Spieloper im Mittelpunkt des Spielplans, so wagte man sich später auch an die Bewältigung größerer Aufgaben. Auf der kleinen Bühne gingen die Opern Giacomo Meyerbeers »mit beschränkten Mitteln zwar, aber mit vortrefflichem Orchester und mit den ungewöhnlichsten Stimmen in Szene« (Weddigen, S.276); mehrfach gastierten italienische Operntruppen bei »Kroll«. Alles in allem blieb das Krollsche Theater eine »spezielle Orginalität« Berlins. Wenn die anderen deutschen Bühnen im Sommer ihre Tore schlossen, dann konzentrierte sich die Elite der freigewordenen Kräfte und bildete hier ein neues Opern-Ensemble unter dem Regiment Jacob C. Engels, ein System, das sich über viele Jahre hinweg bewähren sollte, und das man, bei aller Unvergleichbarkeit, als eine Art Vorläufer der verschiedenen sommerlichen Festspiele unseres Jahrhunderts in Europa betrachten könnte.

Die Wintermonate allerdings blieben weiter den Schwänken, Possen und Lustspielen sowie den Weihnachtsausstellungen vorbehalten. Durch das Engagement des Komikers Eduard Weiß und der Soubrette Elise Melijo hatte Engel vorzügliche Stützen zur Darstellung all der unzähligen Berliner Schwänke und Possen gewinnen können, deren Verfasser in der Anfangszeit meist Eduard Jacobson war.

Zu den Höhepunkten in der Veranstaltungsfolge zählten die Feiern zum »Allerhöchsten 70sten Geburtsfest Sr. Majestät des Königs« Wilhelm I. am 22. März 1867 – mit König-Wilhelm-Marsch, Fest-Prolog, Fest-Ouvertüre, dem Fest-Spiel *Märkische Kiefern* von Paul

G. Hesekiel, der »dramatisierten Anekdote« in einem Akt *Freund und Feind* von Paul Frohberg und einem großen Fest-Ball – sowie zum 25jährigen Bestehen des Hauses am 15. Februar 1869. Letztere fand in Berlins Blättern beifällige Aufnahme; der mehr oder minder detaillierten Würdigung der Entwicklung seit 1844, die »Kroll« schließlich zu einem Lieblingsort und Sammelpunkt der Berliner Gesellschaft« werden ließ, der fortwährend Gelegenheit bot, »sich zu amüsieren und mit dem Angenehmen auch das Nützliche zu verbinden«, schloß sich an die eingehende Schilderung des »in glänzendster, des großen und schönen Lokals würdigen Weise« verlaufenen Programms.

Dem von »der Capelle des Hauses« gespielten Hochzeitsmarsch aus Mendelssohns *Sommernachtstraum* folgte ein eigens zu diesem Anlaß gedichtetes Festspiel *Grundstein und Jubiläum*, das »in passenden Versen, die der Verfasser [A. Reich] den allegorischen Gestalten 'Borussia', 'Berlin' und 'Breslau' sowie dem Gott 'Merkur' in den Mund legte, auf die Bedeutung des Tages hinwies sowie Entstehung und Geschichte des Etablissements poetisch darstellte. »Als Stützen und gleichsam als Schutzgeister desselben erschienen in lebenden Bildern die Götter der Liebe, des Gesangs und Weins, verbunden mit den symbolischen Figuren der Weihnachtsfeier, des Maskenscherzes und der heiteren Laune.« Hierauf trafen sich an der 'Alsenbrücke' die Repräsentanten des Berliner Publikums 'Rat' und 'Rätin', der 'Oberst a.D.', der unvermeidliche 'Schulze' mit seiner Gattin und der 'Schusterjunge', um »in dankbarer Erinnerung an so manche daselbst froh verlebte Stunden der Festvorstellung« bei »Kroll« beizuwohnen. Dabei war auch »dem Humor die Stätte bereitet«, der sich ganz 'ungezwungen' gegeben und dadurch die Zuschauer 'fortgerissen' habe. Die Textstelle »der verstorbene Kroll ist jetzt ein Engel« erhielt verständlicherweise »viel Beifall«, wie auch »die scenische und decorative Anordnung alles Lob verdiente«. Zum Schluß des Festspiels zeigte Mer-

Zum 25jährigen Jubiläum des Kroll'schen Etablissements, 15. Februar 1869

kur das Kroll'sche Lokal in bengalischer Beleuchtung, während aus der Versenkung die bekränzten Büsten »des verewigten und des regierenden Königs« von »den Wappenhaltern des preußischen Regentenhauses gehalten, emporstiegen, begrüßt von den Klängen einer 'Hymne des Norddeutschen Bundes', komponiert von dem Grafen von Redern«.

Dann erschien das Musikcorps der Berliner Feuerwehr auf der Bühne unter Leitung von Albert Lorenz, der den von ihm komponierten Feuerwehrmarsch *Keine Ruh' bei Tag und Nacht* vorstellte, was zugleich daran erinnerte, daß fünf Sechstel des ganzen Ertrags der abendlichen Einnahme ohne Kostenabzug dem Pensionsfonds »der um Berlin so hoch verdienten Feuerwehr« überwiesen wurden, während das restliche Sechstel zwei »treue Beamte«des Hauses erhielten.

Nach einer längeren Pause präsentierte man dem Publikum die 100. Aufführung der Posse *Spillicke in Paris*. Dazu erschienen Wilhelm I. sowie »II.kk.HH. des Kronprinzen, der Prinzen Friedrich Carl, Albrecht (Sohn), Georg und Adalbert« in Begleitung mehrerer »hoher Herrschaften« aus dem engsten Umkreis des Monarchen. Während dieser nach dem zweiten Akt das Etablissement schon wieder verließ, vergnügten sich die übrigen Angehörigen des Herrscherhauses weiter wie alle anderen Gäste dieses Abends (*Vossische Zeitung*, Nr. 39 v. 16. Febr. 1869; *Haude & Spenersche Zeitung*, Nr. 40 v. 17. Febr. 1869).

»Auf Wiedersehen bei Kroll in fünf und zwanzig Jahren« und »Möge nun das Kroll-Engel'sche Theater, das unter so günstigen Auspicien in das zweite Vierteljahrhundert getreten ist, ferner blühen, wachsen und gedeihen, der Stadt und sich zum Vorteil« – so lauteten die jeweiligen Schlußsätze der eben erwähnten beiden Zeitungsartikel. Zu derlei Optimismus bestand schon zum Zeitpunkt der Jubiläumsfeier, trotz allen Glanzes, im Grunde gar kein Anlaß. Denn wieder einmal stand das Etablissement finanziell nur noch auf tönernen Füßen. Jacob C. Engel sann verzweifelt nach Möglichkeiten zur Abwendung eines neuerlichen Ruins, nicht ohne Erfolg, wie sich zeigen sollte.

Der *Reichs-Anzeiger* (Nr. 47 v. 26. Juni 1871) präsentierte eine große Anzeige des »Gründungs-Comités« einer »Thiergarten-Etablissement« Actiengesellschaft (vormals Kroll) – bestehend aus dem Stadtrat Rudolph Pohle, dem Rechtsanwalt und Notar Ed. Ornold, Freiherr Adolph von Thielmann und Hermann Gratweil, dem Direktor der Berliner Unions-Brauerei –, welches mitteilte, daß nach Erhebung Berlins zur Hauptstadt des Reiches sich »die Beliebtheit und Frequenz des Instituts bei der Reichhaltigkeit des angebotenen Genusses von Jahr zu Jahr noch steigern« würde und deshalb Berlin ein »dauerndes Interesse« daran haben müßte, wenn ihm »dieses Etablissement in einem des Aufschwungs der Stadt würdigen Zustande erhalten bleibt und seine Entwickelung nicht von den persönlichen Eigenschaften und Mitteln des jeweiligen Besitzers abhängig gemacht« werden dürfe. Diese Erwägungen hätten die Absicht entstehen lassen, »Kroll« in eine Aktien-Gesellschaft umzuwandeln. Das Grundkapital habe man auf 500 000 Taler festgesetzt, wovon 300 000 bereits »fest placirt« seien, der Rest stehe zur öffentlichen Subskription. Jacob C. Engel, der »in umsichtiger Weise bisher das Etablissement leitete, habe seine Bereitschaft zur Übernahme der Direktion auf zehn Jahre erklärt. Das Comité versprach dem Inhaber jeder Aktie außer dem Anspruch auf Dividende »für seine Person freien Eintritt in die Lokalitäten der Gesellschaft«, und versicherte überdies, daß die von den Nichtaktionären zu zahlenden Eintrittsgelder, der Verkauf von Theatersitzplätzen, besonders aber der Ertrag der Restauration eine »erhebliche Dividende« erwarten ließen.

Mit der Anzeige lieferte das Comité zugleich ein »Statut« der Gesellschaft, in dessen § 3 als ihr Zweck »der Erwerb und die Fortführung des zu Berlin im Thiergarten belegenen dem

„Thiergarten-Etablissement"
Aktiengesellschaft
(vormals Kroll).

Aktien-Kapital 500,000 Thlr.

eingetheilt

in 5000 Aktien à 100 Thlr.

Das Kroll'sche Etablissement besteht bereits seit fast siebenundzwanzig Jahren, nachdem Se. Majestät Friedrich Wilhelm IV. in der ausdrücklich ausgesprochenen Absicht, die Errichtung eines grossartigen Vergnügungslokales in seiner Haupt- und Residenzstadt herbeizuführen und zu unterstützen, auf das Bereitwilligste dem Unternehmer Kroll für sich und seine Rechtsnachfolger das beständige Privileg verliehen hatte, auf der Oberfläche des noch gegenwärtig fiskalischen Grund und Bodens die erforderlichen Bauten vorzunehmen. Auch wurde von Sr. Majestät die Erlaubniss zur Ausführung von Gartenanlagen auf dem angrenzenden Terrain des Thiergartens gewährt.

Im Jahre 1852 neu erbaut, hat das Kroll'sche Etablissement seitdem fortwährend die Bestimmung erfüllt, welche durch die Munificenz unseres Königshauses beabsichtigt war; es nimmt unter den Vergnügungslokalen Berlins unbestritten an Grösse und Schönheit den ersten Rang ein. Seine Besitzer haben hier einen der angenehmsten und reizendsten Aufenthaltsorte geschaffen, an welchem Einheimische und Fremde bei den Klängen der Musik und bei glanzvoller Beleuchtung die Annehmlichkeiten der Sommerabende geniessen können. Die umfangreichen, mannichfachen Lokalitäten, die prachtvollen Säle gewähren nicht nur selbst bei schlechter Witterung Schutz, sondern dienen auch in der strengen Jahreszeit zur Abhaltung grosser Concerte, Festlichkeiten und Bälle. Die trefflichen Leistungen der tüchtigen und wohl eingeschulten Kapelle sind allseitig anerkannt. Das Kroll'sche Theater besitzt ein gutes Ensemble für Schauspiel und Oper und dient nicht blos der angenehmen Unterhaltung, sondern bietet auch wirklich künstlerische Genüsse. Die kleine Bühne hat seit Jahren mit Erfolg es sich angelegen sein lassen, die besten Meisterwerke der Tonkunst vorzuführen, sie weiteren Kreisen zugänglich zu machen und somit in letzteren den Sinn für das wahrhaft Schöne zu wecken.

Von dem ersten Augenblick seiner Gründung bis zur Gegenwart hat das Kroll'sche Etablissement auf alle Klassen der einheimischen Bevölkerung, wie auf die zahlreichen hier weilenden Fremden eine gleiche Anziehungskraft ausgeübt.

Nachdem Berlin die Hauptstadt des Deutschen Reiches geworden ist, in welcher Handel, Gewerbe und der Fremdenzufluss immer grössere Dimensionen annehmen, wird sich die Beliebtheit und Frequenz des Institutes bei der Reichhaltigkeit des dargebotenen Genusses von Jahr zu Jahr noch steigern.

Das gesammte Berlin hat das dauernde Interesse, dass ihm dieses Etablissement in einem des Aufschwungs der Stadt würdigen Zustande erhalten bleibt und seine Entwickelung nicht von den persönlichen Eigenschaften und Mitteln des jeweiligen Besitzers abhängig gemacht wird.

Diese Erwägungen sind für die Absicht massgebend gewesen, das dem Direktor Engel gehörige Kroll'sche Etablissement in eine Aktien-Gesellschaft umzuwandeln.

Das Grundkapital ist auf 500,000 Thaler festgesetzt, wovon bereits 300,000 Thaler fest placirt sind.

Der Rest von

200,000 Thaler

wird zur öffentlichen Subskription gestellt. Der Inhaber, Herr Direktor Engel, der in umsichtiger Weise bisher das Etablissement leitete, hat sich bereit erklärt, die Direktion auf zehn Jahre zu übernehmen.

Der Inhaber jeder Aktie hat, ausser dem Anspruch auf Dividende, für seine Person freien Eintritt in die Lokalitäten der Gesellschaft.

Die von den Nichtaktionären bei Concerten, Theatervorstellungen und Bällen zu zahlenden Eintrittsgelder, der Verkauf der Theatersitzplätze, besonders aber der Ertrag der Restauration u. s. w., lassen eine erhebliche Dividende mit Sicherheit erwarten.

Das Gründungs-Comité.

Rudolph Pohle, Stadtrath.

Ed. Ornold, Königl. Rechtsanwalt und Notar.

Freiherr Adolph von Thielmann.

Herman Gratweil, Direktor der Berliner Unions-Brauerei.

Direktor Engel gehörigen vormals Kroll'schen Etablissements« definiert war. § 43 enthielt die Ankündigung, auf Grund einer rechtsverbindlichen Offerte das Etablissement zum Preis von 620471 Talern und acht Silbergroschen, »welcher durch Übernahme von auf 10 Jahre festgestellten Hypotheken im Betrage von 170000 Talern in bar oder in vollgezahlten Interimsscheinen der Gesellschaft berichtigt wird, anzukaufen«. Bei der Zeichnung der noch aufzubringenden Taler war die Ausgabe von 2000 Aktien zu je 100 Talern vorgesehen.

Doch Engel und dieses Gründungs-Comité hatten ihre Rechnung im buchstäblichen Sinne ohne den Wirt gemacht. Sein Gesuch vom 10. Juli um Genehmigung einer Veräußerung des Kroll'schen Etablissements, begründet mit dem Hinweis auf die im nächsten Jahr mögliche Kündbarkeit aller Hypotheken des Grundstücks und der hieraus resultierenden Gewißheit, daß alle Hypothekare von ihrem Kündigungsrecht Gebrauch machen würden, erregte beim preußischen Fiskus deutliches Mißbehagen. Schon wenige Tage nach Bekanntwerden der Verkaufspläne äußerte der Abteilungsleiter Domänen und Forsten im preußischen Finanzministerium, Kuntz, gegenüber der Tiergarten-Verwaltung »lebhaftes Befremden« über das »eigenmächtige Vorgehen des p. Engel«, ohne Hinzuziehung der »fiscalischen Behörde« in Verkaufsverhandlungen einzutreten. Und das, obwohl ihm sehr wohl bekannt sein müßte, daß ihm am Areal des Kroll'schen Etablissements »irgend ein dauerndes Besitzrecht überhaupt nicht zusteht«. Nach der von allen zuständigen Behörden nochmals durchgeführten Überprüfung aller Verträge, Vereinbarungen, Absprachen und den Eintragungen im Grundbuch erhielt Jacob C. Engel am 31. Dezember 1871 eine Mitteilung des Finanzministers, daß man sein Gesuch nicht zu befürworten vermocht habe, »und Seine Majestät [ihn] ... mittels Allerhöchster Ordre vom 11. d. Mts. zu ermächtigen geruhet haben, Sie auf dasselbe abschlägig zu bescheiden, welchen Allerhöchsten Auftrages ich mich hierdurch zugleich in Bescheidung auf das an mich gerichtete Gesuch vom 10. Juli d. Js. entledige«.

Doch Jacob C. Engel ließ sich in seinen Verkaufsabsichten dadurch keineswegs entmutigen. Am 7. September 1872 unterzeichnete er vor einem Notar einen Vertrag mit Hermann Geber (zu jener Zeit »Betriebs-Director der Versicherungsgesellschaft Friedrich Wilhelm« und »Director der Central-Straßen-Actien-Gesellschaft«), der für alle Rechte Engels am Kroll'schen Etablissement 500000 Taler zu zahlen bereit war. Nachdem Geber acht Tage später die Tiergarten-Verwaltung um Genehmigung des Kaufs gebeten hatte, unterrichtete Engel einen ihm offensichtlich nahestehenden Konsistorialrat am 17. September 1872 von den Gründen, die ihn zum Verkauf drängten. Bereits seit längerer Zeit sei sowohl bei ihm, bedingt durch einen zweimaligen Beinbruch, die eigene Gebrechlichkeit und Kränklichkeit, als auch bei seiner Frau, welche schon seit einiger Zeit kränkle, durch die auffällige Abnahme der Rührigkeit, der Wunsch nach Ruhe um so lauter geworden, als sein einziger Sohn, an den nach seinem Tode der Besitz des Etablissements übergehen solle, »auch nicht die mindeste Neigung und noch weniger Geschick besitzt, die Leitung eines so großen Instituts mit Erfolg zu übernehmen«. Dieser Umstand mache es ihm schlechthin »zur heiligen Pflicht«, das Schicksal des Etablissements noch zu seinen Lebzeiten anderweitig zu sichern, nachdem die Umwandlung in ein Aktien-Unternehmen keine Zustimmung des Staates fand.

Er sei dann mit dem Brauereibesitzer Arndt in Moabit in Berührung gekommen, der jährlich einen Pachtzins von 30000 Talern zahlen wollte, ehe ihm Geber den Kaufpreis von 500000 Talern offerierte. Diesem Anerbieten habe er sich, obwohl er dadurch eine Minderung seiner Rente in Kauf nehmen müsse, um so williger zugewandt, als Geber »alle Eigenschaften in sich vereinigt, welche nicht allein den würdigen Fortbestand des Etablissements sichern, sondern durch Verschönerungen und Erweiterungen des Instituts, wozu ihm bedeutende Geldmittel zur Verfügung stehen, als auch sein rühmlichst bekannter Unternehmungsgeist, der ihn bereits Großartiges zu schaffen befähigte, das Etablissement zu einem unerwarteten Glanze zu bringen, was bei den veränderten Verhältnissen der Residenz als Kaiser- und Weltstadt, derselben zur Zierde gereichen muß«.

Wenn der Konsistorialrat bei der Vermittlung der Engelschen Intentionen überhaupt aktiv geworden sein sollte, so jedenfalls ohne Erfolg.

Denn am 19. November 1872 hielt Finanzminister von Camphausen in einem Schreiben an die Tiergarten-Verwaltung es für erforderlich, vor der »Allerhöchsten Entscheidung« über die Genehmigung des Vertrages zwischen Engel und Geber »zunächst über die Persönlichkeit des letzteren, über seine Vermögensverhältnisse und über die Art seiner bisherigen Geschäftstätigkeit nähere Auskünfte zu erhalten«. Denn er wolle doch »nicht unbemerkt lassen, daß mir der p. Geber als ein Häuserspekulant bezeichnet worden ist, bei welchem die Absicht, das Kroll'sche Etablissement in seinem Besitze zu behalten, überhaupt nicht vorausgesetzt werden kann, welcher vielmehr dieses Etablissement nur angekauft haben dürfte, um dasselbe so bald und so vorteilhaft als möglich weiter zu veräußern«.

Nachdem offenbar geworden war, daß Geber hinter dem Gründungs-Comité der »Thiergarten-Gesellschaft« gestanden und für sie das Statut entworfen hatte, besaß er natürlich keine Chance mehr auf Genehmigung des Vertrages. Anfang März 1873 wurden Engel und Geber von der Tiergarten-Verwaltung informiert, daß mit »Allerhöchster« Cabinets-Ordre vom 22. Februar ihre Anträge abschlägig beschieden worden waren.

Während dieser Verkaufsbemühungen vollzog sich die schon seit Jahren geplante Umgestaltung des alten Exerzierplatzes, der seit Dezember 1864 den Namen »Königsplatz« trug. Nach dem österreichisch-preußischen Feldzug gegen Dänemark sollte hier ein Ehrenmal aus »erbeuteten Trophäen« entstehen, für dessen endgültige Gestaltung allerdings noch keine konkreten Pläne existierten. Die Grundsteinlegung erfolgte am 18. April 1865, dem ersten Jahrestag der Erstürmung der Düppeler Schanzen, Preußens erstem größeren militärischen Erfolg seit den Befreiungskriegen 1813 bis 1815. Südlich der Baugrube war für Wilhelm I. und seine Frau Auguste, »umgeben von Unserem reich gesegneten Königlichen Hause«, ein Pavillon errichtet worden; links daneben nahmen in streng hierarchischer Reihenfolge »die Minister, die Wirklichen Geheimen Räthe, die Präsidenten beider Häuser des Preußischen Landtages, die Generalität und zwar alle Generale, ... welche im Feldzug ein Commando geführt hatten unter Ausschluß der Stabsoffiziere und die Generale der Garnison, Deputationen der städtischen Behörden von Berlin etc.« Aufstellung. Um den Platz standen im Geviert Truppen der Berliner und der Potsdamer Garnison sowie Veteranen aus den im Krieg eingesetzten Regimentern. Nach dem Absingen eines Choralverses durch den Domchor verlas der Minister für Handel, Gewerbe und öffentliche Arbeiten, Heinrich A.E. Graf von Itzenplitz, die Grundsteinlegungsurkunde. Wilhelm I. begleitete die traditionellen Hammerschläge mit den Worten, die sein Vater Friedrich Wilhelm III. auf das Denkmal zur Erinnerung an die Befreiungskriege auf dem Kreuzberg hatte setzen lassen. »Zum Gedächtnis der Gefallenen – Zum Anerkenntnis der Lebenden – zur Nacheiferung kommender Geschlechter.« 100 Salutschüsse lieferten den adäquaten Rahmen für eine Zeremonie, die mit einem Defilée der Truppen vor dem König ihr Ende fand.

Den militärischen Feierlichkeiten folgte am Abend »ein mit ächt patriotischer Gesinnung ins Werk gesetztes Unternehmen des Vereins Slesvigia« im Kroll'schen Etablissement, »dessen Räumlichkeiten Gelegenheit boten, dem Feste den genügenden nationalen Anstrich zu verleihen«. Das Festkomitee hatte es »auch an nichts fehlen lassen, was zur Erhöhung des Glanzes für die erhabene Feier beitragen konnte«, der man vorzüglich ... durch die Betheiligung der

Damen zugleich den Charakter eines allgemeinen Volksfestes zu verleihen gewußt« habe. Jedenfalls, so ein Beobachter dieses Geschehens, hätten diejenigen, die sich des »Soldatenmuth[es] unserer preußischen Mannschaften ins Gedächtnis zurückrief[en] ... [und] sich besonders den siegesmuthigen Eifer unserer wackeren Berliner vergegenwärtigt[en]«, nicht ohne »patriotische Rührung auf das festliche Volksgewühl blicken« können (*Vossische Zeitung,* Nr. 92 v. 20. April 1865).

Die Siege bei Königgrätz, Langensalza, Dernbach und Laubach innerhalb der Sommerwochen des Jahres 1866 zwangen dann in Berlin die Verantwortlichen zu einem Umdenken hinsichtlich der von August Stüler, Friedrich Drake und Heinrich Strack eingereichten Entwürfe für das Ehrenmal. So sollten nunmehr ein Obelisk mit Trophäen und die Alsenbrücke an den Sieg über Dänemark erinnern, während man für den Sieg über Österreich, Hannover und die süddeutschen Staaten verschiedene andere Projekte vorschlug: Eine Halle für die Siegestrophäen und für Heldenstandbilder, einen Neubau des Domes, eine Ausschmückung des Invalidenhauses und schließlich die Errichtung einer metallenen Säule auf dem Großen Stern im Tiergarten – dem heutigen Standort (!).

Die in den Grundstein gelegte Urkunde vom 26. Oktober 1869, »welche das Denkmal nunmehr auch für die größeren Siege des Jahres 1866 errichtet« sieht, erinnert an die Waffenbrüderschaft zwischen Preußen und Österreich von 1864, die eine »Quelle ferneren Segens für das ganze deutsche Vaterland« werden sollte, und nennt den Schmerz unermeßlich groß, daß trotzdem nur zwei Jahre danach Deutsche gegen Deutsche einander Feindschaft und Krieg erklärten. Doch »die Wetter des Herrn rollten, Seine Blitze zuckten, das Volk verstand seine Zeichen und stand auf«.

Der Ausrufung des Kaiserreichs im Spiegelsaal zu Versailles am 18. Januar, der Einnahme von Paris am 1. März, dem Friedensschluß von Frankfurt am 10. Mai, der Billigung der Bismarck'schen Verfassung durch den Reichstag am 14. Juni folgte am Silvestertag des Jahres 1871 noch die Befrachtung des Grundsteins auf dem Königsplatz für das seit 1865 geplante Denkmal mit einer dritten Urkunde. Trotz betonter Hervorhebung »der erneuten Bewährung der Heereseinrichtungen, deren Durchführung Wir als eine der wichtigsten Aufgaben Unseres Berufes für Preußen und Deutschland erkannt hatten«, schließt die Urkunde mit dem »für Uns und im Sinne des deutschen Volkes abgelegt[en] Gelöbniß«, daß die wiedergewonnene Einheit und Größe des Vaterlandes vor Allem die Befestigung des Europäischen Friedens verbürgen solle«.

Während die Pariser ihre Vendomesäule als ein Monument der Barbarei, als ein Symbol des Militarismus, eine Verleugnung des Völkerrechts und eine permanente Beschimpfung der Besiegten am 16. Mai 1873 abreißen ließen, wuchs die Begeisterung vieler Deutscher am Bau des vermeintlich größten Monuments in der neueren Geschichte. Die französischen Kontributionen erlaubten es dann, die zur Vollendung des von Heinrich Strack endgültig gestalteten Denkmals erforderlichen Mittel bereitzustellen. An Material für den Sockel fanden Verwendung schlesischer und pommerscher Granit, roter aus Schweden, für die Säule Sandstein aus Obernkirchen bei Bückeburg. Je 20 vergoldete dänische, österreichische und französische Kanonenrohre um die drei Trommeln der Säule erinnerten an die drei Kriege während der letzten Jahre, vier große von Alexander Calandrelli, Karl Keil, Moritz Schultz und Albert Wolff im Auftrage Stracks geschaffene Reliefs an ihrem Sockel an die Schlachten bei Düppel, Königgrätz und Sedan sowie an den Einzug der Fürsten in Berlin. Die von Friedrich Drake geschaffene »kolossale Viktoria-Borussia aus vergoldeter Bronze«, nun mit Kranz und mit wehenden Flügeln krönte das in sich etwas unproportioniert geratene Werk (*Vossische Zeitung,* Nr. 204 v. 2. Sept. 1873).

Einweihung und Enthüllung der Siegessäule auf dem Königsplatz am 2. September 1873. Im Hintergrund das Kroll'sche Etablissement

Erfolgten die Hinterlegungen der Urkunden von 1869 und 1871 unbemerkt von der Öffentlichkeit, so geriet die Feier der Einweihung am 2. September 1873, dem dritten Jahrestag von Sedan, um so prunkvoller. Der granitene Sockel war von 28 mit Adlern, Fahnen und Wimpeln vorwiegend in den preußischen Farben geschmückten Masten umgeben, die hohe rote Gardinen mit schwarzweißem Rand vor den Reliefs hielten, während eine gelbgraue Hülle das noch vorläufige Bild in der Rotunde verdeckte.

Neben dem mit roten und goldenen Stoffen geschmückten Zelt-Pavillon für die Mitglieder der Hohenzollern-Familie und ihre Gäste aus den anderen deutschen Fürstenhäusern waren Tribünen für die Spitzenvertreter aus Staat und Gesellschaft, insgesamt etwa tausend Personen, geschaffen worden. Nach der Begrüßung Wilhelms I., der die Urkunde mit 'Imperator Rex' unterzeichnet hatte, durch Reichskanzler von Bismarck und der Ansprache des Feldpredigers Thielen ließ man die Vorhänge vor den Reliefs und dem Rotundengemälde fallen. 101 Salutschüsse begleiteten die Enthüllung. Am Abend gab es dann in der Oper Unter den Linden eine 'Militär-Vorstellung' in Anwesenheit Wilhelm I., Bismarcks und Moltkes (Dettmer, S.49ff.).

Neben dem Verkauf des Etablissements an Hermann Geber eröffnete sich für Jacob C. Engel in dieser Hinsicht zugleich noch eine andere Perspektive. Nach Abschluß des ersten Wettbewerbs für den Bau eines Parlamentsgebäudes hatte der Reichstag am 12. Juni 1872 die von ihm eingesetzte Bau-Commission mit der Aufgabe betraut, dafür nun auch ein passendes Grundstück zu finden. Von Beginn an hatte man dafür das Palais Raczynski auf der Ostseite des Königsplatzes favorisiert, doch an der Unnachgiebigkeit seines Besitzers war nach wie vor nicht der leiseste Zweifel erlaubt, solange man ihm keinen absolut adäquaten Ersatz anbieten konnte. Bereits in der ersten Kommissions-Sitzung* am 18. Juni 1872 berichtete der Abgeordnete Graf zu Münster, daß der Kaiser »aus besonderen Rücksichten ... nicht gern gegen [den Grafen Athanasius Raczynski] nöthigend vorgehen wolle« und er deshalb »auch das Kroll'sche Etablissement in Anregung gebracht habe, dessen Entfernung vom Königsplatz Se. Majestät erwünscht sei«. Dessen jetziger Besitzer würde sich schon »zur Abtretung gegen Entschädigung und Überweisung eines anderen entsprechenden Platzes bereit finden lassen«.

Jacob C. Engel bekannte in dem bereits erwähnten Brief an einen Konsistorialrat, daß er schon »zu wiederholten Malen« sein Etablissement zum Parlamentarismus angeboten habe, was man jedoch vorläufig ablehnte, »weil es die Absicht Seiner Majestät sei, dasselbe der Residenz als einen anständigen Vergnügungsort zu erhalten«. Hier muß Engel sich geirrt haben oder falsch informiert gewesen sein. Denn in den folgenden Jahren gab es keinen hartnäckigeren Verfechter der Reichstagsbau-Lösung »Kroll« als Wilhelm I., während der Reichstag in seiner überwiegenden Mehrheit ebenso hartnäckig für das Areal des Palais Raczynski plädierte.

In einem Bericht vom 15. Februar 1873 unterrichtete das Reichskanzleramt den Ministerial- und Oberbau-Direktor Weisshaupt vom Ergebnis der Taxierung der für den Bau des Reichstages in Frage kommenden Grundstücke am Königsplatz. Danach wären von der Reichskasse für Grund und Boden des Kroll'schen Etablissements 1 743 823 Taler, für den Erwerb der Rechte des Besitzers – nach Genehmigung des Engel-Geber-Vertrages durch den Finanzminister – 500 000 Taler und für knapp 3 000 Quadratmeter fiskalischen Geländes außerhalb des Terrains von »Kroll« 238 000 Taler, insgesamt also 2 481 823 Taler an den preußischen Fiskus zu zahlen gewesen. Die Planvariante, lediglich den knapp 11 000 Quadratmeter großen Sommergarten von »Kroll« als Bauplatz zu nutzen, hätte Kosten in Höhe von 1 091 000 Taler und noch einmal 6 340 Quadratmeter Tiergartengelände 507 200 Taler, zusammen also 1 598 200 Taler verursacht.

Nach Ablehnung des Engel-Geber-Vertrages ersuchte das Reichskanzleramt die Tiergarten-Verwaltung am 6. März 1873, Engel aufzufordern, noch einmal seine Preisvorstellungen darzulegen. Dieser antwortete bereits am 9. März, daß er »unter denselben Bedingungen» wie im Vertrag mit Geber das Etablissement an das Reich verkaufen wolle. Da Geber sich jedoch hatte verpflichten müssen, in alle abgeschlossenen Engagements-Verträge mit Schauspielern, Musikern und Haus-Offizienten einzutreten, bei einer Auflösung des Geschäfts aber die Kontrahenten entschädigt werden müßten, würden diese Kosten hinzuzurechnen sein; nach den am 18. März dem Reichskanzleramt zugeleiteten Engagementslisten wäre dafür eine Summe von

* Michael S. Cullen habe ich dafür zu danken, daß er mir einen Teil der während der Arbeit an seinem Reichstags-Buch im Zentralen Staatsarchiv II der DDR in Merseburg gemachten Kopien der Akten des Vorsitzenden der Reichstagsbau-Commission, Ministerial- und Oberbau-Director Weisshaupt, zur Verfügung gestellt hat.

60235 Talern und 20 Silbergroschen aufzuwenden gewesen. In seinem Begleitschreiben machte Jacob C. Engel die Behörden darauf aufmerksam, daß sie bei der Beurteilung dieses Materials immer den Unterschied zwischen der jeweils vom 1. September bis Ende Mai dauernden Wintersaison, »in welcher ausschließlich Possen, Lebensbilder und Lustspiele zur Darstellung gelangten«, und der jeweils vom 1. Juni bis Ende August dauernden Sommersaison, »in welcher ausschließlich Opern zur Aufführung kommen«, im Auge behalten müßten. Diese Unterteilung hätte für ihn den Vorteil gehabt, »daß ich nicht genöthigt war, dauernd theure Gesangskräfte zu unterhalten«. Zudem bezögen die Schauspieler Spielhonorare »und die hervorragendsten Kräfte auch Benefize, theils zu einer gewissen Höhe garantiert, theils ohne Garantie«.

Doch all dieser Aufwand blieb vergeblich. Zwar gab das Reichskanzleramt im Frühjahr 1873 und gleich danach auch die Reichstagsbau-Commission die Idee einer Enteignung des Grafen Raczynski auf; Bismarck und sein Amtschef Rudolph Delbrück befürworteten in mehreren Schreiben an die Comission nun »Kroll« als geeignetsten, der außerdem billiger sei als andere. Am 19. Mai debattierte dann der Reichstag äußerst lebhaft den ihm am 11. Mai zugegangenen Bericht der Commission (Reichstags-Drucksache 1876, Nr. 103) und entschied sich in namentlicher Abstimmung mit einem Votum von 152 zu 87 gegen »Kroll«. Manchen Abgeordneten war der beschwerliche Weg durch Matsch und Schlamm über eine so 'große' Entfernung immer noch zu lang, und der bereits erwähnte Graf zu Münster hielt das Kroll'sche Areal eines Reichstagsgebäudes nicht für würdig: »... sage mir, wo du wohnst, und ich sage dir, wer du bist« (Heiterkeit).

Entsprechend dem vom Plenum erneut erteilten Auftrag intensivierte die Bau-Commission im Sommer und im Herbst 1873 ihre Suche nach anderen Bauplätzen, um, nach Besichtigung von 56, in ihrem neuen Bericht vom 5. Februar 1874 (Reichstags-Drucksache Nr. 8) die Feststellung zu treffen, sie könne »nicht umhin, die Erklärung auszusprechen, daß sie nach einer eingehenden Erwägung aller in Betracht kommenden Verhältnisse und in Rücksicht auf die großen Bedenken, welche sich der Erwerbung eines anderen geeigneten Bauplatzes für das Parlamentsgebäude entgegenstellen, in erster Linie das früher bereits vorgeschlagene Kroll'sche Etablissement auch jetzt noch als für den vorliegenden Zweck am geeignetsten ansieht«. Doch die Front der Gegner von »Kroll« im Reichstag, nach der Devise handelnd »Ich krolle nicht, und wenn das Herz auch bricht«, blieb wiederum siegreich, wenn diesmal am 25. Februar 1874 auch nur mit 130 gegen 120 Stimmen.

Von der Bau-Commission, erneut mit der Findung eines geeigneten Bauplatzes beauftragt, erfuhr die Öffentlichkeit in der Folgezeit nichts, weshalb man sie spöttisch schon 'Todtenkommission' nannte. Doch hinter verschlossenen Türen war sie durchaus aktiv. Nach dem Tode des Grafen Raczynski am 21. August 1874 bat Staatsminister Delbrück zehn Tage später den Kaiser, ihn zu Verhandlungen mit Raczynskis Sohn Carl Eduard Nalecz zu ermächtigen. Doch als die Vollmacht Mitte September vorlag, winkte der zur Kur in Marienbad weilende junge Raczynski nur ab. Er wollte erst gar nicht verhandeln – eine Entscheidung, die den Beginn des Reichstagbaues um rund zehn Jahre hinauszögerte. Nun aber suchte Wilhelm I. endlich seinen Willen gegenüber dem Reichstag durchzusetzen.

In Briefen an den Staatsminister Delbrück und an Bismarck (erstmals veröffentlicht von Oberarchivrat im Reichsarchiv, Dr. H.O. Meisner, in der *Deutschen Allgmeinen Zeitung*, Nr. 133 v. 20. März 1938) verlangte er die Ausarbeitung einer Vorlage an Bundesrat und Reichstag wegen Erwerbs des Kroll'schen Etablissements: »Es ist«, so hieß es im Brief an Bismarck vom 23. November 1875, »so viel über den ... Bauplatz gesprochen, discutirt, geplant etc. worden, daß meiner Ansicht nach nur der Kroll'sche Platz zu wählen übrig bleibt, dem doch eigentlich nur der gefürchtete Schnupfen einiger fränkischer Deputirter entgegensteht, den man sich auf dem Wege vom Brandenburger Thor zum Parlaments Gebäude zuziehen könne, aber nicht muß, und dem man durch eine Droschke oder einen guten Paletot sehr gut begegnen kann, ganz abgesehen davon, daß jene Fürsorge für später zu Verschnupfende doch sehr weit ginge, wenn man auf diese Fürsorge eingehen wollte. Ich ersuche Sie daher nun allen Ernstes, die Angelegenheit schnell in die Hand zu nehmen, was auch noch einen anderen Grund für sich hat, daß nämlich eine Menge unbeschäftigter Arbeiter Berlins und auch auswärts den schweren Winter leichter hinnehmen würde, wenn sie zum Frühjahr einer großen dauernden Beschäftigung entgegensehen würden«.

Im Januar 1876 ließ der Bundesrat dank seiner preußischen Mehrheit die Vorlage passieren. Doch der Reichstag reagierte mit vier entgegengesetzten Anträgen. Am 5. und am 7. Februar debattierte das Parlament mehrere Stunden lang das Projekt. Am prägnantesten formulierte der National-Liberale Ludwig Bamberger seine Ablehnung: »Meine Herren, Sie brauchen ja nur auf den Kroll'schen Platz zu gehen. Jeder, je länger er in Berlin wohnt, überzeugt sich davon, daß da das Rendezvous aller 32 Winde der Windrose ist (Heiterkeit) ..., wenn der Reichstag Neigung fühlen sollte, sich für den Kroll'schen Platz zu entscheiden, so würde ich einmal so den ersten Gebrauch vom Reichsgesundheitsamt machen, indem ich an dasselbe appelliere, damit es sein Veto dagegen einlege (Heiterkeit) ... Wenn ich recht unterrichtet bin, so wartet der jetzige Eigenthümer des Kroll'schen Etablissements auf die zwei, drei, vier Millionen, die wir ihm zahlen sollen, um selbst in die Stadt hinein zu wandern, und auf dem Theile, wo wir sein sollten, sein Theater zu bauen (Heiterkeit); dann wird er als Inschrift an die Giebelfront seines neuen Baues schreiben: »Dem Deutschen Reichstage der dankbare Kroll!« (Heiterkeit)

Der Antrag Preußens (des Kaisers) fand im Parlament auch diesmal keine Mehrheit, die Arbeit der Kommission wurde eingestellt (Cullen, S.100ff.). Die Gefahr, einem anderen Bauwerk weichen zu müssen, war damit für »Kroll« erstmals gebannt.

Nach dieser Entscheidung begann Jacob C. Engel sofort mit der Entwicklung neuer Aktivitäten. Anfang März 1876 überreichte er der Tiergarten-Verwaltung eine Reihe von Zeichnungen für »einige neue Anlagen«, die der »Verschönerung des Gartens vom Kroll'schen Etablissement« dienen sollten: 1. Bau einer Rotunde mit Gasbeleuchtung, 2. Einrichtung einer Avenue aus Eisen mit Gasbeleuchtung, 3. vermehrte Beleuchtung des Rondells, 4. Erneuerung der Dach- und Wandflächen des Orchester-Pavillons, 5. Anbringung einer Spiegelwand an der Eisgrotte, 6. Einrichtung einer bequemen Promenade an Stelle der fortzunehmenden Drahtlauben, 7. Verlegung eines Gaszuleitungsrohrs von zwölf Zoll Durchmesser vom städtischen Gasrohr in der Herwarthstraße oder in der Straße In den Zelten zu »Kroll«.

Das späte Einreichen der Anträge sei nicht seine Schuld, meinte Engel in einem weiteren Schreiben vom 7. März, vielmehr sei dafür »einzig und allein ... die verzögerte Entscheidung des Reichstags in Betreff der Acquisition meines Grundstücks zu Reichszwecken »verantwortlich, die erst habe abgewartet werden müssen, ehe er daran denken konnte, »die in Rede stehenden Anlagen ins Leben zu rufen«. Er bat deshalb die Tiergarten-Verwaltung, es ihm nicht als Zudringlichkeit anrechnen zu wollen, wenn er trotz der bereits erfolgten mündlichen Zusage einer beschleunigten Bearbeitung seines Antrags noch einmal schriftlich die »gehorsamste Bitte« äußere, eine solche Beschleunigung »in der allernächsten Zeit zu beschließen«, da nach den von ihm bereits getroffenen Anordnungen die Arbeiten spätestens am 15. März beginnen müßten, »wenn die ineinandergreifenden contractlichen Verbindlichkeiten, nach welchen die neuen Anlagen bis zum 15. Mai fertiggestellt sein müssen, gelöst werden sollen«. Nachdem der Finanzminister von Camphausen am 10. April dazu seine Zustimmung gegeben hatte, konnte am 6. Mai zwischen der Tiergarten-Verwaltung und Engel ein entsprechender Vertrag unterzeichnet werden.

Rund neun Jahre später, am 9. Februar 1885 beantragte Engel, »nachdem in verschiedenen Vergnügungs-Gärten der Residenz statt der bisherigen Gasbeleuchtung eine Beleuchtung mit electrischen Bogen- und Glühlicht eingeführt worden ist«, nun auch das Kroll'sche Etablissement mit elektrischem Licht zu versorgen. Zu diesem Zweck sollte an der südwestlichen Ecke des Grundstücks eine Station zur Stromerzeugung errichtet werden. Da er die Ausführung des Projekts bereits der »Berliner electrischen Beleuchtungs Actien Gesellschaft« übertragen habe, bat er die Tiergarten-Verwaltung um schnellstmögliche Genehmigung, damit schon im bevorstehenden Sommer der Garten, sämtliche Säle und insbesondere die Bühne elektrisches Licht erhalten konnten.

Doch so schnell und so leicht, wie Engel sich das gewünscht und vorgestellt hatte, war dieses Projekt nicht zu verwirklichen. Weder gestattete man ihm den Bau eines Kesselhauses, auch nicht an einer anderen Stelle, noch die provisorische Anlage einer »oberirdischen elektrischen Leitung von der auf dem Reichstagsbauplatz befindlichen Centralstation durch den Thiergarten nach dem Kroll'schen Etablissement«. Das Finanzministerium ließ seinem ablehnenden Bescheid vom 31. Mai 1885 am 4. Juni noch die Anfrage an die Tiergarten-Verwaltung folgen, warum Engel die ihr gegenüber im Vertrage vom 7. Mai 1866 eingegangenen Verpflichtungen hinsichtlich bestimmter Baumaßnahmen bislang nicht nachgekommen war. Hierauf gab's zwar keine befriedigende Antwort, weil zwischen den Behörden keine volle Übereinstimmung darüber bestand, wie die seinerzeit angefertigten Situationspläne im einzelnen auszulegen sind, doch am 10. Juli immerhin die von Finanzminister Scholz der Tiergarten-Verwaltung erteilte Ermächtigung zum Abschluß eines Vertrages mit Jacob C. Engel über »die Herstellung einer elektrischen Beleuchtung des Kroll'schen Etablissements«, da er dieser nicht länger »entgegen sein will«.

Kroll-Garten, nach Installierung elektrischen Lichts, um 1885

Die Unterzeichnung dieses Vertrages erfolgte am 31. Juli 1885; er sah im wesentlichen vor, daß Engel die Erlaubnis erhielt, im Nordwesten des Grundstücks statt des dort befindlichen Orangerie- und Pflanzenhauses nun ein Maschinen- und Kesselhaus zu errichten und im Südwesten ein Ersatz-Gewächshaus zu bauen. Er mußte sich jedoch verpflichten die Außenfassaden beider Häuser »geschmackvoll« herzustellen und dauernd zu erhalten sowie die Beleuchtungsanlagen binnen drei Monaten nach ergangener Aufforderung durch den Fiskus von der Tiergarten-Verwaltung wieder niederlegen zu lassen. In einem weiteren Vertrag vom 18. August mußte Engel akzeptieren, wie im einzelnen die Baumaßnahmen durchzuführen waren. Am 6. Oktober 1885 teilte die Ministerial-, Militair- und Bau-Comission dann aber der Tiergarten-Verwaltung ganz überraschend mit, daß Engel sie mündlich davon informiert habe, er wolle von dem Projekt in der ursprünglichen geplanten Form »Abstand nehmen«, da er mit der »ausführenden Gesellschaft in Differenzen gerathen sei«. Er beabsichtige die Stromversorgung des Etablissements nunmehr »derartig einzurichten, daß bauliche Veränderungen außerhalb des Hauptgebäudes gänzlich vermieden werden«.

Tatsächlich erfolgte in den letzten Wochen des Jahres bei »Kroll« die Installierung von elektrischem Licht, »System Edison«, durch die Firma Henneberg, Herzberg & Co., welches »gut functionirt«. Erhielt die Bühne Glühlicht, so die Säle Bogenlicht, »System Pieper«; dazu sei, wie die *Vossische Zeitung* (Nr. 560 v. 1. Dez. 1885) meldete, der Erfinder dieser Bogenlampen extra aus Brüssel angereist, um die Arbeiten persönlich zu leiten. Denn bislang war es unmöglich, Glühlicht und Bogenlicht aus einer Maschine zu speisen, weil die Spannung beider Arten wesentlich verschieden ist. Pieper nun hatte durch besondere Vorrichtungen die Spannungsdifferenzen auszugleichen und so einem »längst gefühlten Mißstande« abhelfen können. Dieses System kam in Berlin erstmals bei »Kroll« zur Anwendung, der Effekt war

Kroll-Garten, nach Installierung elektrischen Lichts, um 1885

bedeutend und verfehlte nicht, schon jetzt die Aufmerksamkeit der betheiligten Fachkreise auf sich zu ziehen«. Jedenfalls sollen durch dieses »helle intensive Licht« die architektonischen Schönheiten des Königssaals voll zu Geltung gekommen sein.

Am 31. März 1887 ersuchte Jacob C. Engel die Tiergarten-Verwaltung um Verlängerung des Vertrages vom 7. Mai 1866, durch den ihm mehrere Tiergarten-Parzellen zur Pacht bis zum 18. Juli 1891 überlassen und mit Baulichkeiten versehen worden waren. Er begründete dies mit dem Wunsch nach umfangreichen Renovierungen des gesamten Etablissements und der Inneneinrichtungen, »namentlich eine von Grund auf neue Decoration des großen Königssaals«. Diese Arbeiten wie die Einführung von elektrischem Licht hielt er für absolut notwendig, »um ein Etablissement wie das in Rede stehende, welches in seiner Art einzig in Deutschland dasteht, auf der Höhe seines Renommees zu erhalten«. Er schätze sich zudem besonders glücklich, »von Sr. Majestät dem Kaiser von Deutschland vor noch nicht langer Zeit die Allerhöchste Anerkennung bezüglich dieses seines Strebens durch die huldreichst ertheilte Versicherung erhalten« zu haben. Die bereits eingeleiteten Renovierungen hätten bereits ganz beträchtliche Kosten verursacht und weitere größere stünden noch zu erwarten, die sich in der kurzen Zeitspanne weniger Jahre aus den Einnahme-Überschüssen nicht erübrigen ließen. Da das Etablissement vornehmlich auf den Fremdenverkehr der Sommersaison angewiesen sei und deshalb des Gartens mit seinen Anlagen »nicht entrathen« könne, wolle er vor weiteren Aufwendungen Gewißheit über eine »Prolongation« des Mietvertrages haben, denn eine Nichtverlängerung würde ihm einen wesentlichen Teil des Gartens »entziehen«. Die Unterzeichnung der Verlängerung dieses Vertrages auf weitere 40 Jahre bis zum 18. Juli 1931 erfolgte im Mai 1887.

Zur Verwirklichung seiner umfassenden Erneuerungspläne blieb Jacob C. Engel nur noch wenig Zeit. Er starb am frühen Morgen des 28. Juni 1888 an einem Schlaganfall. Die *Vossische Zeitung* (Nr. 303 v. 28. Juni 1888) würdigte, wie andere Berliner Blätter auch, sein Wirken und nannte ihn eine der stadtbekanntesten Persönlichkeiten Berlins, der es verstanden habe, durch findigen Geschäftsbetrieb das Etablissement zu einem weltberühmten Vergnügungsort umzugestalten. Nach einer Trauerfeier im Rittersaal des Etablissements, an der jedoch nur die »nächsten Leidtragenden« teilnahmen, folgte einen Tag später, am 30. Juni, seine Beisetzung auf dem St. Hedwigs-Friedhof in der Liesenstraße im Beisein des gesamten Personals und zahlreicher Freunde.

Engels Nachfolger wurde sein nun 26jähriger Sohn Joseph entsprechend Testament und Erbvertrag vom 7. Oktober 1879. Er suchte die Arbeit seines Vaters fortzusetzen; zwar gelang ihm manche spektakuläre Wieder- oder Neuverpflichtung berühmter Künstler wie Gemma

Statt besonderer Meldung.
Gestern früh 5 Uhr starb plötzlich an Herzlähmung unser innig geliebter Gatte, Vater, Schwieger- und Großvater, der Königliche Commissionsrath, Director des Kroll'schen Theaters,
J. C. Engel.
Um sein Hinscheiden weinen
die tieftrauernden Hinterbliebenen.
Der Tag der Beerdigung wird noch näher bekannt gemacht werden.

Heute früh 5 Uhr verstarb unser hochverehrter und unvergeßlicher Director, der Königl. Commissions-Rath Herr
J. C. Engel,
im Alter von 67 Jahren an einer Herzlähmung. Mit seinem Heimgange betrauern wir in ihm unser höchstes Ideal als Director, wie als Freund und treuer Rathgeber.
Berlin, den 28. Juni 1888.
Das tiefbetrübte Personal des
Kroll'schen Theaters.

Bellincioni, Etelka Gerster, Minnie Hauck, Katharina Klafsky, Marcella Sembrich, Adelina Patti, Desirée Artof de Padilla, Heinrich Boetel, Theodor Reichmann, Heinrich Bertram, Albert Niemann, doch war er, wie von seinem Vater Jahre zuvor schon befürchtet, außerstande, geschäftlich wie künstlerisch eine erfolgversprechende Linie weiterzuverfolgen, so daß er 1894 »infolge mangelnden Interesses des Berliner Publikums« schon sich aller Pflichten entledigte. Bezeichnend für die bereits herrschende Katerstimmung war der Verlauf des 50. Jahrestages der Gründung des Etablissements. Die *Vossische Zeitung* (Nr. 80 v. 17. Febr. 1894) berichtete in einer Sieben-Zeilen-Meldung, daß das Kroll'sche Theater dieses Ereignis nur »in aller Stille begangen« habe. Die Angestellten hätten dem Theaterdirektor Joseph Engel »eine künstlerisch ausgestattete Adresse« überreicht. Ansonsten hätte der Vormittag gesellig Freunde und Bekannte des Hauses vereint, die zur 'Beglückwünschung' erschienen waren.

Joseph Engel und seine Mutter Auguste verließen Berlin und siedelten nach New York über, wo sie 1907 starb (*Staats-Anzeiger*, Nr. 113 v. 14. Mai 1928). Damit hatte nach genau einem halben Jahrthundert die »Dynastie Kroll« für Berlin zu existieren aufgehört.

1894 – 1927

Neues Königliches Opernhaus – Entscheidung über Bau einer Königlichen Oper auf Kroll'schem Terrain – Zentralsammelstelle der Reichswollwoche – Umbau durch Oskar Kaufmann

Nach dem Kauf des ganzen Etablissements bewirtschaftete es der Brauereibesitzer Julius Bötzow nur noch als Restaurationsbetrieb mit ein paar Konzertveranstaltungen, Beginn am 12. Mai 1894. Aber auch das erwies sich keineswegs als Goldgrube, so daß Bötzow einen Vertrag mit den *Königlichen Schauspielen* schloß, demzufolge diese einige Monate lang das Kroll'sche Theater bespielen konnten. Durch einen am 11. April 1896 unterzeichneten Vertrag überließ Bötzow dem preußischen Fiskus alle Baulichkeiten und das gesamte Inventar einschließlich des Theaterfundus für 2510486 Mark.

Die Idee zu diesem Kauf stammte vom Intendanten der *Königlichen Schauspiele,* Graf Bolko von Hochberg, der so zum einen die Konkurrenz der jährlichen »Sommeroper« bei »Kroll« ausschalten und deren Erträge den Hoftheatern zuführen wollte, zum anderen sich für die er-

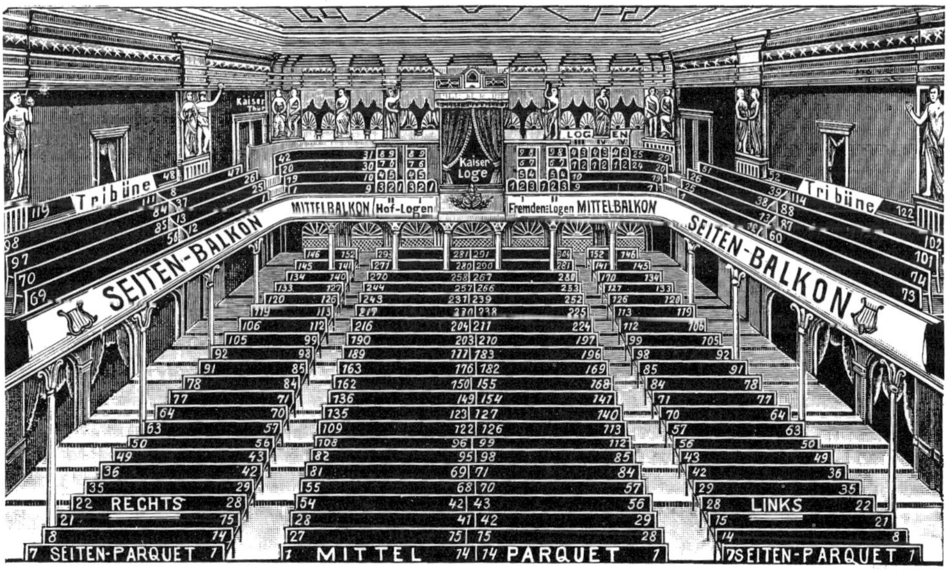

Fremden-Loge	M. 10,–	1. Rang Tribüne	M. 1,50	Mittel-Parquet 13.–22. Reihe	M. 4,–
2. Rang Loge	„ 6,–	Mittel-Parquet 1.–3. Reihe	„ 6,–	Seiten-Parquet	„ 3,–
1. Rang Mittel-Balkon	„ 5,–	Mittel-Parquet 4.–12. Reihe	„ 5,–	Stehplatz	„ 1,–
1. Rang Seiten-Balkon	„ 3,–				

Platzanordnung im Neuen Königl. Opern-Theater (Kroll), nach 1896

Neues Königl. Opern-Theater.

Gastspiel des Schlierseer Bauerntheaters.

In der Sommerfrisch'n.

Posse mit Gesang und Tanz in 4 Aufzügen von Benno Rauchenegger und Konrad Dreher. Musik von E. Kaiser.

forderlichen Umbauten der Linden-Oper oder eines geplanten Neubaues eine günstige Ersatz-Spielstätte zu sichern bestrebt war. Schon im ersten Sommer, den »Kroll«, offiziell jetzt »Neues Königl. Opern-Theater«, zu den staatlichen Theatern gehörte, gingen 120 Opernaufführungen über die Bühne, die eine Durchschnittseinnahme von 3 170 Mark pro Abend erbrachten. Es wurde dann regelmäßig bis 1901 in den Monaten Juni bis September gespielt, wobei zuweilen recht ordentliche Serienerfolge gelangen, so 1899 mit der *Fledermaus* (98mal) – sie soll insgesamt zwischen 5 und 600 000 Mark eingespielt haben, was ausreichte, um Johann Strauß' Witwe in einer Saison 40 000 Mark an Tantiemen zu zahlen –, 1900 *Mikado* und *Fledermaus*

Preis des Programms 20 Pfg.

Neues Opern-Theater

Königsplatz 7 (Kroll) Königsplatz 7

Donnerstag, den 5. Dezember 1912

abends 8 Uhr:

Gastspiel des

Russischen Balletts

Generaldirektor: Sergei von Diaghilew.

Der Feuervogel

Märchenballet in zwei Abteilungen von **M. Fokin.**
Musik von **J. Stravinsky.**
Dekorationen und Kostüme von M. Golovin. Die Kostüme der Damen Karsavina und Piltz sind nach Zeichnungen von L. Bakst angefertigt.

Kleopatra

Choreographisches Drama in einem Akt von M. Fokin.
Musik von M. Arensky. Inszeniert von M. Fokin.
Szenerie von L. Bakst, ausgeführt von M. Anisfeld.
Kostüme und Requisiten gezeichnet von L. Bakst.

Gratis! Gratis!

Königliche Schauspiele.

Anfang 8 **Neues Königl. Opern-Theater.** Anfang 8

Verein für Volksunterhaltungen.

Montag, den 20. November 1911.

3. **Volksvorstellung** der Generalintendantur der Kgl. Schauspiele.

Der Evangelimann.

Musikalisches Schauspiel in zwei Aufzügen, nach einer von Dr. Leopold Florian Meißner erzählten wahren Begebenheit, von Wilhelm Kienzl.
Musikalische Leitung: Herr Kapellmeister Dr. Beßl. Regie: Herr Regisseur Braunschweig.

Königliche Schauspiele.

Anfang 2½ **Neues Opern-Theater (Kroll).** Anfang 2½

Sonntag, den 16. März 1913.

Auf Allerhöchsten Befehl:

Achte Vorstellung

für die

Berliner Arbeiterschaft.

Der eingebildete Kranke.

Theater-Zeitung für die Königlichen Schauspiele

Königl. Opernhaus, Königl. Schauspielhaus, Neues Königl. Operntheater (Kroll).

Nummer 65. | Druck und Verlag von Moriz & Kummer. Geschäftsstelle: BERLIN C. 25 — Landsberger Strasse No. 72. Fernsprecher: Amt VII, No. 5093. | Jahrgang 1906.

Franz Naval, Königl. Opernsänger.

Im Kroll-Garten, um 1900

Zum Gastspiel des Marsch-Komponisten John Philip Sousa bei »Kroll«, 1910

abwechselnd (91 Abende) und 1901 *Mamsele Angot, Mikado* und *Fledermaus* (84 Abende). Ab 1902 wurde das Theater dann in jedem Sommer an andere Gesellschaften und Ensembles verpachtet.

Während monatelanger Umbauten an anderen staatlichen Theatern ward »Kroll« stets als Interimsbühne benutzt, so 1904 vom Schauspielhaus am Gendarmenmarkt, 1905 von der Königl. Oper Unter den Linden. Im Winter wurde meist nur an Sonntagnachmittagen zu ermäßigten Preisen gespielt für Vereine und andere Organisationen oder von deren Theatergruppen für die eigenen Mitglieder. Seit 1907/08 gab es – offensichtlich doch wohl als eine Art Reaktion auf die steigenden Mitgliederzuwächse bei der Volksbühne – »Auf Allerhöchsten Befehl« Vorstellungen für die »Berliner Arbeiterschaft«. Nachdem sich dabei ein Verkauf von Einzelkarten als 'undurchführbar' erwiesen hatte, war man dazu übergegangen, die Eintrittskarten nur noch durch die Zentralstelle für Volkswohlfahrt an Arbeitervereine, Fabriken usw. verteilen zu lassen.

Die Generalintendanz der *Königl. Schauspiele* war selbstverständlich auch um Bewahrung der Tradition der Verpflichtung weithin bekannter Künstler bemüht. Enrico Caruso, berühmtester Tenor in den Jahrzehnten vor und nach der Jahrhundertwende, und die Tanz-Truppe von Sergej Diaghilew – mit Waclaw Nijinskij sowie der Karasina und der Pawlowa –, der hier u.a. die ersten Ballette des jungen, anderthalb Jahrzehnte später noch einmal bei »Kroll« eine wichtige Rolle spielenden Igor Strawinskij vorstellte, mögen hier nur als Beispiele für viele andere stehen; faktisch haben nahezu alle großen Sänger, Schauspieler und Tänzer ihrer Zeit einmal auf den Brettern der »Kroll«-Bühne gestanden. Aber – auch Ensembles wie das Schlierseer Bauerntheater genossen hier Gastrecht. Zu den herausragenden Ereignissen der täglichen Konzerte im Garten von »Kroll« zählte gewiß auch das im Rahmen einer großen Welttournee im Jahre 1910 erfolgte Gastspiel von John Philipp Sousa, Erfinder des Sousaphons und Komponist unzähliger Märsche, darunter die *Stars und Stripes,* mit seiner »schmissig gedrillten Kapelle«. Sousa war übrigens kein Amerikaner, zumindest nicht von Geburt an, er stammte aus Leipzig und hieß Siegfried Ochs. Nach der Auswanderung hatte er seinen Namen auf die beiden Initialen SO beschränkt und denen lediglich das USA hinzugefügt.

Erwähnenswert auch, daß Richard Strauss während seiner Berliner Zeit als Hofkapellmeister auch bei »Kroll« über zwei Jahre hinweg (1901 bis 1903) mit dem damaligen Berliner Tonkünstler-Orchester eine Reihe »Moderne Konzerte« durchführte und dabei vor allem Werke von Liszt und seine eigenen dirigierte, aber auch einige der seinerzeit noch umstrittenen oder noch unbekannten, fördernswerten Komponisten vorstellte bzw. ihnen die Gelegenheit bot, selbst ans Dirigentenpult zu treten, so Mahler, Schillings, Reznieczek oder Pfitzner.

Entgegen den ursprünglichen Absichten zur großen Renovierung entschied sich die preußische Regierung, nicht zuletzt auf Wunsch Wilhelms II., für den Abriß des Kroll'schen Etablissements und für den Bau einer neuen Königlichen Oper mit nunmehr 2 500 Plätzen (statt der rund 1 500 im Haus Unter den Linden oder der 1 600 bei »Kroll«) an seiner Stelle. Nachdem sie seit 1909 mit Hilfe gezielt vergebener Aufträge, beschränkter Wettbewerbe und schließlich auch eines öffentlichen Wettbewerbs versucht hatte, einen ausführungsfähigen Entwurf zu finden oder besser, sich nicht für einen solchen entscheiden konnte, fragte das Arbeitsministerium letztendlich auch Berlins Stadtbaurat Ludwig Hoffmann, ob er dieses Projekt übernehmen wolle, was er mit einem klaren 'Nein' beantwortete. Zum einen hielt er ein erfolgreiches Arbeiten mit der Generalintendanz der Königlichen Theater als Bauherrn für wenig wahrscheinlich, zum anderen lag ihm zu dieser Zeit mehr denn je daran, in seinen großen städtischen Wohlfahrtsbauten vielen Tausenden ihre bedrängte Lebenslage zu erleichtern, als einem theaterlustigen Publikum Prunkräume zu errichten. »Und ein Prunktheater sollte es werden.«

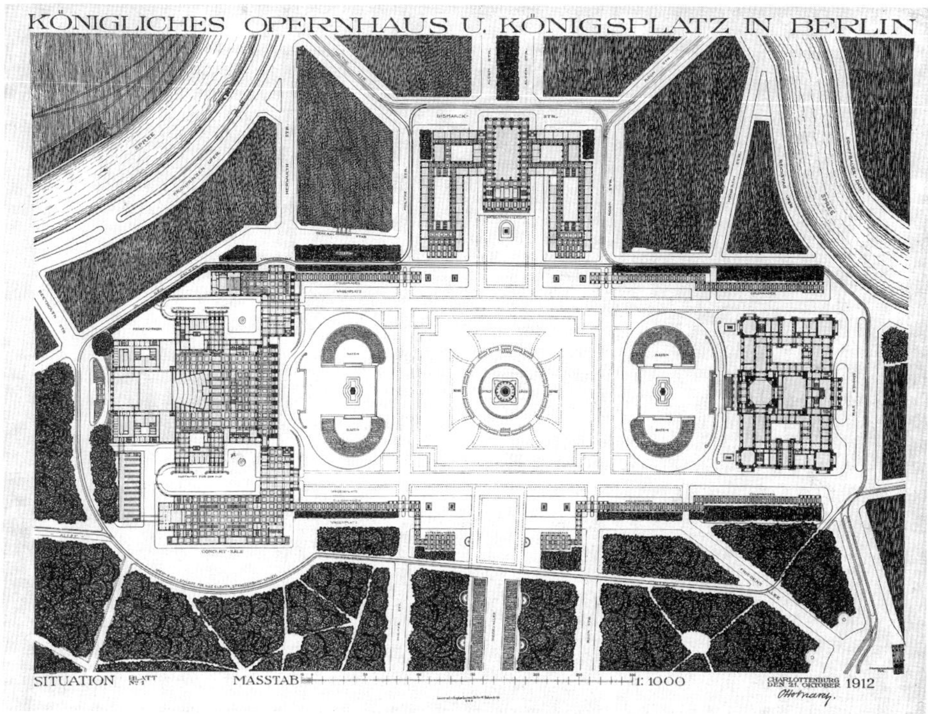

Wettbewerbsentwurf von Otto March, Berlin, 1912

Als er dann im April 1913 erfahren hatte, daß die Bau-Abteilung des Arbeitsministeriums dem Minister vorgeschlagen habe, ihm den Bau zu übertragen, zumal auch Wilhelm II. dies wünsche, letztlich Oberbürgermeister Adolf Wermuth darauf bestand, daß er als Stadtbaurat sich einer für Berlin so wichtigen Aufgabe nicht entziehen könne, erschien ihm trotz »anfänglicher Weigerung« ein Beharren auf dem »ablehnenden Standpunkt« nicht länger opportun.

Der Vorlage erster Grundriß- und Fassadenskizzen schon im Mai 1913, weiter entwickelter Entwürfe im November, folgte Ende Januar 1914 in einem dafür eingerichteten Atelier in der Großen Querallee hinter dem Kroll'schen Etablissement die Präsentation auch eines Modells vor dem Kaiserpaar, das sich mit der Konzeption Hoffmanns, auf dem ausgedehnten Platz einen auf einheitlicher Grundlage entwickelten Baukörper in der für den Betrachter günstigst erscheinenden Form entstehen zu lassen, voll einverstanden erklärte. Nachdem schließlich das Preußische Abgeordnetenhaus am 19. Mai 1914 die erste Baurate bewilligt hatte, schien die Bahn frei zur Ausführung seines Entwurfs. Im Juli begannen die Abrißarbeiten, deren Fortsetzung der Ausbruch des Ersten Weltkrieges wenige Wochen später verhinderte (Hoffmann, Lebenserinnerungen, S.243).

Immerhin scheinen aber diese wenigen Wochen Abriß schon genügt zu haben, um recht deutliche Spuren zu hinterlassen. Als nämlich die Vorsitzende des Vereins »Nachmittagsheim für verwundete Krieger«, die Frau »Wirkliche Geheime Ober Regierungs Rat« Dr. Hoffmann, bei der Tiergarten-Verwaltung anfragte, ob man für ihre Zwecke ein wenig Blumenschmuck besorgen könne, begründete sie diesen Wunsch damit, daß ihr Verein für »Aufräumungsarbeiten sowie erneute Anlage der Canalisation, Wasser und Gas« schon 1000 Mark

Lageplan für den Neubau eines Königl. Opern-Theaters, Berlin, 1913

Zweigverein Berlin des Vaterländischen Frauenvereins.
Eine Rheinfahrt
Fest
zum Besten des Baufonds
eines Vereinskrankenhauses
am 2 u. 3 Februar
bei Kroll
Beginn an beiden Tagen um 6 Uhr Nachmittags.
Gesellschaftstoilette oder Reise-Costüm.
Eintrittskarten zu 10 und 6 Mark bei:

um 1900

habe aufwenden müssen. Und dies betraf allein den Gartenbereich. In der Tat war bereits die ganze Bühne aufgerissen, einzelne Bauteile zu irgendeiner neuen Verwertung beiseitegelegt, denn davon erhoffte man sich, einen Verkaufspreis von insgesamt 2,5 Millionen Mark zu erzielen. Der offene Bühnenboden glich, nachdem viele Jahre sich das Regenwasser in ihm hatte sammeln können, nahezu einem Schwimmbassin. Und die halbwegs noch intakten Säle und sonstigen Räumlichkeiten nutzte seit 1915 die »Zentralsammelstelle der Reichswollwoche«, die das ganze Etablissement mit Wolle und Lumpen anfüllte.

Bald nach der November-Revolution 1918 bat der neue preußische Kultusminister Adolf Hoffmann (USPD) den Stadtbaurat Ludwig Hoffmann, an Stelle der Königlichen Oper ein »Volksopernhaus« zu projektieren. Er habe darüber auch schon mit Richard Strauss gesprochen, der während seiner Berliner Jahre über zwei Spielzeiten hinweg (1901 bis 1903) mit dem damaligen Berliner Tonkünstler-Orchester bei »Kroll« seine »Modernen Konzerte« gegeben hatte. Dieser hielt auf Grund seiner reichen Erfahrungen in den großen Opernhäusern Europas akustisch die Raumform von Wagners Festspielhaus in Bayreuth für die beste Lösung. Um möglichst vielen Menschen einen Kunstgenuß bieten zu können wollte man nun sogar 3 000 Plätze im Zuschauerraum unterbringen. Ludwig Hoffmann gedachte dafür das Parkett in einer steileren Höhenkurve so anzulegen, daß jeder Besucher über die Köpfe der vor ihm Sitzenden hinweg die Akteure auf der Bühne in voller Gestalt hätte sehen und diese umgekehrt durch die stark ansteigenden Sitzreihen in eine viel nähere Beziehung zum Publikum hätten treten können. Richard Strauss erschien diese Idee gar als Ei des Columbus, doch fehlte nun das Geld zu ihrer Verwirklichung (Hoffmann, Erinnerungen, S.251; Reichhardt/Schäche, L. Hoffmann, S.79).

Das Kroll'sche Etablissement oder das, was von ihm im Krieg oder den unmittelbaren Nachkriegswochen übriggeblieben war, hatte mittlerweile die Bauverwaltung aus ihrer Zuständigkeit in die des Finanzministers entlassen. Und dieser hatte, wie aus einem Aktenvermerk der Tiergarten-Verwaltung vom 5. Juni 1919 hervorgeht, in einem Erlaß vom 12. April bereits entschieden, daß der Opernhausneubau nicht ausgeführt wird. Dann aber geschah über ein Jahr lang nichts. Eine auf Grund entsprechender Klagen vom Polizei-Bauamt I am 30. Juli 1920 durchgeführte Besichtigung ergab: »Das Grundstück ist stark verwahrlost, da es sich längere Zeit ohne jegliche Aufsicht befunden hat. Fenster und Türen sind zumeist gestohlen, die Scheiben der wenigen noch vorhandenen Fenster zerschlagen. Das Bühnenhaus steht im Keller unter Wasser. Der Putz der äußeren Ansichten ist in großen Flächen heruntergestürzt. Die Außenmauer der Terrasse am Königsplatz ist stellenweise eingefallen. Das ganze Gebäude erweckt von hier aus gesehen den Eindruck einer Ruine. In baupolizeilicher Hinsicht wird nur die Instandsetzung der Mauer am Königsplatz zunächst gefordert werden können, da das Gebäude im übrigen nicht benutzt wird, Personen also nicht gefährdet sind.«

Wenige Tage zuvor war von der Volksbühne, die angesichts der Ungewißheit der politischen Entwicklung den Plan, außer ihrem 1913 eingeweihten Schauspielhaus am Bülowplatz (heute Luxemburgplatz) noch ein Volks-Opernhaus zu bauen, als undurchführbar hatte aufgeben müssen, mit dem preußischen Staat ein Vertrag abgeschlossen worden, der ihr das Grundstück gegen eine geringe Pacht für 25 Jahre überließ, wohingegen sie die Verpflichtung übernahm, eine Beschleunigung der Bauarbeiten zu veranlassen. In dem dann so neu geschaffenen Volksoperntheater sollten Kräfte der Staatsoper Unter den Linden spielen. Doch von der fortschreitenden Geldentwertung blieb auch die Volksbühne nicht verschont, was es ihr unmöglich machte, den begonnenen Umbau von »Kroll« aus eigenen Mitteln zu beenden. Sie bat deshalb den preußischen Staat um Unterstützung, deren sozialdemokratisch geführte Regierung

Luftaufnahme des Königsplatzes, um 1935. Links: »Kroll«, rechts der Siegessäule der »Generalstab«, im oberen Bildrand rechts »Ulap-Gelände«

unter Otto Braun es für ihre Pflicht hielt, den ursprünglichen Gedanken, breiten Schichten des Volkes selbst in der Notlage der Inflationsjahre einen Opernbesuch zu ermöglichen (eine Aufgabe, der der Knobelsdorff-Bau Unter den Linden in seiner räumlichen Beengtheit nicht gewachsen war), nicht einfach fallen zu lassen. Sie gewährte daher der Volksbühne die erforderlichen Mittel zur Beendigung der Bauarbeiten. Der Vertrag erfuhr eine Abänderung insofern, als nunmehr das fertige Haus Eigentum Preußens blieb, in dem allabendlich die Staatsoper spielte, und der Volksbühne auf die Dauer von 25 Jahren stets die Hälfte der täglichen Eintrittskarten stark ermäßigt für ihre Mitglieder zur Verfügung stand.

Der Umbau mußte aus verschiedenen Gründen mehrfach unterbrochen werden, so daß sich das Ende immer wieder hinauszögerte. Nur unter Aufbietung aller Kräfte gelang schließlich doch noch die Fertigstellung. Mit der Durchführung der Arbeiten hatte die Volksbühne Oskar Kaufmann beauftragt, der schon ihr Haus am Bülowplatz und daneben die Theater in der Königgrätzer Straße (heute Hebbel-Theater in der Stresemannstraße) und am Kurfürstendamm gebaut hatte. Wenn es für ihn schon kein weiterer Neubau sein konnte, so hat er es doch als eine besondere Herausforderung empfunden, ein Bauwerk von einiger historischer Bedeutung den veränderten Bedürfnissen und Zwecken anzupassen, und so eine harmonische Einheit zwischen alt und neu herzustellen, da das Kroll'sche Etablissement für ihn zu den Wahrzeichen Alt-Berliner Kultur zählte, »die kein Mensch von lebendigem Gefühl einfach verschwinden sehen möchte«. Schließlich sei »diese Fassade von einfacher Schönheit für mehr als drei Generationen Schauseite einer mit unzähligen wertvollen Erinnerungen verknüpften Stätte gewesen.«

Was war vom alten »Kroll« übriggeblieben! »Von außen sehr viel – von innen fast nichts.« Und hierin lag für Kaufmann die spezifische Schwierigkeit, nämlich: Erhaltung der historisch-ehrwürdigen Fassade – übrigens auf Verlangen des Stadtbaurats Ludwig Hoffmann –, zu-

Sonnabend, 16. Mai
BERN HARD
KUNSTANSTALT HOLLERBAUM & SCHMIDT BERLIN·N·65
Maienfest bei Kroll
zum Besten des Allgem. Deutschen Schulvereins zur Erhaltung des Deutschtums im Ausland.
Eintritt 4 Mk. Familienkarten (für 3 Personen) 10 M.
Erhältl. im Festbureau Hôtel Reichshof: Wilhelm-Str. 70a, und bei Kroll

16. Mai 1903

16. November 1909

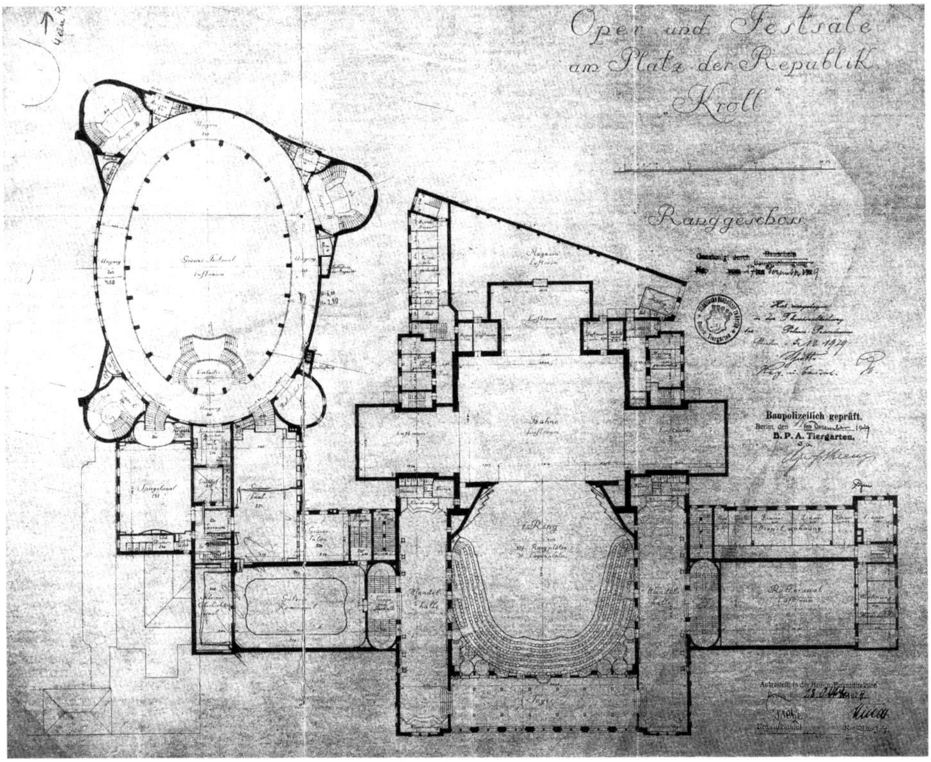

Grundriß des Ranggeschosses, 1929

gleich aber nicht nur eine bedeutende Vergrößerung von Zuschauerraum und Bühne, sondern vor allem eine wesentliche Umgestaltung. Durch Versetzung der Fassade an den vorderen Rand des alten Terrassenraums schuf er sich die Möglichkeit, um den früher durch seitliche Zugänge erreichbaren Zuschauerraum breite Gänge zu führen, die modernen Ansprüchen an Bequemlichkeit und Sicherheit genügten. Die Vergrößerung des Zuschauerraums erreichte er zunächst dadurch, daß dieser eine akustisch und optisch zweckmäßig abgerundete Form erhielt, viele Seitensitze einbüßte, ferner dadurch, daß die Sitzreihen in den Bereich des alten Bühnenraums verschoben wurden. Sodann schuf er einen zweiten Rang unter demselben Dach, wodurch er die größtmögliche Bühnennähe aller nun fast 2 500 Plätze erreichte. »Also Deutschlands größtes Opernhaus.«

Die Bühne war um den zum Zuschauerraum geschlagenen Platz nicht verkürzt, vielmehr nach hinten und seitlich so erweitert worden, daß jetzt bei einer ungewöhnlichen Breite eine Tiefe von 28 Metern hinter der Rampe lag. Vom Maschineriedirektor der Linden-Oper, Georg Linnebach, war ein hydraulisch versenk- und schiebbares Bühnensystem nach modernster Konstruktion angelegt worden. Da der neue Szenenstil stark mit Scheinwerfern arbeitete, deren Unterbringung bislang irgendwo im Zuschauerraum improvisiert werden mußte, wurden sie hier erstmals planmäßig dort eingebaut, um je nach Bedarf direktes, indirektes oder konzentriertes Licht zu liefern.

Ein besonderes Problem beim Opernbau bildet jeweils der Orchestergraben. Wenn bei Gluck oder Mozart etwa 50 Musiker dort sitzen, so umfaßt das Orchester bei Wagner und

Luftaufnahme der Kroll-Oper, 1935.
Im Vordergrund die von Oskar Kaufmann geschaffenen neuen Säle und der Garten

Richard Strauss rund 120 Orchestermitglieder, so daß ein variabler Orchesterraum das Ideal blieb. Als Annäherung an dieses Ideal empfand er seine Lösung, diesen ganzen Bereich in drei Zonen versenkbar zu machen, was die Möglichkeit eröffnete, vom Orchester nicht benötigte Abschnitte mit Parkettreihen zu besetzen. Bei der inneren Ausstattung des Raumes »zwang die Zeit wie die Idee des Hauses zur tunlichsten Einfachheit«. Die Verwendung edler Hölzer stand natürlich außer Frage, da man auf Holzpaneele aus akustischen Gründen nicht verzichtete, mußten Tanne und Fichte genügen, und die, so meinte Kaufmann, bilden schließlich das Material, das die Geigenbauer für ihre Instrumente wählen; beide Hölzer konnten also »für ein Haus der Klänge weder unwürdig noch ungünstig sein«.

Um den Zuschauerraum waren »Außenwerke großen Umfangs gelagert«. Vom Parkett führten vier breite Treppen nach verschiedenen Richtungen hinab und direkt ins Freie, und je vier ebenso stattliche Anlagen verbanden den ersten und zweiten Rang unmittelbar mit der frischen Luft. Im Erdgeschoß waren die alten »Tunnels« aus der Urzeit von »Kroll«, »so schätzbar sie als Ort zarter Abenteuer für manchen Besucher der Alpenbälle in Erinnerung weiterleben mögen«, für eine Kassenhalle und eine große zentrale Garderobenanlage mit einer Fläche von beinahe 1 000 Quadratmetern geopfert worden.

Mit großer Sorgfalt hatte sich Oskar Kaufmann der Erneuerung der Gartenanlage zugewandt. Zwar waren große Terrassen und eine Freilichtbühne angelegt worden, doch die Hauptaufgabe lag hier nicht im Erbauen, sondern im Erhalten: »Von den schönen alten Bäumen ist

nach Ahlbeck
24
Januar
FRANZ HERDA
Ein „Sommernachtsball am Ostseestrand"
„Im neuen königlichen Operntheater = Kroll =
Vorverkauf in sämtl. Theaterkassen von A. Wertheim
— in allen Filialen von Paul Kuhl —
u. in der Geschäftsstelle (Kerkaupalast) Behrenstr.) Tel. Ztr. 8635

um 1910

Ein Kirchweihfest
in Grass Lutentümpel
(Alpenfest)
am 8 ten
bei Kroll Febr.
Vorverkauf in sämtlichen
Theaterkassen von A. Wertheim
allen Filialen von Paul Tuhl
u. in der Geschäftsstelle
(Kerkaupalast – Behrenstr.)
Tel. Ztr. 8635
FRANZ HERDA 11

1911

Restaurant Kroll, Aufnahme 1936

kein einziger gefällt worden«, vielmehr waren mehrfach neugezogenen Wände, wenn sie mit den alten Stämmen kollidierten, dem Baumbestand so angepaßt worden, daß die Bäume einen Bestandteil der Architektur bildeten.

Mit der Eröffnung des Theatersaals am 1. Januar 1924 war für Oskar Kaufmann die Arbeit bei »Kroll« aber noch nicht beendet. Neben Ver- und Nachbesserungsarbeiten, die sich über das ganze Jahr 1924 hinzogen, hatte er von der Preußischen Bau- und Finanzdirektion, der Nachfolgebehörde der alten Ministerial-, Militair- und Bau-Commission, den Auftrag erhalten, einen neuen großen Festsaal zu schaffen, der rund 5 000 Menschen aufnehmen konnte. Bei seiner Einweihung am 1. Februar 1928 erntete Oskar Kaufmann in der Öffentlichkeit weithin einhellige Zustimmung. So meinte die *Berliner Morgenpost* (Nr. 59 v. 1. Febr.): »Die Weltstadt Berlin hat neue, weltstädtische Festsäle bekommen, die Anspruch darauf erheben, unter allen Vergnügungsstätten der Reichshauptstadt die größte Besuchermenge aufnehmen zu können ... Der neue Kroll, der an die alten Räume angebaut ist, wird vielleicht berufen sein, die vornehme Tradition der Vergangenheit wieder aufzunehmen und der neuen Gesellschaft des jungen Deutschland wieder den Sammelplatz zu bieten, der in Verbindung mit dem Namen Kroll historische Bedeutung hat ... Oskar Kaufmann hat den neuen Saalbau geschaffen, dessen Herz ein elliptisch geformter Riesensaal geworden ist ... [mit] einer Länge von 47 Metern bei einer größten Breite von 34 und einer Höhe von 14 Metern. Zwischen 22 Marmorpfeilern sind 30 Logen eingebaut, in denen unwahrscheinlich viele Gäste Platz finden ... Neben diesem Goliath des Saalbaues sind noch vier weitere Säle und zwei Salons entstanden, die in gediegener, sachlicher Vornehmheit auf Ornamentik verzichten und ihre künstlerischen

Restaurant Kroll, Galerie Römersaal, Aufnahme 1936

Wirkungen lediglich geschmackvoller Solidität verdanken. Hier sind die Wände mit rotem Damast bespannt, dort von Ludwig Kainer mit Malereien geschmückt ... Ein besonderer Vorzug ist die im Erdgeschoß kreisrund angelegte Garderobe, von der aus man auf vier verschieden gefärbte Treppen in den großen Saal gelangt, so daß sich jeder Gast sofort nach der Farbe orientieren kann, auf welchem Wege er das Fest zu verlassen und seine Garderobe abzuholen hat ... Dann sei schließlich noch eine Lautsprecheranlage von phantastischer Leistungsfähigkeit erwähnt ... mit ihrer 16000fachen Verstärkung, die alle Säle miteinander verbinden kann.«

Mit den neuen Sälen erhielt die Gastronomie bei »Kroll« neuen Auftrieb, mit der es seit Übernahme des Etablissements durch die Generalintendanz der Königlichen Theater stets gehapert hatte. Ein in seiner Branche sehr geachteter Mann, der Gastwirt Cäsar Moritz, der 1895 »Kroll« für 100000 Mark gepachtet hatte, verlor im Verlauf weniger Jahre durch diese Pacht sein ganzes Vermögen, die Gerichtsvollzieher avancierten zu Stammgästen und »der alte verarmte Moritz kam mit seiner Frau sogar auf die Bank der Verbrecher wegen Bankrotts. Im Urteil prägte sich die Teilnahme für das Schicksal des hartgeprüften Kroll-Pächterpaares aus; Moritz wurde zu 40 Mark, seine Frau zu 10 Mark Geldbuße verurteilt« (*Berliner Lokal-Anzeiger*, Nr. 665 v. 27. Dezember 1923).

Im Zuge der Umbau-Arbeiten war schon 1922 eine »Kroll-Wirtschaftsbetrieb GmbH« ins Leben gerufen worden, die unabhängig vom ganzen Theater- und Opernbetrieb arbeitete. Großveranstaltungen nach altem Muster waren dann erst nach Inbetriebnahme der Kaufmannschen Säle möglich, wobei die Polizei die Höchstteilnehmerzahl stets auf 4750 festsetzte. Neben den unzähligen Bällen der verschiedensten Institutionen und Organisationen wie z.B.

um 1925

Restaurant Kroll, der große Festsaal, Aufnahme 1928

dem Verband der Rheinländer in Berlin, dem Arbeitsausschuß des Opernballs, dem Verein für das Deutschtum im Ausland, dem Deutschen Luftfahrt-Verband, der Berliner Winterhilfe, dem Berliner Tonkünstler-Verein, dem Hilfsverein der deutschen Juden, dem Provinzialverband Alt-Berlin, dem Jüdischen Nationalfonds, der Genossenschaft Deutscher Bühnenangehöriger, dem Frauenbund der Deutschen Kolonialgesellschaft, dem Internationalen Varieté-

Kroll-Garten, Aufnahme um 1936

Theater-Direktoren-Verband, dem Reichsverband für Waisenfürsorge, der Modenschau-Vereinigung der Damenschneider-Innung, der Dachorganisation der Filmschaffenden usw., usw. gab's eine Fülle von seiten der Wirtschaftsbetrieb GmbH initiierter Veranstaltungen, wie auch Ausstellungen, Kongresse und Tagungen bis weit in die Kriegszeit hinein. Als Indiz dafür, daß sich die Bewirtschaftung von »Kroll« gelohnt hatte, darf man vielleicht die Tatsache werten, daß der 1926 aus Duisburg gekommene Georg Leussing die Wirtschaftsbetrieb GmbH bis Kriegsende geleitet hat.

So gelungen der von Oskar Kaufmann vollzogene Umbau der Kroll-Oper, offiziell nun »Oper am Königsplatz«, von vielen empfunden wurde, wenngleich die Bühnenbildner der Klemperer-Ära später manches daran auszusetzen hatten, so sehr begleiteten die neue Bühne von Beginn an Fehleinschätzungen und Mißgeschick. Bereits die Eröffnung mit den *Meistersingern* unter Erich Kleiber fand bei der Berliner Kritik nur wenig Gegenliebe. Sehr schnell sollte sich herausstellen, daß die Belastung für die Staatsoper, pro Woche sieben Aufführungen in zwei Häusern zu bieten – wie es das Kultusministerium der Volksbühne versprochen hatte – unerträgliche Formen annahm. Orchester und Chor mußten verstärkt werden. Auch zeigte sich, daß man sehr viel mehr Solisten benötigte, als der Staatsopern-Intendant Max von Schillings ursprünglich vorgesehen hatte. Seit dem Ende der Inflation blieben auch die Einnahmen hinter den Erwartungen zurück. Nach ein paar Wochen schon stellte der Musikkritiker Adolf Weißmann peinliche Fragen zur Debatte: Woher sollte die chronisch kränkelnde Linden-Oper die Ressourcen für ihr zweites Haus am Königsplatz nehmen? Wo waren die Musiker für zwei gute Orchester zu finden, und wo die Sänger, die über das übliche Mittelmaß hinausragten? Für ihn blieb so nur die Feststellung: »Das Niveau der Vorstellungen in der Staatsoper ist beschämend niedrig.« (*Musikblätter des Anbruch,* März 1924)

So steuerte in den folgenden Jahren die Entwicklung auf eine Lösung hin, die konsequenterweise nur in einer wie auch immer gearteten Trennung der beiden Opernhäuser liegen konnte.

1927 bis 1931

Staatsoper am Platz der Republik – Die Ära Klemperer

Vom 19. November 1927 bis zum Juli 1931 erlebte das Kroll'sche Haus, soweit es auch als »Musentempel« diente, fraglos seine fruchtbarsten Jahre. In dieser kurzen Zeitspanne bildete es den »Schauplatz bühnenreformatorischer, revolutionärer Aufführungen und leidenschaftlicher künstlerischer Auseinandersetzungen; geliebt von den einen, gehaßt von den anderen«. Offiziell hieß es zwar »Staatsoper am Platz der Republik«, verkürzt auch »Republik-Oper« genannt, und in der Tat war sie auch *die* Oper der Weimarer Republik – neben Leopold Jessners Schauspielhaus am Gendarmenmarkt gleichsam eine Art Inkarnation ihres kultur- und kunstpolitischen Willens –, aber kaum jemand benutzte diese Bezeichnungen; im allgemeinen Bewußtsein blieb sie ganz selbstverständlich die »Kroll-Oper«. Spricht man heute von ihr, so ist recht eigentlich nur jene Zeit Ende der 20er Jahre gemeint. Für die wenigen Älteren, welche die Aufführungen noch erleben durften, eine tief eingeprägte, unauslöschliche Erinnerung, für alle Jüngeren eine schlechthin legendäre Institution, in deren musikalischem Zentrum ein Künstler stand: der Dirigent Otto Klemperer.

Nachdem es dem preußischen Kulturminister Carl Heinrich Becker Anfang Januar 1926 trotz erbitterten Widerstandes von nahezu allen Seiten endlich gelungen war, Max von Schillings als Intendanten der Staatsoper abzulösen, hatte man für ihre Leitung interimistisch eine Kommission eingesetzt, bestehend aus den Dirigenten Leo Blech und Erich Kleiber, dem Regisseur und späteren Direktor Ludwig Hörth sowie Georg Winter, einem Verwaltungsbeamten. Nach einem Interview mit dem *Berliner Tageblatt* (22. April 1926) reihte Ludwig Hörth in seinem im Juli fertiggestellten Memorandum noch einmal Argument an Argument für den Nachweis, daß »Kroll« als Filiale der Linden-Oper scheitern müsse und beide Häuser nun einmal kein Zweigespann unter kollegialer Führung bilden können. Das preußische Kulturministerium reagierte prompt mit dem Beschluß einer »Verselbständigung« der Kroll-Oper. Nachdem die von seiner Seite schon 1923 angeregte Verpflichtung Klemperers an die Staatsoper am Widerstand des seinerzeitigen Intendanten Max von Schillings gescheitert war, setzte er nun alles daran, ihn für Berlin zu gewinnen. Sechs Tage nach Bekanntgabe der Berufung Heinz Tietjens zum neuen Generalintendanten der Staatsoper unterrichtete das Ministerium am 22. September die Öffentlichkeit von Klemperers Engagement.

Sein Vertrag erfüllte im Grunde eigentlich alle Wünsche, die er schon 1923 in einem Entwurf niedergelegt hatte: Vertragsdauer zehn Jahre; »in vollem Umfang« Direktor und musikalischer Leiter; Unabhängigkeit von der Staatsoper in allen künstlerischen Fragen; jährlich eine Reihe von Konzerten mit der Preußischen Staatskapelle (unter dieser Bezeichnung firmierte das Orchester der Staatsoper, wenn es nicht im Orchestergraben sitzen mußte); freie Auswahl von Mitarbeitern. Es schien, als habe Klemperer endlich sein Ziel erreicht: ein eigenes Haus mit der Möglichkeit, seine Ideen ungehindert in die Praxis umzusetzen.

Bei diesem so hoffnungsvoll erscheindenden Beginn unterliefen dem Preußischen Kultusministerium zwei »Geburtsfehler«, die sich zu einer immer stärkeren Belastung der ganzen Unternehmung auswuchsen und letztendlich wesentlich mit zu seinem Abbruch beitrugen. Es hatte nämlich das Einholen der Zustimmung zweier Instanzen versäumt, deren wohlwollende Unterstützung eine nicht unwesentliche Bedeutung für den Erfolg der künftigen Arbeit hatte. Trotz enger Kontakte zur Volksbühne war versäumt worden, sie gebührend darauf vorzubereiten, welches Ausmaß an Veränderung die künstlerische Physiognomie von »Kroll« durch Otto Klemperer und seine Mitarbeiter erfahren würde. Noch gravierender war der unverständliche Verzicht, sich für die Errichtung der unabhängigen Kroll-Oper des Einverständnisses der maßgebenden Herren im Finanzministerium zu vergewissern.

Nur mit Mühe und Not gelang es, einen Eklat zu vermeiden – doch »Kroll« erhielt keinen eigenen Etat, sondern wurde aus dem allgemeinen Etat der Staatsoper finanziert; Klemperers vielbeschriebene Selbständigkeit war von vornherein, da nicht er, sondert Tietjen die letzte Entscheidung bei den Ausgaben zu treffen hatte, eingeschränkt. Gleichwohl, Tietjen hielt sich, zumindet in der Anfangszeit, an die vertraglich fixierte künstlerische Unabhängigkeit, und Klemperer besaß volle Freiheit in der Zusammenstellung seines Ensembles.

Den praktischen Arbeitsbeginn begleitete eine ganze Reihe schwerer Komplikationen. Die Umgestaltung des Knobelsdorff-Baus Unter den Linden, die ursprünglich schon im Frühjahr 1927 abgeschlossen sein sollte, verzögerte sich um fast ein Jahr, so daß das dortige Ensemble weiter im »Kroll«-Haus gastieren mußte. Der neu zu formierenden »Kroll«-Mannschaft blieb es so verwehrt, sich im eigenen Domizil einzurichten. Sie war gezwungen, die Proben für neue Produktionen an verschiedenen Stellen der Stadt durchzuführen – so in einem Opern-Verwaltungsgebäude in der Oberwallstraße, »wo es nach Bürokratie und Akten roch«, dann auf einer improvisierten Bühne einer unbenutzten Ausstellungshalle im Schloßpark Bellevue. »Alles war verzettelt, alles enervierend«. Doch trotz oder vielleicht gerade wegen dieser Erschwernisse entstand bei allen Mitwirkenden ein Zusammengehörigkeitsgefühl, das, solange die Kroll-Oper existierte, eine der entscheidenden Grundlagen für die Qualität ihrer Arbeit bildete. Die für die Anfangsmonate bestimmten Werke – Beethovens *Fidelio*, Smetanas *Kuß*, Verdis *Luisa Miller* und Janaceks *Sinfonietta* – gewannen unter primitivsten Probenverhältnissen, ohne jede Andeutung der Atmosphäre eines Theaterraums, erste Gestalt. Nicht ausgeschlossen, daß diese, eine äußerste Konzentration auf den musikalischen und szenischen Ausdruck verlangende Primitivität auf alle Beteiligten besonders stimulierend wirkte.

Mit der *Fidelio*-Premiere am 19. November 1927, der ersten »Kroll«-Inszenierung, begannen organisatorisch höchst schwierige Monate. Zwei künstlerisch konträre Opern-Organismen mußten sich notgedrungen die Nutzung eines Hauses teilen. »Stumm, fast ohne Kontakte, arbeiteten sie verbissen nebeneinander«. An vier Abenden spielte die Linden-Oper, an drei die Kroll-Oper (im allgemeinen montags, mittwochs und samstags) – »es war schrecklich« (Otto Klemperer). Zudem bediente das mit Musikern überreich ausgestattete Orchester der Linden-Oper noch beide Ensembles. »Gott sei Dank hatte Tietjen nach einem Jahr eingesehen, daß es so nicht weiterging: Nur ein Orchester für zwei Opernhäuser. So wurde es geteilt, und ich (Otto Klemperer) bekam mein festes Orchester.«

Die Aufführung des *Fidelio*, der in einigen Abständen die anderen Neueinstudierungen folgten, stand im Zeichen ungewöhnlicher Hochspannung. Für die letzten Proben und die technische Einrichtung schloß man das Haus für sieben Abende – für Theaterbesessene geradezu ein Alptraum! In den *Blättern der Staatsoper*, die neben den laufenden Programmen zu den Premieren herauskamen, erschien zum Geleit ein Essay des zum engeren Freundeskreis

Otto Klemperer dirigiert eines seiner Konzerte in der Kroll-Oper

des »Kroll«-Ensembles zählenden Philosophen Ernst Bloch, der mit den Worten anhub: »Nirgends brennen wir genauer ...« – eine Formel, die gleichsam zum Motto für die Kroll-Oper avancierte.

Die erste Reaktion auf dieses Ereignis war natürlich geteilt. Doch selbst einige Kritiker, die eine Berufung Klemperers gefordert hatten, zeigten sich konsterniert, verblüfft. Dieses Maß unerbittlicher Genauigkeit hatten sie nicht erwartet. So schrieb Adolf Weißmann in der *B.Z. am Mittag*: »Das Niedagewesene hat sich erfüllt. Nun wissen wir's: was in Wochen, Monaten sich vorbereitet hatte, ist die monomanische Übertreibung neuer Aufführungsgrundsätze; eine Verwirklichung des Dogmatischen, wie ich sie leider befürchtet hatte; eine, wenn man will, großartige Einseitigkeit, die für die Oper schwerwiegend werden könnte. Die unbestreitbare Persönlichkeit Otto Klemperers hat eine gefährliche Tyrannei über alle Höchstverantwortlichen ausgeübt. Es ist Pflicht, künstlerische Selbständigkeit auf ihr Maß zurückzuführen.«

Max Marschalk meinte in der *Vossischen Zeitung*: »Otto Klemperer hat soviel Vorschußlorbeer geerntet wie kein anderer seiner Berufsgenossen ... Wir erwarten Unerhörtes von ihm, ... und es wird ihm schwer werden, die hochgespannten Erwartungen zu erfüllen. Einstweilen hat sein etwas krampfhafter Versuch, sie mit dem *Fidelio* zu erfüllen, eine gelinde Enttäuschung bereitet ... Bei aller Anerkennung der starken, aus menschlichem und künstlerischem Fanatismus emporgewachsenen Leistung muß gesagt werden, daß des Guten ein wenig zu viel geschah, daß ... die Grenzen des Natürlichen, des Selbstverständlichen im Fließen der Musik ... überschritten wurden.«

Und der Doyen der Kritiker-Schar, Oscar Bie, registrierte im *Berliner Börsen-Courier*: »Klemperers *Fidelio* strotzt von jugendlicher Kraft. Seine strenge und unerbittliche Persönlichkeit, die von Mut und Tatkraft zeigt, spiegelt sich in seiner Musik und seiner Regie. Es ist eine Traditionsfremdheit, ... eine wundervolle Verbindung von Kühnheit und Fleiß ... Trotz aller mühsamer Vorbereitung ... kocht das Temperament in Klemperer unvermindert weiter. Er mimt und singt gleichsam die ganze Vorstellung mit ... Ich höre ihm so aufmerksam zu, als hätte ich *Fidelio* nie gesehen ... Ich vergleiche ihn nicht, ich bin im Augenblick so gebannt, daß ich ihm unbeirrt folge, auch wo er andere Wege geht.«

Und der damals am Beginn seiner Kritiker-Karriere stehende Heinrich Strobel nannte in der *Thüringer Allgemeinen Zeitung* die Aufführung gar »eine reformatorische Tat«, die »reinigend« gewirkt habe. »Sie fegte Schlamperei und Mimenroutine hinweg, die seit Jahrzehnten das Kunstwerk überwucherten ... man glaubte, ein neues Werk zu hören. Die strenge Monumentalität ist erschütternd. Von seiner Mission erfüllt, ein Musiker von grandioser Besessenheit, wirft Klemperer alles Traditionelle aus seiner Bühne. Seine Genialität gibt ihm ein Recht dazu ... Ein Triumph für Klemperer und seine Mitarbeiter. Der Einbruch dieser Reform in den Berliner Opernbetrieb war ein epochemachendes Ereignis.«

Auf »eisige« Ablehnung stieß der *Fidelio* auf der »rechten« Seite, so vor allem beim nicht gerade vom Erfolg verwöhnten Komponisten (und später in der NS-»Reichsmusikkammer« eine wenig rühmliche Rolle spielenden) Paul Zschorlich, der in der *Deutschen Zeitung* feststellen zu müssen glaubte: »Herr Otto Klemperer will uns mit einem Stab künstlerischer Handlanger beweisen, daß wir 120 Jahre lang den *Fidelio* falsch ausgelegt und falsch verstanden hätten ... Die Dilettantereien des »Bühnengestalters« Dülberg, der Beethoven geometrisch deutete, waren schlimm. Viel schlimmer aber die grausige Kälte dieser Vorstellung. Nicht ein warmer Ton war darin ... Die Entseelung des *Fidelio* war schlimm. Viel schlimmer aber noch die beschämende Tatsache, daß eine Zuhörerschaft dieser Verunglimpfung noch Beifall klatscht, anstatt vor Empörung aufzuschäumen. Wir anderen aber, wir, die vielen, leben im besetzten Gebiet. Nicht nur in der Politik, sondern auch in der Kunst. Deutsche Schande allerwegen!«

Das Lautwerden scharfer gegnerischer Stimmen erschien dem Ensemble um Otto Klemperer kaum verwunderlich, auch daß von Beginn an die politische Rechte alle demagogischen Register zog und routiniert wie stets mit Mißdeutungen und Unterstellungen arbeitete. Mit wesentlich mehr Aufmerksamkeit hätte »Kroll« aber Haltung und Verhalten der »Obrigkeit« verfolgen müssen. Außer Ministerialrat Leo Kestenberg – wenige Jahre Ferrucio Busonis Sekretär und engagierter Verfechter von dessen musikreformerischen Ideen –, dem für die Etablierung von »Kroll« Hauptverantwortlichen, flüchteten alle anderen »zuständigen Herren« bestenfalls in wohlwollende, faktisch bestimmte Neutralität. Später erst sollte offenbar werden, daß damals schon die nicht nur auf rigorose Sparsamkeit bedachte Oberrechnungskammer, welche die Ziele der Kroll-Oper nachgerade als suspekt betrachtete, die Beseitigung des gerade ins Leben gerufenen Operninstituts ins Visier nahm.

Bei »Kroll« nahm man das widerspruchsvolle Echo nicht weiter tragisch, strebte vielmehr mit größtem Eifer weiter nach einer Erneuerung der Oper, zu der sich alle Beteiligten bekannt hatten. Worin sollte sie bestehen? Es existierte kein doktrinäres Programm, auf dessen Grundlage eine Strategie hätte sich entwickeln lassen. Doch gab es Arbeitsprinzipien, die, bei aller Intensität, mit welcher sie verfolgt und in ihren Konsequenzen erweitert wurden, sich ruhig entwickeln konnten, weil man auf keine spektakulären Wirkungen aus war. Diese Gelassenheit spiegelt sich wieder in den Worten Otto Klemperers Jahrzehnte später auf die Frage nach der Grundidee der damaligen Arbeit: »Eine eigentliche Grundidee kann ich nicht nennen, nur indirekt. In der Tatsache meiner Berufung sah ich ... die Absicht ..., mit mir das Theater aufzubauen. Ich haßte die landläufigen Repertoire-Vorstellungen der Opernhäuser. Ich fand sie unprobiert, z.T. zu luxuriös und dachte mir, darin Wandel zu schaffen, mit anderen Worten: ... es wäre schön, ein Theater zu haben, das kein Repertoire-Theater war, sondern ein Theater für alle Tage, in dem nicht nur zwei- oder dreimal im Jahre eine gute Vorstellung war, sondern an jedem Tag eine Vorstellung, die ihren Standard hielt und sich sehen ließ. Dazu gehörte ein kleineres Repertoire und wesentlich längere Probenzeit.«

Dieses Wollen basierte auf der Überzeugung von der weiteren Existenzfähigkeit der Theatergattung »Oper«, was in den 20er Jahren, als nicht wenige sich künstlerisch besonders fortschrittlich dünkende Kreise der Parole »Die Oper ist tot« huldigten, gar nicht so selbstverständlich war. Der Idee der Notwendigkeit einer generellen Regeneration lag Kritik an den herrschenden Umständen zu Grunde, mit der Klemperer und die Kroll-Oper ja keineswegs allein standen. Das Gefühl für die große »Krise« der Oper war weit verbreitet, begründet vor allem durch ihre Erstarrung in steril gewordenen Formen, die der damaligen Gegenwart nichts mehr zu geben und zu sagen vermochten. »Im Aufführungsstil herrschte das Pathetische neben dem Süßlichen, das verschwommen Mystische neben krasser Banalität. Die Oper wurde in einem Dunst verabreicht, der eine Art Narkotikum und Lockspeise war ...«

Die Prinzipien oder Ideen, nach denen der Aufbau der Kroll-Oper und ihrer Vorstellungen erfolgte, waren die positiven Konsequenzen, die man hier aus den Krisensymptomen des Opernbetriebs zog. Hinter Klemperers Berufung zum Operndirektor stand die Absicht, in der Oper dem Primat der Musik wieder Geltung zu verschaffen. Während in den meisten anderen Fällen sich Regie-, Direktions-, Verwaltungs-, Musik-Interessen oder auch sonstige höchstpersönliche Beweggründe miteinander verwoben, sollte bei »Kroll« die Musik oberstes Kriterium sein. »Nicht orgiastische Überwältigung des Hörers und Zuschauers, nicht artistische Virtuosität, kein großer oder kleiner Firlefanz, keine musikalisch falsche Theatralik, sondern Sauberkeit, Genauigkeit ... Vom Kriterium der musikalischen Reinheit waren alle bei der Aufführung beteiligten Faktoren bestimmt ... Für Klemperer und die Kroll-Oper bedeutet Omnipotenz nicht Diktatur, sondern geistig-künstlerische Verpflichtung.«

Zu den unmittelbar mit der Praxis verbundenen Prinzipien gehörte es, mit den relativ bescheidenen Mitteln auskommen zu können. Das betraf nicht Solisten, Chor oder Orchester, sondern die Inszenierungskosten. Es war keine Frage der Sparsamkeit, um sich die Ministerialbürokratie geneigt zu machen, sondern eine prinzipielle Einstellung, die den Prunk in der Oper ablehnte, weil seine Wirkung längst verbraucht schien. Zugleich hegte man die Überzeugung, daß wenig Geld es leichter mache, sowohl der Versuchung zur Üppigkeit zu widerstehen als auch die Phantasie zu neuen, unkonventionellen Lösungen anzuregen.

Unter allen Opernbühnen jener Zeit war »Kroll« die einzige, die von vornherein mit vielen Wiederholungen jeder einzelnen Einstudierung rechnen konnte. Die sich daraus ergebende Variante des En-suite-Spielplans bildete organisatorisch den Grundpfeiler der Kroll-Oper.

Das die Kroll-Oper leitende Gremium funktionierte kollegial nach demokratischen Grundsätzen. In ihm wirkten Männer, die im Prinzipiellen in der gleichen Richtung dachten und fühlten. Gleichwohl traten bei Regiesitzungen und vielen improvisierten Gesprächen mancherlei konträre Meinungen zutage, wobei jeder jeden respektierte und »durch besonders glückliches Zusammenspiel verschiedener Temperamente ein für die Auseinandersetzung fruchtbares Gleichgewicht entstand«. Differierten die Meinungen allzusehr voneinander, entschied die Mehrheit der Abstimmung. Entscheidend in der ganzen Situation war, daß gemeinhin miteinander, und nicht, wie an Theatern so oft, gegeneinander gearbeitet wurde.

Die oberste Spitze bildete Generalintendant Tietjen, der der Kroll-Oper im wesentlichen freie Hand ließ, auch wenn er ihren Intentionen längst nicht in allem zuzustimmen vermochte und in den letzten Krisenmonaten eine zumindest undurchsichtige Rolle spielte. Als Operndirektor trug Klemperer die künstlerische Verantwortung nicht allein für seine eigenen Vorstellungen, sondern auch für die der anderen Dirigenten und Regisseure. dabei ging es ihm nicht um ein Hineinreden in die Arbeit seiner Kollegen, sondern er wollte mithelfen, auftauchende Schwierigkeiten zu überwinden, Probleme gemeinsam zu diskutieren und Anregungen für den Gesamtplan zu geben. Doch all die damit verbundene verwaltungsmäßige Last schien ihn allmählich zu sehr niederzudrücken, was ihn auf Abhilfe sinnen ließ: »Es kam nun die zweite Saison. Mir wurden die Administrationsgeschäfte viel zu viel. Sie hinderten mich, meine künstlerische Tätigkeit rein auszuführen. Ich teilte also dem Kultusministerium mit, ich möchte als Operndirektor zurücktreten, und man wählte als meinen Nachfolger Ernst Legal«. So kommentierte Klemperer später knapp seine Entscheidung, wie er das auch schon am 5. Juli 1928 gegenüber der *Vossischen Zeitung* erklärt hatte. Kestenberg hingegen behauptete im *Berliner Tageblatt* vom 20. April 1931 im nachhinein, die Initiative für diesen Rücktritt sei vom Minister Becker und von Tietjen ausgegangen. Doch Tietjen meinte Jahrzehnte später, er und Kestenberg seien beauftragt gewesen, Klemperer zum Rücktritt zu bewegen.

Der Kasseler Staatstheater-Intendant Ernst Legal – nach 1945 bis 1952 Intendant der Deutschen Staatsoper, die wegen ihres zerstörten Hauses Unter den Linden bis 1954 im Admiralspalast am Bahnhof Friedrichstraße spielen mußte – übernahm also im Sommer 1928 das Amt des Operndirektors; als er Anfang 1930 die Nachfolge Leopold Jessners im Schauspielhaus am Gendarmenmarkt anzutreten hatte, trat Hans Curjel als verantwortlicher Stellvertreter in Funktion. Klemperers Rücktritt blieb ohne die von vielen befürchteten Folgen. Die Arbeit der ersten Spielzeit, bestimmt durch die Homogenität des leitenden Gremiums, hatte »Kroll« so in sich gefestigt, daß die Linie für die kommenden Aufgaben klar vorgezeichnet war. Klemperers innere Beteiligung am Schicksal von »Kroll« blieb gleich stark, ebenso wie seine Bereitschaft, die Verantwortung für das Ganze mitzutragen.

Neben ihm wirkten über die Jahre hinweg Alexander von Zemlinsky und Fritz Zweig als Dirigenten. Ersterer, Lehrer, Freund und Schwager Arnold Schönbergs, selbst auch Komponist, zuletzt jahrelang in Prag hochgeschätzter Opern-Chef am Deutschen Landestheater, und der zweite, zuvor schon als Kapellmeister in der Großen Volksoper (Theater des Westens) und der Städtischen Oper an der Bismarckstraße, waren Klemperer künstlerisch »koordiniert«, was sich an den ihnen gestellten Aufgaben ablesen läßt. So leitete Zemlinsky Schönbergs *Erwartung*, Milhauds *Armen Matrosen* und die vielumstrittenen avantgardistischen Inszenierungen von *Hoffmanns Erzählungen* und *Butterfly*; Zweig, ein großer Kenner der französischen Oper, leitete neben vielen anderen Werken die Erstaufführung von Janaceks nachgelassener Oper *Aus einem Totenhaus* und Offenbachs *Perichole* in der Bearbeitung von Karl Kraus. Zum engeren Kreis um Klemperer gehörten noch der Bühnenbildner Ewald Dülberg, vorher Professor an der Kasseler Kunstakademie und der Weimarer Bauhochschule, als »unerbittlich genaue, radikale Kraft im Sektor von Bühne und Regie«, sowie Hans Curjel als Dramaturg und musikalisch-literarischer Mitarbeiter, der dem »gesamten Feld der modernen Kunst nahestand«, sowie in den letzten beiden Jahren auch als Regisseur.

Die Regie-Frage war anfangs nur zum Teil gelöst, obwohl für einige Inszenierungen »Männer vom Fach« wie Hanns Schulz-Dornburg oder Hanns Niedecken-Gebhardt zur Verfügung standen. Klemperer selbst legte immer einen starken Akzent auf sinnvolle, disziplinierte Regie. Wenn er, wie auch Dülberg, gelegentlich selbst diese Aufgabe übernahm, konnte es sich

Bühnenbildentwurf zu »Fidelio« von Ewald Dülberg

Leos Janacek und Otto Klemperer, 1927

stets nur um die Ausnahme von der Regel handeln. Von Legal erwarteten diejenigen, die ihn nach Berlin geholt hatten, eine gemäßigtere, weniger modern anmutende Führung. Curjel erinnerte sich später, daß Legal nach anfänglicher Irritation sich jedoch voll mit der im Hause herrschenden Arbeitsatmosphäre identifiziert habe, so daß die begonnene Regeneration der Oper weitergetrieben werden konnte; zitiert Peter Heyworth den ebenfalls als Regisseur bei »Kroll« tätigen Arthur Maria Rabenalt, der Legal geringschätzig den »Inbegriff eines mild modernen Theaterbeamten« genannt haben soll.

Wesentlich hierfür waren zwei wegweisende Entscheidungen der »Kroll«-Leitung: zum einen das Heranziehen bedeutender Schauspielregisseure zur Inszenierung von Opern, vor allem von Jürgen Fehling und Gustaf Gründgens, zum anderen, nicht weniger folgenreich, die Bühnengestaltung Vertretern moderner Malerei zu übertragen, so den Mitgliedern des Bauhauses, László Moholy-Nagy und Oskar Schlemmer, sowie dem Protagonisten der *pittura metafisica*, Giorgio de Chirico; dazu kam noch die Elite der jungen deutschen Bühnenbildner, zunächst Caspar Neher, dann Traugott Müller und Teo Otto, den Dülberg als seinen Assistenten mitgebracht hatte. Namen, die auch nach dem Zweiten Weltkrieg noch eine große Rolle im deutschen Theaterleben spielen sollten.

Zum Sänger-Ensemble gehörte eine relativ große Zahl jüngerer Kräfte, darunter Tilly Blättermann, Irene Eisiger, Moje Forbach, Käte Heidersbach, Jarmila Novotna, Rose Pauly, Else Ruziczka, Marie Schulz-Dornburg, Martin Abendroth, Mathieu Ahlersmeyer, Willi Dom-

Otto Klemperer, Ewald Dülberg und Igor Strawinskij, um 1928

graf-Faßbaender, Hans Fidesser, Iso Golland, Karl Hammes, Fritz Krenn, Charles Kullmann, Albert Peters und Eric Wirl.

Während der ersten Monate von 'Kroll' lieferte das Sänger-Problem in einschlägigen Kreisen ständigen Gesprächsstoff. Man beschuldigte Klemperer, mehr oder weniger provinzielle Kräfte engagiert zu haben, und verglich sie mit den für die beiden anderen Berliner Opernhäuser verpflichteten internationalen Stars. Die Sänger der Kroll-Oper standen vor einer doppelt schwierigen Aufgabe, den an sie gestellten, völlig ungewohnten Anforderungen ihrer maßgebenden Herren gerecht zu werden und sich zugleich gegen einen ganzen Wall von Vorurteilen, Ablehnung und Skepsis durchzusetzen. Die meisten von ihnen schafften es und ließen ihrem Engagement bei »Kroll« glänzende Karrieren auf anderen Bühnen folgen.

Hinter der gegen Klemperer gerichteten Polemik, dem man überdies Vergewaltigung und Überbeanspruchung der Stimmen vorwarf, standen diametral entgegengesetzte Auffassungen zur Funktion der Stimme in der Oper. Die eine räumte der Stimme, dem »bel canto« in verschiedenster Gestalt, auch in den Werken von Wagner und Strauss die erste Stelle ein; die andere betrachtete die Stimme auch in ihrer herrlichsten Ausprägung im wesentlichen nur als die selbstverständliche Voraussetzung zur musikalisch-dramatischen Realisierung der Oper.

Nach den Konsequenzen für die Sänger aus den künstlerischen Arbeitsprinzipien befragt, gestand der noch über Jahrzehnte hinweg renommierte Gesangspädagoge Fred Husler, dem einst die Betreuung beinahe der ganzen bei »Kroll« verpflichteten Sänger-Schar oblag: »Es wurde ja bis zum äußersten gegangen. Die Proben waren endlos, und die Sänger wurden

Bühnenbildentwurf zu »Hoffmanns Erzählungen« (Jaques Offenbach) von Lászlo Moholy-Nagy, 1929

Bühnenbildentwurf zu »Jeux« (Claude Debussy) von Teo Otto

STAATS-THEATER
Staats-Oper
am Platz der Republik

Berlin, Sonntag, den 6. Mai 1928

72. Karten-Reservesatz
(Außer Abonnement)

Vorstellung für den Volksverband der Bücherfreunde
(Es gelangt nur eine beschränkte Anzahl von Eintrittskarten an der Abendkasse der Staatsoper am Platz der Republik zum öffentlichen Verkauf)

Don Giovanni

oder: Der bestrafte Wüstling

Dramma giocoso in 2 Aufzügen von Lorenzo da Ponte / Uebersetzt von Hermann Levi
Musik von **Wolfgang Amadeus Mozart**
Musikalische und szenische Leitung: Otto Klemperer
Bühnengestaltung: Ewald Dülberg

Don Giovanni . . . . Carl Hammes
Donna Elvira . . . . Käte Heidersbach
Der Comthur . . . . Martin Abendroth
Donna Anna, seine Tochter . . . . Rose Pauly
Don Octavio, ihr Bräutigam . . . . Hans Fidesser
Leporello, Don Giovannis Diener . . . . . . Oskar Kalman
Masetto, ein Bauer . . . . Iso Golland
Zerline, seine Braut . . . . Irene Eisinger

Zur Begleitung der Rezitative: Stutzflügel aus dem Magazin der Firma Grotrian-Steinweg, Bellevuestr. 14

Größere Pause nach dem ersten Aufzug
Sobald das Klingelzeichen zum Beginn der Ouvertüre ertönt, werden die Eingangstüren zum Zuschauerraum geschlossen
Es wird darauf hingewiesen, daß das Vorspiel ohne Unterbrechung in den 1. Aufzug übergeht

Vorverkauf der Eintrittskarten täglich vormittags von 10 bis 2 (14) Uhr an den Kassen der **Staatsoper unter den Linden** (Fernsprecher: Zentrum 7215) sowie am **Platz der Republik,** ferner bei **A. Wertheim, Hermann Tietz,** Leipziger Straße 46-49, im **Invalidendank,** Unter den Linden 24, **Kaufhaus des Westens.**

*

An der Kasse gekaufte Eintrittskarten werden nur im Falle der Absetzung einer Vorstellung zurückgenommen. Die Rücknahme der Eintrittskarten erfolgt bis zum Vorstellungstage an den Vormittags- und Abendkassen bis zum Beginn der Vorstellung. Später eingereichte Eintrittskarten können nicht mehr angenommen werden.

*

Preise der Plätze:
1. Parkett (1.–9. Reihe) 10.– RM, 2. Parkett (10.–18. Reihe) 7.– RM, 3. Parkett (19.–26. Reihe) 5.– RM, 1. Ring (1. u. 2. Reihe) und Loge 10.– RM, 1. Ring (3.–6. Reihe) 7.– RM, Oberring (1.–3. Reihe) 3.– RM, (4.–6. Reihe) 2.– RM.

*

In den Eintrittspreisen ist die Garderobegebühr von 0.50 RM, die Sozialabgabe für Schul-, Unterstützungs- und Versorgungszwecke von 0.50 RM und die Garderobe-Versicherungsgebühr von 0.10 RM mit enthalten. Garderobehaftung nur bis 150.– RM; höhere Versicherung nur auf etwaigen Wunsch. (Siehe Aushang im Theater.)

WOCHENSPIELPLAN

Montag, den 7. Mai: 85. Karten-Reservesatz **Der schwarze Domino,** Anfang 20 (8) Uhr
Vorstellung der Volksbühne (Es gelangt nur eine beschränkte Anzahl von Eintrittskarten zum öffentl. Verkauf)
Dienstag, den 8. Mai: 86. Karten-Reservesatz **Der Kuß,** Anfang 20 (8) Uhr
Vorstellung der Volksbühne (Es gelangt nur eine beschränkte Anzahl von Eintrittskarten zum öffentl. Verkauf)
Mittwoch, den 9. Mai: 94. Karten-Reservesatz **Luisa Miller,** Anf. 20 (8) Uhr
Vorstellung der Volksbühne (Es gelangt nur eine beschränkte Anzahl von Eintrittskarten zum öffentl. Verkauf)
Donnerstag, den 10. Mai: **40. Abonn.-Vorstellung** Puccini-Abend: **Der Mantel, Schwester Angelica, Gianni Schicchi,** Anf. 19½ (7½) Uhr
Freitag, den 11. Mai: 147. Karten-Reservesatz (Außer Abonnement) **7. Klemperer-Konzert,** Anf. 20 (8) Uhr
Sonnabend, den 12. Mai: **41. Abonn.-Vorstellung** **Der schwarze Domino,** Anfang 19½ (7½) Uhr
Sonntag, den 13. Mai: 89. Karten-Reservesatz **Don Giovanni,** Anf. 19½ (7½) Uhr
Vorstellung für den Bühnenvolksbund
Vorverkauf zum Kassenpreise nur Wichmannstr. 19, II. Aufg. (Nollendorf 3521–22)
Montag, den 14. Mai: 95. Karten-Reservesatz **Der Arzt wider Willen,** Anfang 20 (8) Uhr
Vorstellung der Volksbühne (Es gelangt nur eine beschränkte Anzahl von Eintrittskarten zum öffentl. Verkauf)

Anf. 19½ (7½) Uhr Ende nach 22½ (10½) Uhr Die Kasse wird um 18½ (6½) Uhr geöffnet

zweifellos stark strapaziert, aber, wie die Zukunft zeigte: es hat keinem etwas geschadet. »Werktreue« war einer der Punkte, auf die an der Kroll-Oper betont Wert gelegt wurde. Dieser Begriff ... stand eigentlich bei unserer ganzen Arbeit obenan. Was verstanden wir darunter? Ja, erst einmal Treue gegen das, was der Komponist im Werk vorgeschrieben hatte. Aber mehr wie das: die Musik durfte dem Sänger nicht den Vorwand liefern, seine schöne Stimme auszuströmen oder private Gefühle auszuleben; und oft ist ja das bei Sängern auch nur noch ein Klischee, ja oft noch eine Selbstimitation des Klischees ...«

Die stimmliche Beanspruchung der Sänger war groß, erinnerte sich auch Moje Forbach: »Klemperer ließ uns fast in jeder Probe alles mit voller Stimme singen. Schonen konnte man sich nicht. Das hat man garnicht gekonnt bei Klemperer, weil er so viel Temperament hatte und einen so mitriß. Es war unmöglich, mit halber Stimme zu singen und zu markieren.«

Die Entwicklung eines musikalischen Darstellungsstils betrachtete man in der Kroll-Oper als eine ihrer Hauptaufgaben. Die traditionellen Operngesten, in früherer Zeit unter ganz anderen Bedingungen entstanden – dekorative Armbewegungen, schablonenhaftes Mienenspiel, Spielbein-Standbein-Wechsel und energische Ausfallschritte, die atemtechnisch begründet wurden –, erschienen vielen Opern-Interessierten in den 20er Jahren als weithin erstarrter Schematismus, der oft genug die Grenzen zur Lächerlichkeit überschritt. Hatten einige Regisseure, stark beeindruckt vom Expressionismus in der bildenden Kunst, versucht, eine emotionale, dynamische Darstellungsform zu entwickeln, so beschritt man in der Kroll-Oper einen anderen Weg: Ihr Ziel lag nicht in der zu rasch ins Ekstatische verfallenden körperlichen Ausdeutung klanglicher und rhytmischer Vorgänge der Musik, sondern in der Entwicklung und Entfaltung des musikalischen Grundgestus, in Grundhaltungen, die in ihren Richtungen nach der Bewegung oder der Stille der Versunkenheit hin variiert wurden – all das mit einem Minimum an Gestik, aber einem Maximum an innerem Beteiligtsein. Am Ende sollte eine natürliche Einheit, eine Durchdringung von Musik und Gestus vor Augen stehen.

Ein erster Blick auf die Reihe der insgesamt 44 »Kroll«-Aufführungen vermittelt den Eindruck von »Normalität«: nämlich die an anderen Opernhäusern mehr oder weniger übliche Dreiteilung von Standardopern des Hauptrepertoires, Einstudierungen selten gespielter Werke und »Modernes«. In der Praxis war der Aufbau der Spielpläne der Kroll-Oper noch mit

STAATS-THEATER

Staats-Oper

am Platz der Republik

2. V. 1929.

Berlin, Donnerstag, den 2. Mai 1929

100. Karten-Reservesatz
(Außer Abonnement)

Vorstellung für den Volksverband der Bücherfreunde
Es gelangt nur eine beschränkte Anzahl von Eintrittskarten an der Abendkasse der Oper am Platz der Republik zum öffentlichen Verkauf

Iphigenie auf Tauris

Tragödie in vier Akten von **Guillard** / Musik von **Ch. W. Gluck**
Musikalische Leitung: Fritz Zweig / Inszenierung: Walter Volbach

Iphigenie . . . . Moje Forbach
Orest . . . . Karl Hammes
Pylades . . . . Alfred Bartolitius
Thoas . . . . Max Roth
Diana . . . . Gusta Hammer
1. Priesterin . . . . Annie von Ledebur
2. Priesterin . . . . Regina Neudahm
Griechin . . . . Ilse Wermter
Tempelwächter . . . . Augusto Garavello
Skythe . . . . Walter Beck

Chöre: Karl Rankl / Spielleitung: Olaf Hinz / Gesamtausstattung: Teo Otto
Größere Pause nach dem zweiten Akt
Keine Ouvertüre

Vorverkauf der Eintrittskarten täglich vormittags von 10 bis 14 (2) Uhr an den Kassen der **Staatsoper Unter den Linden** (Fernsprecher: Zentrum 7215) sowie am **Platz der Republik,** ferner bei **A. Wertheim, Hermann Tietz,** Leipziger Straße 46-49, im **Invalidendank,** Unter den Linden 24, **Kaufhaus des Westens.**

*

An der Kasse gekaufte Karten werden nur im Falle der Abänderung einer Vorstellung bis zu deren Beginn gegen Erstattung des Kassenpreises zurückgenommen. Aenderungen in der angekündigten Rollenbesetzung begründen keinen Anspruch auf Preißermäßigung oder auf Rücknahme oder Umtausch der Eintrittskarten.

*

Preise der Plätze:

Preise	2.—6.			
1. Parkett (1.—9. R.)	10.— RM			
2. Parkett (10.—18. R.)	7.— „			
3. Parkett (19.—26. R.)	5.— „			
1. Ring (1. u. 2. R.) u. Loge	10.— „			
1. Ring (3.—6. R.)	7.— „			
Oberring (1.—3. R.)	3.— „			
Oberring (4.—6. R.)	2.30 „			

In den Eintrittspreisen ist die Gebühr für Kleiderablage mit 0.60 RM und die Abgabe für Wohlfahrtszwecke mit 0.50 RM enthalten. Garderobenhaftung nur bis 150.— RM, höhere Versicherung nur auf Wunsch (siehe Aushang im Theater).

WOCHENSPIELPLAN

Freitag, den 3. Mai: 111. Karten-Reservesatz **Die heimliche Ehe,** Anf. 20 (8) Uhr
Oeffentliche Vorstellung, zugleich Opernzusatz-Abteilung der Volksbühne
Sonnabend, den 4 Mai: **13. Abonn.-Vorstellung Carmen,** Anfang 19½ (7½) Uhr
Sonntag, den 5. Mai: **14. Abonn.-Vorstellung Die Fledermaus,** Anf. 19½ (7½) Uhr
Montag, den 6. Mai: 107. Karten-Reservesatz **Cardillac,** Anfang 20 (8) Uhr
Vorstellung der Volksbühne (Es gelangt nur eine beschränkte Anzahl von Eintrittskarten zum öffentl. Verkauf)

Nach Schluß der Vorstellung Autobus-Sonderwagen ab Oper in Richtung Halensee-Bismarckplatz (Grunewald), Neukölln (Bahnhof) und Schöneberg-Friedenau (Südwestkorso). Fahrpreis 30 Pfennig.

Anf. 20 (8) Uhr — Ende geg. 22½ (10½) Uhr — Die Kasse wird um 19 (7) Uhr geöffnet

einer besonderen Schwierigkeit belastet; denn es galt Rücksicht zu nehmen auf die Dispositionen der beiden anderen Berliner Opernbühnen – Linden-Oper und Städtische Oper. Sogenannte Sperrlisten sollten helfen, die Pläne besser aufeinander abzustimmen. Kollisionen ließen sich dennoch nicht vermeiden, weil allein schon die Zahl der Hauptopern, die vor allem auch das Publikum immer wieder sehen will, verhältnismäßig gering ist. Da die beiden anderen Häuser längst ihr stehendes Repertoire besaßen, geriet »Kroll« natürlich immer ins Hintertreffen, mußte man dort z.B. auf die *Meistersinger* oder den *Rosenkavalier*, von denen eine starke Resonanz beim Volksbühnen-Publikum zu erwarten gewesen wäre, verzichten. Eine weitere Einschränkung bei der Spielplangestaltung hatte die »Kroll«-Intendanz sich selbst auferlegt. Einige der populärsten Werke wie *Tiefland*, *Mignon*, *Bajazzo* u.ä.m. fanden keine Berücksichtigung, nicht aus kunsterzieherischer Schulmeisterei heraus, sondern weil man versuchen wollte, Konzessionen »an den schlechten Geschmack« zu vermeiden.

Die aufgeführten Standardwerke bei »Kroll« – *Fidelio*, *Don Giovanni*, *Freischütz*, *Salome*, *Carmen*, *Fliegender Holländer*, *Hoffmanns Erzählungen*, *Iphigenie auf Tauris*, *Zauberflöte*, *Verkaufte Braut*, *Rigoletto*, *Barbier von Sevilla*, *Hochzeit des Figaro*, *Butterfly*, *Falstaff* – bilden gleichsam Grundtypen, die bei aller Zeitverbundenheit im Augenblick ihres Entstehens zeitlos sind. Die Resonanz dieser Stücke läßt sich an den Aufführungszahlen ablesen, die im Durchschnitt zwischen 60 und 80 Wiederholungen lagen.

Musikalische Qualität und künstlerische Originalität waren auch die ausschlaggebenden Kriterien für die Wahl der nicht zum Standard-Repertoire zählenden Werke. Dazu gehörten Gounods *Arzt wider Willen*, Cimarosas *Heimliche Ehe* als Typ der frühen italienschen opera buffa, Aubers Konversationsoper *Der schwarze Domino*, Puccinis drei Einakter *Der Mantel*, *Schwester Angelica* und *Gianni Schicchi* als Zusammenfassung dreier Varianten des Verismo. Zwei Einstudierungen sollten dem Versuch dienen, Analogien zur Gegenwart aufzuzeigen: mit Aubers Geschichtsoper *Die Stumme von Portici* und mit Marschners *Hans Heiling*, in dem man »eine Präfiguration des Surrealismus« sehen zu können glaubte. Die Besucher aber folgten diesen Bestrebungen ebensowenig wie bei der Aufführung von Charpentiers Pariser Volksoper *Louise*, der schon Gustav Mahler in Wien nicht zu nachhaltigem Erfolg hatte verhelfen können. Doch auch mit den eigentlichen »Ausgrabungen« blieb die Kroll-Oper im Grunde glücklos. Smetanas Spätwerk *Der Kuß* konnte sie ebensowenig durchsetzen wie Gounods

VOLKSBÜHNE

Staatsoper am Platz der Republik

Mittwoch, den 28. Mai 1930, abends 8 Uhr

DIE VERKAUFTE BRAUT

Komische Oper in drei Akten, Text von K. Sabina,
deutsch von Max Kalbeck, Musik von Friedrich Smetana.

Musikalische Leitung: Karl Rankl.

Inszenierung: Ernst Legal.

Kruschina, ein Bauer	Hanz Heinz Wunderlich
Kathinka, seine Frau	Teresa Gerson
Marie, beider Tochter	Käte Heidersbach
Micha, Grundbesitzer	Ernst Lehmann
Agnes, seine Frau	Anna Lipin
Wenzel, beider Sohn	Erik Wirl
Hans, Michas Sohn aus erster Ehe	Artur Cavara
Kézal, Heiratsvermittler	Eduard Kandl
Springer, Direktor einer wandernden Künstlertruppe .	Gerhard Witting
Esmeralda, Tänzerin	Dolly Lorenz
Muff, ein als Indianer verkleideter Komödiant . . .	Walter Beck

Dorfbewohner beiderlei Geschlechts, Kunstreiter

Ort der Handlung: Ein großes Dorf in Böhmen

Im 1. Akt: **Polka**, getanzt von Dorothea Albu, Daisy Spies, Eugenie Nikolaieva, Paul Zeidler, Rudolf Kölling, Walter Junk und Ensemble.

Im 2. Akt: **Furiant**, getanzt von Elisabeth Grube, Eugenie Nikolaieva, Daisy Spies, Edith Moser, Walter Junk, Paul Zeidler, Rudolf Kölling und Ensemble.

Im 3. Akt: **Zirkusszene**: Schlangenmensch: Daisy Spies / Boxer: Melanie Lucia, Dorothea Albu / Clowns: Richard Schöffmann, Karl Hildebrand

Choreographie: Victor Gsovsky / Bühnenbilder: Emil Preetorius

Chöre: Karl Rankl

Spielleitung: Olaf Hinz

Pause nach dem ersten und zweiten Akt

DIE KUNST DEM VOLKE

DER ZETTEL WIRD UNENTGELTLICH VERABFOLGT. ZUSPÄTKOMMENDE DÜRFEN VON DEM SCHLIESSER ERST NACH DEM ERSTEN AKT EINGELASSEN WERDEN

Molière-Oper *Der Arzt wider Willen* oder Verdis Jugendwerk *Luisa Miller* nach Schillers *Kabale und Liebe*. In diesen Fällen hielt Hans Curjel später es für sehr wahrscheinlich, daß es hier wie überhaupt an informativer Zusammenarbeit zwischen »Kroll« und Volksbühne fehlte, wodurch deren Besuchern die musikalischen Werte solcher Opern hätten aufgezeigt werden können. Zweifellos, so fügte er hinzu, habe auch eine Rolle gespielt, daß die Form der Aufführung dieser Werke nicht entschlossen genug die Grenzen des Konventionellen gesprengt hätten.

Es kam sogar zur Aufführung zweier Operetten. Dabei schien die *Fledermaus* ein völlig untauglicher Versuch der Popularisierung durch Harmlosigkeit zu sein; trotz über 70 Wiederholungen in der allgemein gerühmten musikalischen Interpretation durch Zemlinsky bildete die Aufführung »einen ständigen Anlaß berechtigter Reklamationen«. Ein großer Erfolg hingegen war Offenbachs *Perichole* in der Bearbeitung von Karl Kraus beschieden, der sich auch an den Proben mit dem aus Sängern und Schauspielern gemischten Ensemble beteiligt hatte.

Als eigentliches Markenzeichen, als das große Ruhmesblatt der Kroll-Oper galt und gilt noch heute ihre Pflege der zeitgenössischen Oper, wenngleich bei näherem Hinsehen das zeitgenössische Schaffen in ihrem Spielplan proportional nicht oder nur wenig mehr Raum einnahm als an den sonstigen großen Opernhäusern damals, überdies noch Novitäten von Komponisten wie Pfitzner, Schreker, Schillings, d'Albert, Korngold oder Graener den beiden anderen Berliner Opernbühnen überlassen wurden und sie die Jagd nach sensationellen Uraufführungen und die damit verbundene Publizität nicht mitmachte; vielmehr, so schien es zuweilen von außen, bei der Annahme moderner Werke eher zauderte.

Die Entscheidungen darüber, ob diese bei »Kroll« zur Aufführung gelangten, fielen nicht nach Geschmack, Gefallen oder persönlicher Bindung, sondern auf Grund objektiver, fast mit wissenschaftlichem Eifer geführter Untersuchung und der Fragen nach musikalischer und dramatischer Substanz wie nach Stellung und Funktion innerhalb des gesamten Kunstschaffens jener Jahre. Dazu Hans Heinz Stuckenschmidt, damals Musikkritiker der *BZ am Mittag*: »... Es gab überhaupt keine Einrichtung öffentlicher Art in Deutschland, die so stark wie die Kroll-Oper mit den allgemein künstlerischen Ideen zusammenhing. Denn hier war ja nicht nur ein europäischer Herzschlag zu spüren, und zwar ein anderer als der des merkantilen Kosmopolitismus, der im Konzertbetrieb herrschte. Hier wurden ästhetische und geistesgeschichtliche Fragen des Tages und der Epoche in Tat, in Anschauung umgesetzt ...« (Datum?)

Die bei »Kroll« nach gründlicher Beurteilung erfolgten Annahmen moderner Werke betrafen Opern und neben dem Typus Oper stehende Stücke des musikalischen Theaters. Denen aber, so wichtig und notwendig ihre Aufführungen im Rahmen des zeitgenössischen Schaffens auch immer sein mochten, doch ein durchschlagender Erfolg versagt blieb, woran sich bis heute nichts geändert hat. Dazu gehörten aus dem Schaffen Igor Strawinskijs das Opernoratorium *Oedipus Rex* – trotz eines von wenigen Ausnahmen abgesehen von »Bosheit und Dummheit« strotzenden Verrisses der ganzen Berliner Presse (Heinrich Strobel) –, die selten gespielte Buffo-Oper *Mavra*, sein Ballett *Petruschka* und *Die Geschichte vom Soldaten*. Von Paul Hindemith brachte Klemperer den *Cardillac* in einer Neuinszenierung, nachdem er ihn Jahre zuvor schon einmal in Wiesbaden aufgeführt hatte, dann den musikalischen Sketch *Hin und zurück*, woraus der Komponist die Oper *Neues vom Tage* entwickelt hatte, die hier zur

Staats Oper
Am Platz der Republik — Am Platz der Republik

19½ (7½ Uhr) — Freitag, 29. Mai 1931 — 19½ (7½ Uhr)

Erstaufführung

Aus einem Totenhaus

Drei Akte nach F. M. Dostojewskis „Aufzeichnungen aus einem Totenhaus" von Leoš Janaček
Deutsche Übersetzung von Max Brod

Dirigent: Fritz Zweig / Inszenierung: Hans Curjel / Bühnengestaltung: Caspar Neher

Herta Faust	Artur Cavara	Emil Lücke
Martin Abendroth	Gotthold Ditter	Albert Peters
Mathieu Ahlersmeyer	Willy Domgraf-Fassbaender	Fritz Soot
Alfred Bartolitius	Iso Golland	Gerhard Witting
Walter Beck	Charles Kullman	Gustav Werner
Bernhard Bötel	Ernst Lehmann	Hans Heinz Wunderlich

Vorverkauf ab Sonntag, 24. Mai, bei den bekannten Verkaufsstellen

Letzte Inszenierung der Kroll-Oper

Uraufführung kam. Ernst Krenek war in der Spielzeit 1928/29 mit den drei Einaktern *Der Diktator*, *Das geheime Königreich* und *Schwergewicht oder die Ehre der Nation* vertreten, in der darauffolgenden Saison mit der Oper *Das Leben des Orest*. Von den jüngeren Franzosen kamen Darius Milhaud mit seiner Kurzoper *Der arme Matrose* und Jacques Ibert mit der komischen Oper *Angélique* auf die Bühne, an einem Abend zusammen mit Maurice Ravels *L'Heure Espagnole*.

Von größerem Gewicht waren Leos Janaceks nachgelassene Oper *Aus einem Totenhaus* – sie war die letzte Inszenierung der Kroll-Oper überhaupt –, dann Arnold Schönbergs Monodram *Erwartung* und sein Drama mit Musik *Glückliche Hand*, die wegen der musikalischen und spielplantechnischen Schwierigkeiten ein besonderes Wagnis darstellten, und von Weill/Brecht nur die Schuloper *Der Jasager*, uraufgeführt als Gastspiel von Schülern der Akademie für Kirchen- und Schulmusik im Rahmen einer Sonntags-Matinee.

Doch es gab auch Ablehnungen, die, so Hans Curjel, für die Geschichte der Kroll-Oper nicht minder aufschlußreich sind. Typisch dafür war zunächst Jaromir Weinbergers volkstümliche Oper *Schwaynd, der Dudelsackpfeifer*. Unter Hinweis auf die Wahrscheinlichkeit eines besonderen Erfolges bei den Volksbühnenbesuchern empfahl Generalintendant Tietjen das Werk. Das für die Annahme zuständige Gremium jedoch entschied sich dagegen, angeblich weil die Musik bei aller Virtuosität und Wirkungskraft pseudo-folkloristisch wirkte und eine Aufführung sich mit den Grundsätzen der Kroll-Oper nicht vereinbaren ließ; und das obgleich diese Oper überall großen Erfolg verzeichnen konnte und »Kroll« hohe Einnahmen gut hätte gebrauchen können. Der Ablehnung verfielen auch George Antheils Amerika-Oper *Transatlantic*, Josef M. Hauers *Salambo* und Kurt Weills noch vor der *Dreigroschenoper* geschriebene Oper *Na und*. Diese negativen Entscheidungen waren um so prekärer, als zu diesen drei Komponisten von seiten der »Kroll«-Männer enge Beziehungen bestanden.

Ein über fast ein Jahr sich hinziehendes zähes Ringen verursachte die Entscheidung über Brecht/Weills *Aufstieg und Fall der Stadt Mahagonny*. Beide wollten ihr Stück bei »Kroll« uraufgeführt sehen, und auch Otto Klemperer – er hatte die ursprüngliche Kurzfassung (*Das kleine Mahagonny*) bei ihrer Uraufführung in Baden-Baden 1927 miterlebt und war davon sehr angetan – bestätigte schon öffentlich, es zu dirigieren. Als er aber die endgültigen Texte in die Hand bekam, stieß er sich vor allem an einer »Liebes«-Szene, in welcher ein Trupp Männer vor einem Bordell Schlange steht. Alles Bemühen von Weill, Legal und Curjel, ihn zu einer Änderung seiner Haltung zu bewegen, schlug fehl. Curjel berichtete mehr als 30 Jahre später nur von »hartnäckigen, aber fairen Kämpfen« unter den leitenden Herren von »Kroll«. In Wirklichkeit sprach er in einem Brief an Kurt Weill vom 31. Juli 1929 davon, wie sehr er schon das Vertrauen zu Klemperer verloren habe, mit ihm eigentlich gar nicht mehr rechne. Dennoch hoffte er bei diesem noch immer auf eine »Erleuchtung«. Am 6. August suchte er Klemperer ein letztes Mal umzustimmen:

»Sie dürfen es mir ... nicht übel nehmen, wenn ich mich verpflichtet fühle, Ihnen noch einmal zu sagen, daß ich die herbeigeführte Lage für die größte Gefahr halte, der unser Institut bisher ausgesetzt ist, und daß ich glaube, Sie persönlich haben einen Schritt getan, der den von Ihnen selbst ausgesprochenen Zielen ..., die Sie am Operntheater als die Ihrigen bezeichnen, im Wesen entgegen ist ... Es handelt sich um die Frage des künstlerischen Experiments, zu dem man sich bekennt, weil [es] als die Ausdrucksform erwiesen hat, in der die stärksten und wahrsten lebendigen Kräfte vorhanden sind. Wir hatten uns bisher [dafür] eingesetzt aus Gestaltungswillen ... *Mahagonny* ist neben *Oedipus* ... die entschlossenste Äußerung eines neuen musikalischen Theaters ... Aber gerade auch deshalb gehört seine Aufführung zu unserer eigentlichen Aufgabe.«

Bühnenbildentwurf zu »Neues vom Tage« (Hindemith) von Traugott Müller

Die Verhandlungen zwischen den Beteiligten scheiterten endgültig. Am 9. März 1930 erfuhr *Mahagonny* seine Uraufführung unter Gustav Brecher in Leipzig. Die Bordell-Szene war auf Drängen der städtischen Behörden herausgenommen worden, gleichwohl kam es zu einem der größten Opernskandale der Zeit. Klemperer war dabei und hat, laut Hans Heinz Stuckenschmidt, das Theater »wortlos« verlassen. Und noch nach 40 Jahren fand er *Mahagonny* einfach »eine Schweinerei« und schlicht »obszön«. »Ich bin nicht prüde, überhaupt nicht, aber für mich ist da eine Grenze.«

Die erste Berliner Aufführung von *Mahagonny* hat dann Alexander von Zemlinsky am 21. Dezember 1931 dirigiert, aber im 'Theater am Kurfürstendamm', denn zu diesem Zeitpunkt war die Existenz der Kroll-Oper schon längst beendet worden.

Das musikalische, literarische und wissenschaftliche Umfeld der Kroll-Oper zeigte sich in den Premieren als Teil des großen Publikums. Es handelte sich dabei weder um eine Clique noch eine Claque, wie mißmutige Kritiker es zu unterstellen meinten, sondern um eine große Schar von Intellektuellen, deren Spannweite von Albert Einstein bis zum damaligen Nuntius Eugenio Pacelli, dem späteren Pius XII., vom ehemaligen Chef der Heeresleitung, Generaloberst Hans von Seeckt, über Außenminister Gustav Stresemann und Thomas Mann bis zu Bert Brecht reichte. Aus der Rückschau suchte Hans Heinz Stuckenschmidt einmal jene »Atmosphäre geistiger Hochspannung« zu schildern, die solche Abende erfüllte: »Es ist ganz eigenartig und schwer zu beschreiben, wie man [sie] als Stunden empfand, in denen hier das Herz des Weltgeistes schlug. Dieses Theater war auf eine zauberische Weise mehr als ein Kunsttempel ... Man glaubte, moderne soziale Ideen, ... aber auch eine Art moderner Religiosität zu spüren, eine Aura von Kult und Gläubigkeit, die von der Person Klemperers selbst auszustrah-

Bruno Walter, Toscanini, Erich Kleiber, Otto Klemperer, Wilhelm Furtwaengler, 1929

en schien. Tatsächlich traf man in diesen Premieren auch Menschen der verschiedensten geistigen Zugehörigkeit ... Es kam wohl kaum vor, daß jemand von dem, was da gezeigt wurde, gleichgültig gelassen war. Man applaudierte wild, man protestierte pfeifend und gröhlend, aber man schwieg nicht. Man war getroffen. Und dabei war dieses völlig moderne europäische Theater imprägniert vom Geist Berlins, nur an der Spree auf diese Weise möglich und denkbar. Eine Epoche. Unvergeßlich und unwiederbringlich ... Wer dabei war, hat den Geist des 20. Jahrhunderts gespürt.«

Das Echo der Arbeit von »Kroll« in der Publizistik, sowohl in Berlin als auch in der Provinz hielt Curjel mehr als 30 Jahre danach für kein Ruhmesblatt der Musikkritik. Für diese Ablehnung mag man, wenigstens bis zu einem gewissen Grade, auch die Kroll-Oper selbst verantwortlich machen. Nicht einmal in den rund vier Jahren ihres Bestehens lud sie zu einer Pressekonferenz, um für ihre Ideen, Pläne und Absichten Verständnis zu wecken. So stand der weitaus größere Teil der Kritiker der Kroll-Oper fern und blieb ihr fremd. Und von ihrer Seite aus geschah nichts, um diese, dann vor allem in ihrem Existenzkampf sich zusätzlich auswirkende Kluft zu überwinden oder doch zumindest ein wenig mehr einzuebnen.

Um so mehr Respekt verdienen Kritiker wie Oscar Bie, Heinrich Strobel, Klaus Pringsheim, Hans Heinz Stuckenschmidt, Bernhard Diebold, Hermann Springer und Josef Rufer für ihr Bemühen, der Sache von »Kroll« zu dienen und für die ihr zu Grunde liegenden Überzeugungen mit Verve einzutreten; dazu zählten auch die in Mainz und in Wien erschienenen Musikzeitschriften *Melos* und *Anbruch* mit Essays, u.a. von Theodor Adorno, Heinrich Strobel und Hans Mersmann, und Berichten zur Arbeit der Kroll-Oper.

Eine wesentliche Prämisse für den schließlichen Erfolg blieb »Kroll« versagt: die Breitenresonanz bei den Besuchermassen der Volksbühnen-Mitglieder, gleichsam einer der Ecksteine des gesamten »Kroll«-Konzepts, entsprach längst nicht den Erwartungen. Im Zusammenhang mit der Ablösung Max von Schillings' als Opernintendant hatte die Volksbühne gefordert, die Kroll-Oper nun endlich in »ein Kunstinstitut ersten Ranges« zu verwandeln, an dessen Spielplan man dann »hohe Anforderungen« stellen müsse, u.a. auch durch Uraufführungen und Berliner Erstaufführungen der wichtigsten Werke der neueren Musik. Und Monate später erblickte sie in der Ernennung Otto Klemperers, dieses »bedeutenden Mannes«, eine »besondere künstlerische Bereicherung ... und einen außerordentlichen Gewinn für die Zukunft des Berliner Musiklebens«. Mit der nun selbständigen Leitung der Oper am Platz der Republik erfülle sich ein »langgehegter Wunsch« der Volksbühne, denn erst jetzt würde es möglich sein, wie es in anderen Theatern bereits der Fall sei, »Rechte ihrer Mitgliedschaft bei Durchführung eines künstlerischen Programms [zu] erreichen.«

Doch das blieben Blütenträume, die mit der Realität überhaupt nichts zu tun hatten. Weder war die Volksbühne von Leo Kestenberg, dem zuständigen Referenten im Kultusministerium, um eine Meinungsäußerung zur Berufung Otto Klemperers befragt oder auch nur unterrichtet worden, noch hielt er, der engste Beziehungen zur Volksbühne pflog, auf ihren Tagungen sprach und in ihrem Verbandsorgan schrieb, es für notwendig oder opportun, einen Kontakt zwischen dem »Kroll«-Team und der Leitung der Volksbühne zu knüpfen. Man will es nicht glauben: dieser kam erst Anfang 1931(!) zustande, als die Volksbühne sich schon von »Kroll« absetzen wollte. Ebenso hatte Kestenberg, obwohl doch vertraut mit der Mentalität des Besucherstammes, es versäumt oder bewußt unterlassen, Klemperer und seine Mitarbeiter mit den sozialen Zielen und Voraussetzungen der großen Organisation hinreichend vertraut zu machen oder gemeinsame Aussprachen über Spielplan und Aufführungen herbeizuführen. Vielleicht hatte bei Kestenberg, spätestens seit Mitte der 20er Jahre wegen seiner Auffassungen in Kulturpolitik und Musikerziehung unter steigendem politischen Druck von rechts, eine gewisse Resignation eingesetzt. In seinen 1961 publizierten Aufzeichnungen schrieb er zur Eröffnung von »Kroll« mit *Fidelio*: »Schon diese erste Aufführung ließ leider erkennen, daß Publikum und Presse nicht gewillt waren, auf den alten liebgewordenen, routinemäßigen Aufführungsstil zu verzichten. Schon von diesem Tage an begann die verhängnisvolle Problematik der Kroll-Oper, die sich im Laufe der nächsten Jahre immer mehr und mehr verstärken sollte ... Es war bedauerlich, daß gerade das Volksbühnenpublikum, welches der eiserne Bestand der Kroll-Oper sein sollte, vollkommen versagte ...«

Unverständlich aber auch, daß weder das »Kroll«-Team noch die Leitung der Volksbühne jemals die Initiative zu einer Begegnung ergriff. Allerdings war man bei »Kroll«, personell ohnehin knapp besetzt, mit der Bewältigung der künstlerischen Aufgaben voll ausgelastet, so daß man sich nur wenige Zugangsmöglichkeiten zum Volksbühnen-Publikum offenhielt: die Abendprogramme und die bei Premieren zur Verteilung gelangenden *Blätter der Staatsoper*. Von der *Vossischen Zeitung* in ihrer Weihnachtsausgabe 1927 befragt, was seiner Meinung nach das Publikum von der Oper und die Oper vom Publikum erwarte, überging Klemperer den ersten Teil der Frage und antwortete auf den zweiten, er erwarte vom Publikum eine vorurteilslose Einstellung zu alten und neuen Werken, bei denen die Aufführenden als erstes die Pflicht hätten, den Willen des Komponisten zu vollstrecken. Für die von ihm verfolgte künstlerische Linie war diese Bemerkung bezeichnend und eindeutig. Doch zeugte sie zugleich von einer reichlichen Portion Unkenntnis oder auch einem Nicht-zur-Kenntnis-nehmen-wollen der Widerstände und des Unbehagens, auf die eine solche Haltung bei dem künstlerisch weithin unbedarften Volksbühnen-Angehörigen stoßen mußte.

Daß Klemperer und sein Team nie versuchten, das Vertrauen der Funktionäre zu gewinnen oder doch zumindest um ihr Verständnis zu werben, sollte sich als schwere Unterlassungssünde erweisen. Im Gegensatz zur landläufigen Annahme nämlich »lieferte« die Volksbühne der Kroll-Oper keineswegs sichere Abonnenten. Ihre Mitglieder zahlten individuell für jede Vorstellung, die sie sich auswählten, und konnten sich ohne weiteres kurzfristig für jede Vorstellung abmelden, die ihnen nicht behagte. Auf Generalintendant Heinz Tietjens Schreibtisch landeten immer häufiger Klagen über das Repertoire der Kroll-Oper. Volksbühnen-Generalsekretär Nestriepke – der Theaterkritiker Herbert Ihering nannte ihn einmal den »Metternich der Volksbühne« – ließ schon im Mai 1928 in einem Memorandum wissen, daß seine Mitglieder bei einem Angebot von so »abgespielten Spielopern« während der letzten sechs Wochen (gemeint waren *Der Kuß*, *Arzt wider Willen*, *Luisa Miller*, *Der schwarze Domino*, *Fidelio* und die drei Puccini-Einakter) kaum 30% der ihnen zustehenden Karten abgenommen hätten.

Leo Kestenberg hatte sich, als er Klemperers Kroll-Oper konzipierte, um die Volksbühne an wahre Opernkunst heranzuführen, von der idealistischen Vorstellung leiten lassen, es bestünde eine natürliche Affinität zwischen den Repräsentanten einer neuen Gesellschaft und neuen künstlerischen Formen, so daß sich jede vorhandene Kluft zwischen beiden durch Erziehung überwinden lasse. Die Kroll-Oper hat, so lautete das Urteil des Verfassers der Klemperer-Biographie, Peter Heyworth, »für diese gefühlvolle Illusion einen hohen Preis bezahlen müssen«. Und Adolf Weißmann, Kritiker der *BZ am Mittag* soll einmal zu derlei Theorien sarkastisch bemerkt haben, daß »das sogenannte Volk nur die Oper haben will, die auch den wohlhabenden Bürgern vorgesetzt wird ... Sie lieben und ersehnen *Carmen* und *Aida* genau so wie jeder andere.«

Für die Lebensdauer der Kroll-Oper war letztlich aber nicht das Maß der Resonanz bei Publikum und Presse ausschlaggebend, sondern das Zusammenspiel zweier Instanzen, für die künstlerische Fragen oder Ansprüche auf soziale Kunstpflege bestenfalls einen Wert als Argumentationshilfen fürs eigene Handeln besaßen: die staatliche Finanzverwaltung und die politischen Parteien. Die Exponenten entschiedener Gegnerschaft wie entschiedener Befürwortung entfachten einen Meinungsstreit, welcher sich in der Tagespresse und in Zeitschriften dokumentierte und zu Debatten im Preußischen Landtag führte, der schließlich die Entscheidung zu fällen hatte. Überblickt man die ihr vorausgehenden Auseinandersetzungen, erscheinen sie fast als ein raffiniertes Spiel merkwürdig ineinander und gegeneinander wirkender Kräfte, wobei »die gewohnten politischen Fronten« manchmal »bis zur Lächerlichkeit verschoben waren«.

An einem der letzten Tage der Spielzeit 1928/29 tauchte Tietjen plötzlich in Klemperers Diensträumen auf und verkündete »ganz beiläufig«, im nächsten Jahr werde man die Kroll-Oper schließen. »Wir dachten: Er ist verrückt geworden.« Doch genau dies war »der Herr Generalintendant, der alte Machiavellist« mitnichten. Nur hatte er, während Klemperer und seine Mannen voll ihrer künstlerischen Arbeit nachgingen, leidenschaftslos wie immer das Gewölk am Himmel beobachtet, das sich über »Kroll« zusammenbraute. Und zu diesem Zeitpunkt war er sich wohl offensichtlich schon dessen gewiß, daß nichts mehr zu retten sein würde. Doch der Kampf sollte noch gut anderthalb Jahre dauern, und sein Ausgang schien zuweilen keineswegs so sicher zu sein, wie Tietjen das im Sommer 1929 meinte.

Mit einem Prüfungsbericht über die Staatstheater trat dann die Preußische Oberrechnungskammer im September 1929 die Lawine los. Berlin, so ihr Dictum, könne sich keine drei großen Opern »mit mehr oder weniger dem gleichen Repertoire« leisten; vor allem verlangte sie Einsparungen bei der Kroll-Oper. Die sich hier abzeichnenden Gefahren schien man aber abwenden zu können, weil die Presse weitgehend hinter ihr stand, der Haushaltsausschuß des Landtages ihr stabile Einnahmen und in letzter Zeit einen besucherfreundlichen Spielplan bescheinigen mußte und Kultusminister Becker sich schützend vor sie stellte.

Postverlagsort Berlin *Erscheint täglich*

DEUTSCHER THEATERDIENST

AKTUELLE FEUILLETON-KORRESPONDENZ

DEUTSCHER THEATERDIENST

HERAUSGEBER: DR. OSCAR GOETZ

BERLIN SW. 48 / WILHELM-STRASSE 30/31

FERNRUF: BERGMANN 6265-66 DRAHTANSCHRIFT: DEUTHEADI

3. JAHR / NR. 91 SONNABEND, 29. NOVEMBER 1930 ALS MANUSKRIPT GEDRUCKT

Erhaltet die Kroll-Oper!

Eine Kundgebung führender Bühnenleiter

In diesem für die deutsche Kultur so gefährlichen Augenblick würde ich die Schliessung eines Kunstinstitutes, wie es die Kroll-Oper ist, für ein grosses Unglück halten.

Franz Ludwig Hörth

Direktor der Staatsoper Unter den Linden

Ich habe mich schon einmal in der Oeffentlichkeit darüber geäußert, daß ich das Eingehen der Krolloper für einen wesentlichen Verlust im Kampfe um die Daseinsberechtigung der heutigen Oper überhaupt halten würde. Die Krolloper war es, die an weithin sichtbarer Stelle die „kulinarische Oper" (im Sinne Bert Brechts) aus dem Vegetieren im Schlendrian mißverstandener Tradition zu neuem Leben erweckte; sie war es, welche die um einen neuen Operngeist schwer ringende Provinz mit Mut und Hoffnung erfüllte. Fällt ausgerechnet sie der wirtschaftlichen Not oder gar parteipolitischen Intrigen zum Opfer, dann hat das geistige und künstlerische Neudeutschland, soweit es sich nicht rückwärts orientieren will, eine Position und damit eine Schlacht verloren.

HELLMUTH GÖTZE, OLDENBURG.

*

Selbstverständlich ist es immer im höchsten Grade bedauerlich, wenn ein namhaftes Kulturinstitut den wirtschaftlichen Schwierigkeiten unserer Zeit zum Opfer fällt, und man sollte sich mit allen Kräften für die Erhaltung der Krolloper einsetzen, wo seit Jahren wertvolle Arbeit für die Zukunft geleistet wird. Die große Bedeutung der Oper am Platze der Republik scheint mir in erster Linie in der Heranbildung unseres künstlerischen Bühnennachwuchses zu liegen. Die vorzugsweise Beschäftigung junger Kräfte hat zur Folge, daß man vorurteilsfreier und frischer an die Lösung von Problemen herangeht als anderswo. So ist mancher beachtenswerte Erfolg erzielt worden, der sich auch in der Provinz förderlich, manchmal bahnbrechend auswirkte. Auch im Interesse des heute schwer bedrängten Standes der Bühnenkünstler möchte ich wünschen und hoffen, daß sich eine Schließung der Krolloper vermeiden läßt.

RICHARD GSELL, DORTMUND.

*

Ich bedauere die beabsichtigte Schließung der Kroll-Oper nicht allein wegen der mit dieser Schließung verbundenen sozialen Härten, sondern vor allem wegen des künstlerischen Verlustes dieses modernen Operninstitutes, dessen Aufführungen musikalisch meist mustergültig und szenisch äußerst interessant waren. Die Kroll-Oper hat häufig den Beweis erbracht, daß die Einheitlichkeit der Vorstellungen durch ihre Abstimmung von Solo, Chor, Bühnenbild, Licht und Kostümen wesentlichere Eindrücke vermitteln kann, als Vorstellungen mit Prominenten, die sich am Abend erstmalig in gewohnter Weise zusammenfinden.

Obwohl ich weit davon entfernt bin, jedem Experiment zu huldigen, empfinde ich den Verlust dieser Ensembleoper für die Metropole Deutschlands sehr, da sie im Gegensatz zu den Bühnen des Auslandes kein Amüsiertheater war. Wir, die jüngeren Theaterleiter der Provinz, die sich seit Jahren für die Neugestaltung des Opern-Repertoires in der Auswählung und Ausdeutung seiner Werke einsetzen, empfinden diesen Verlust doppelt, der ja zweifellos eine Rückwirkung auf unsere Möglichkeiten zur Verwirklichung unserer Absichten haben muß.

HANNS HARTMANN, CHEMNITZ.

*

Die Krolloper schließen, heißt nicht nur eine der repräsentativsten deutschen Opernbühnen vernichten, es bedeutet den Verlust der geistigen und künstlerischen Führerin des heutigen musikalischen Theaters. Diesen Verlust zu riskieren, können wir uns in unserer führerarmen Zeit nicht leisten.

HERBERT MAISCH, MANNHEIM.

*

Die Krolloper ist die charakteristischste Opernbühne Berlins. Von ihr aus ist mit Konsequenz und Haltung der Vorstoß zur Erneuerung des Theaters gemacht worden. Die Krolloper einbüßen, bedeutet für das ganze deutsche Theater den Verlust jenes Instituts, in dem mit die Entscheidungen für die neue Formung der Oper gefallen sind. Der Rückschlag wäre ungewöhnlich, denn er würde nichts anderes bedeuten, als daß Berlin es der Provinz allein überlassen würde, das Gesicht des Opern-Theaters der Gegenwart zu formen.

HANS MEISSNER, STETTIN.

*

Daß jeder Künstler, der es ehrlich mit der Opernkunst meint, sich mit größtem Nachdruck für die Erhaltung der Krolloper einsetzen muß — darüber braucht hoffentlich nicht diskutiert zu werden. Das sollte um so mehr eine Selbstverständlichkeit sein, als es im Interesse des ganzen deutschen Opernlebens ist — also auch das der eigenen Arbeit andernorts — ein Institut zu erhalten, das den notwendigen, gesunden Wandel der szenischen Erscheinungsform als einen seiner künstlerischen Grundsätze konsequent verficht. (Wobei es vollkommen belanglos ist, wenn diese oder jene Inszenierung im Experimentellen stecken bleibt: das mißglückte Experiment ist immer noch wertvoller als die verstaubte Schablone!) Kein theatralisches Kunstwerk kann auf die Dauer ein uniformes Einheitsgewand vertragen. Die Oper dem Leben erhalten, heißt heute u. a. sie zielbewußt in die Stilumbildung und in den organisch gewandelten Blickpunkt der Generationen stellen. An einer Vielzahl gut und gewissenhaft arbeitender Bühnen hat es in Deutschland nie gefehlt, wohl aber an Bühnen, die den Mut zur Führung, zum folgerichtigen (nicht wahllosen), zeitnahen (nicht ästhetisch orientiertem) Experiment hatten. Also: Erhaltet die Krolloper!

Doch häuften sich zugleich Ereignisse, die den Gang der deutschen Politik insgesamt nachhaltig beeinflußten und eben auch für die Kroll-Oper nicht ohne Auswirkungen blieben. Mit dem Tode von Außenminister Gustav Stresemann Anfang Oktober 1929 und dem Ausscheiden von Kultusminister Becker aus dem Kabinett Anfang Januar 1930 verlor »Kroll« zwei Freunde und Förderer, deren politisches Gewicht und persönliches Prestige in den folgenden Auseinandersetzungen fraglos eine große Rolle hätte spielen können. Die täglich spürbarer werdenen Folgen der mit dem »schwarzen« Freitag in der Wallstreet am 24. Oktober 1929 begonnenen Weltwirtschaftskrise ließen den Ruf nach »Sparsamkeit« wieder anschwellen.

Anträgen der Rechtsparteien auf Schließung der Kroll-Oper, deren Arbeit viele ihrer mit grenzenloser Borniertheit ausgestatteten Abgeordneten ohnehin nur unter der Rubrik »Kulturbolschewismus« einzuordnen vermochten, stemmten sich im Landtag nur SPD und KPD und in der Regierung nur Ministerpräsident Otto Braun entgegen. Als Haupthindernis gegen eine baldige Schließung hatte sich zunächst ein Anfang 1930 allen Landtagsabgeordneten zugeleitetes Memorandum der Volksbühne erwiesen, in welchem sie auf ihre Rechte aus dem Vertrag von 1923 pochte, die ihr eine Mitsprache über das Schicksal von »Kroll« zusicherten.

Doch die Gegner gaben nicht auf. Anfang Mai billigte eine Mehrheit im Landtag den Antrag des Zentrums auf Verhandlungen der Regierung mit dem Berliner Magistrat zur Ventilierung von Möglichkeiten eines »Anschlusses« der Volksbühne an die Städtische Oper, um so die Schließung der Kroll-Oper zu erleichtern. Diese vorgeschlagene Lösung war undurchführbar, bewirkte aber eine Änderung der Situation. Das Zentrum, unentbehrlicher Bestandteil der Koalitionsregierung, hatte damit seine Absicht erkennen lassen, die Bemühungen des Ministerpräsidenten zur Verhinderung einer Schließung von »Kroll« nicht mehr zu unterstützen. Nun kapitulierte auch das Kultusministerium, das der Volksbühne mitteilte, die Schließung nicht weiter verhindern zu können. Die Volksbühne wiederum fügte sich nun ebenfalls ins scheinbar Unvermeidliche. Lammfromm offerierte sie ihre grundsätzliche Bereitschaft, die ihr bei »Kroll« zustehenden Rechte auch an der Städtischen Oper wahrzunehmen.

Was aber hatte die Volksbühne zu ihrem unerwarteten Frontwechsel bewogen? Gewiß war ihr der missionarische Eifer der Gründungsväter längst abhanden gekommen; trotz immer noch schöner Reden und hochtrabender Sprüche waren ihre künstlerischen Ansprüche immer zahmer und konventioneller geworden. Außerdem hatte die doch nun immer rascher wachsende Arbeitslosigkeit in der ersten Jahreshälfte 1930 schon zu einer »erschreckend« hohen Zahl unabgerufener Plätze geführt. Letztlich ausschlaggebend aber dürfte wohl doch gewesen sein, daß sie sich für das »Experiment Kroll-Oper« unter Otto Klemperer nie wirklich hatte erwärmen können. Ihr Generalsekretär Siegfried Nestriepke hatte in einem im Frühjahr 1930 verfaßten Memorandum klar ausgesprochen, was man wollte, nämlich »eine volkstümliche Oper im besten Sinne«, also eine unter jeglichem Verzicht auf künstlerische Wagnisse.

Auf Grund der sich zuspitzenden wirtschaftlichen Entwicklung drängte das Finanzministerium auf Herabsetzung der Zuschüsse für den nächsten Etat. Da Kultusministerium und Berliner Magistrat keine Vereinbarung zustandebrachten, beschlossen Ministerpräsident Braun sowie die Minister Grimme (Kultur) und Höpker-Aschoff (Finanzen) am 10. Oktober die Schließung von »Kroll« mit Ende der Spielzeit 1930/31. Sie konnten diese Entscheidung aber erst am 6. November bekanntgeben, nachdem feststand, daß eine weitere Abnahme der Mitgliederzahl der Volksbühne es möglich machte, ihre reduzierten Platzwünsche an der Linden-Oper zu befriedigen, welche jeweils den Montagabend für sie reservierte.

Erst jetzt wurde man bei »Kroll« wirklich aktiv; es kam zu der schon erwähnten ersten, allerdings völlig unbefriedigend verlaufenen Begegnung mit Vertretern der Volksbühne. Kurz

»Falstaff« 1930. Natalia Saz, Erwin Piscator, Ewald Dülberg und Otto Klemperer

darauf eilten Klemperer und Curjel zu Tietjen, der sie an Kultusminister Grimme, dieser wiederum an Finanzminister Höpker-Aschoff weiter verwies. In all diesen Gesprächen machte Klemperer vor allem deutlich, welcher Frevel darin liege, die Volksbühne mit Geld, das der Kroll-Oper aus allen Schwierigkeiten heraushelfen könnte, dafür zu entschädigen, daß sie aus einem Vertrag ausstiege, den zu erfüllen sie sich außerstande sehe. Mit dieser Argumentation geriet Klemperer eigentlich an die Seite jener rechten Landtagsabgeordneten, die die seit Jahren der Volksbühne zuteilgewordene Vorzugsbehandlung anprangerten. Eine weitere Ungereimtheit: Gerade die Kreise, die am lautesten nach der Schließung von »Kroll« schrien, zeigten sich am wenigsten bereit, jenen Handel zu billigen, der eine Voraussetzung dafür war. Dadurch fand das am 11. Dezember 1930 dem Landtag vorgelegte Übereinkommen zu den Zahlungen Preußens an die Volksbühne weder in der Plenarsitzung acht Tage später noch in denen am 18. und 25. März 1931 eine Mehrheit.

Die Bekanntmachung über die Schließung von »Kroll« am 6. November hatte einen wahren Entrüstungssturm ausgelöst. Nun, da das Ende am Horizont auftauchte, erkannte man plötzlich, welche Bedeutung trotz aller Unzulänglichkeiten ihr zuzumessen war. Ein Blatt nach dem anderen würdigte den einheitlichen Stil, das starke Ensemble und das kühne Repertoire, womit »Kroll« in jeglicher Hinsicht Linden- wie Städtischer Oper merklich überlegen sei. Am 9. November dirigierte Klemperer auf einer Matinée die *Geschichte vom Soldaten* in Anwesenheit Igor Strawinskijs. Als beide auf der Bühne erschienen, überschüttete sie demonstrativer Beifall. Drei Tage danach wunderte sich Strawinskij in einem Interview über die beabsichtigte

Schließung eines »so einzigartigen Instituts«. Denn in keiner zweiten Stadt komme ihm das Publikum mit so viel Verständnis und Interesse entgegen wie in Berlin. Das verdanke er vor allem Otto Klemperer und der Kroll-Oper, »in der nicht nur einzelne, sondern fast alle meine Werke aufgeführt werden, so daß man sich hier ein Gesamtbild von meinem Schaffen machen kann«.

Nach Strawinskij äußerten sich unter dem Stichwort »Rettet die Kroll-Oper« Richard N. Coudenhove-Kalergi, Kurt Weill, Paul Hindemith, Hans Poelzig am 15. November im *Tagebuch*. Dabei fragte Thomas Mann, warum man gerade die Oper, die am wenigsten kostete und den größten geistigen Anreiz bot, als Opfer der schwierigen Zeiten, die die deutsche Wirtschaft durchmache, ausersehen habe: »Weil [sie] eine starke Position der geistigen und kulturellen Linken, weil sie im Schnittpunkte der sozialen und der künstlerischen Interessen und also aller sozialen und kulturellen Verstocktheit ein Dorn im Auge ist. Wenn das Problem der Oper heute noch oder wieder eine geistige Angelegenheit und ein Gegenstand geistiger Auseinanderstzung ist, so ist das in erster Linie das Verdienst *dieser* Institution ...«

Führende deutsche Theaterleute unterstützten die Kampagne. Der Betriebsrat der Staatsoper richtete eine Petition an den Landtag, und die Agitation der Presse nahm an Schwung zu. Man schmiedete verzweifelte und unsinnige Pläne: Angliederung an die Preußische Landesbühne, Umwandlung in ein Wandertheater oder in ein privates Studiotheater, während Tietjen beflissen einen Plan zur Erhaltung mit Hilfe eines populären Programms bei verringertem Zuschuß zusammenzupuzzeln suchte. Für eine doch offensichtlich bereits zum Tode verurteilte Institution zeigte »Kroll«, wenn auch arg spät, eine höchst bemerkenswerte Vitalität und Widerstandsfähigkeit.

Noch bevor Otto Klemperer im Februar 1931 Konzert-Verpflichtungen in London und Rom nachkam, erschien am 27. Januar in der Abendausgabe des *Berliner Tageblatts* sein Artikel »In eigener Sache«. Eigentlich nie ein Mann der Feder, wandte er sich erstmals über die Köpfe von Verwaltung und Politik hinweg direkt an die Öffentlichkeit. Knapp und präzise umriß er seine aus tiefster Abneigung gegen den üblichen Opernbetrieb und die durch diesen gezüchtete Mittelmäßigkeit entwickelte Konzeption, durch die bei zahlenmäßig beschränkten Inszenierungen ein hohes Niveau gehalten werden konnte. Er berief sich darauf, daß die Bindung der Volksbühne an die Kroll-Oper die notwendigen Bedingungen zur Erreichung dieses Ziels hergestellt habe, daß schließlich schon weitgehend erreicht worden war. »Jedes Werk wurde vollständig neu einstudiert und neu ausgestattet. Nie gaben wir mehr als 10 bis 12 Opern gleichzeitig. Das schreckliche Leitmotiv des deutschen Operntheaters: 'Wir haben nicht genug Zeit' war in unserem Hause endlich überwunden. So konnten wir jeder Inszenierung die Festigkeit geben, die ihr selbst im Alltag und gerade bei der naturgemäß sehr zahlreichen Wiederholungen blieb.«

Er konnte weiter nachweisen, daß moderne Werke bei »Kroll« nicht mehr Raum einnahmen als auf den meisten Provinzbühnen; überdies hätten er und seine Mitarbeiter schon 1927 ein Theater aufgerichtet, »das sich aus künstlerischer Einsicht mit den ökonomischen Prinzipien der Zeit deckte. Wir kannten keine Stargagen und keine »Prunk- und Rauschoper«. Wir strebten nach einer »Spiritualisierung« der Oper, nach einer »Neuen Romantik«, wie sie die Zeit geistig verlangte und ökonomisch diktierte. Und jetzt sollen wir mitten auf dem Wege getroffen werden. Wir haben natürlich Fehler gemacht. Zeiten des Elans wurden von Perioden des Zögerns unterbrochen, wie das bei einem langen Feldzug sein muß ... Man will uns die Arbeit aus der Hand nehmen. Sei es drum. Dann muß der »Nächste« das Begonnene fortsetzen. Aber – wann auch immer diese Idee von der Oper wieder aufgenommen werden wird, man wird dort anknüpfen müssen, wo wir aufhören sollen. Man kann unser Theater schließen, aber die Idee kann man nicht töten. Die Idee von der Überwindung des Opernrepertoiretheaters durch die Aufrichtung der Oper für alle Tage, der All-Tags-Oper.«

Sein Gastspiel in Rom nutzte Otto Klemperer auch zu einem Gespräch mit Kardinal-Staatssekretär Pacelli, der als Nuntius in Berlin oft Premierengast in der Kroll-Oper war. Er zeigte Verständnis für Klemperers Sorgen und riet ihm, sich an Prälat Kaas, den Führer des Zentrums, und an den ebenfalls dem Zentrum angehörenden Reichskanzler Brüning zu wenden. Ersterem machte er den utopischen Vorschlag, das Reich möge die Verantworung für »Kroll« übernehmen; und letzterer, von seiner Sparsamkeitswut in allen Bereichen nachgerade besessen, bedeutete ihm, daß nach dem Versailler Vertrag der Umbau der Linden-Oper 1926/28 gar nicht hätte erfolgen dürfen. Deutschland hätte besser daran getan, seine Schulden zu bezahlen. Was ihn betreffe, so betrachte er die Entscheidung zur Schließung der Kroll-Oper als ein verspätetes Zeichen finanziellen Verantwortungsgefühls.

Mittlerweile waren die Dinge im preußischen Landtag wieder in Bewegung geraten. Ein eigens eingesetzter Untersuchungsausschuß unterzog sich seit dem 21. April 1931 der Aufgabe, in den ganzen Fragenkomplex des Verhältnisses Staat – »Kroll«, diesem Dickicht von Verträgen und Absprachen, ein wenig mehr Licht zu bringen. In langen Sitzungen hörte der Ausschuß Ministerialbeamte, Vertreter der Volksbühne, Generalintendant Tietjen, leitende Personen von Seiten des Theaters und Otto Klemperer, der bei seinen Befragungen kein Blatt vor den Mund nahm. Doch noch ehe dieser Ausschuß seine Arbeit abschließen konnte, fielen die Würfel endgültig zu Ungunsten von »Kroll«.

Schon am 26. Februar hatte Finanzminister Höpker-Aschoff dem den Etat der Staatstheater beratenden Ausschuß mitgeteilt, daß alle »Kroll«-Mitarbeiter am folgenden Tag entlassen würden. Da Klemperers Vertrag bis 1937 gültig war, betraf ihn diese Maßnahme natürlich nicht. Gleichwohl drang er nun vor dem Arbeitsgericht auf eine Klärung der Frage, ob er nach einer Schließung von »Kroll« ihm auch an der Linden-Oper der Posten eines »amtierenden

Otto Klemperer vor dem Arbeitsgericht

Otto Klemperer und ein Teil seiner Mitarbeiter auf der Zuschauertribüne des Landtages beim »Todesurteil« über die Kroll-Oper, 25. März 1931

Generalmusikdirektors« zustünde, so wie es seiner Meinung nach entsprechende Passagen seines Vertrages von 1928 vorsahen. Klemperer verlor den Prozeß, nachdem Vermittlungsversuche zur Herbeiführung eines erträglichen modus vivendi zwischen ihm und Erich Kleiber, dem Generalmusikdirektor der Linden-Oper, gescheitert waren.

Am 25. März hatte die Regierung zwar, wie schon erwähnt, wieder keine Mehrheit für ihre Vereinbarung mit der Volksbühne im Landtag bekommen, doch das Zentrum stellte den schon vom Hauptausschuß gut zwei Wochen zuvor gebilligten Antrag auf Schließung der Kroll-Oper, dem sich die Rechtsparteien bei Stimmenthaltung der SPD anschlossen. Nur die Kommunisten, fortan noch die einzigen Verteidiger dieser Bühne, stimmten mit Nein.

In der Atmosphäre unmittelbarer Bedrohung verlief die Spielzeit 1930/31, »die wohl unsere beste war«, wie Klemperer meinte. Vor allem die Inszenierungen der letzten sechs Monate fanden, mit Ausnahme von Janaceks *Aus einem Totenhaus*, bei Presse und Publikum fast einhellige Zustimmung. Diese Reihe begann mit Mozarts *Figaro* unter der musikalischen Leitung Otto Klemperers, inszeniert von Gustaf Gründgens und ausgestattet von Teo Otto. Das ganz besondere dieser Aufführung war nach allgemeinem Urteil das makellose Ensemblespiel, das noch das geringste Detail einbezog. Klemperer galt als der Held des Abends. Zur Bestürzung aller feindseligen Kritiker, die die Schließung des Theaters verlangten, wurde er, sobald er sich zeigte, mit tumultartigem Beifall überschüttet, junge Besucher auf der Galerie skandierten seinen Namen – eine Demonstration! Hätten Klemperer und sein Ensemble, schreibt sein Biograph Peter Heyworth, »einen solchen Erfolg etwas eher in ihrer bunten Geschichte gehabt, so wäre der Kampf und das Theater vielleicht ganz anders ausgegangen«.

Dem *Figaro* folgten noch Puccinis *Madame Butterfly*, von Zemlinsky dirigiert, dann noch die Erstaufführung von Offenbachs Operette *Perichole* und als letztes von Klemperer einstudiertes Werk Verdis *Falstaff*. Die letzte Premiere bei »Kroll« überhaupt war *Aus einem Totenhaus*. Als sie stattfand, war Klemperer schon nicht mehr in Berlin. Zum Entsetzen von Curjel und anderen Mitarbeitern hatte er im Januar 1931 das Angebot eines fünfmonatigen Gastspiels im Teatro Colon in Buenos Aires akzeptiert, was bedeutete, daß er in den letzten zehn Wochen der Spielzeit »Kroll« nicht mehr zur Verfügung stand.

Am 3. Juli schloß die Kroll-Oper endgültig ihre Pforten – mit dem *Figaro*. Als der Vorhang fiel, stand das Publikum auf wie ein Mann. Das gesamte Personal des Hauses betrat die Bühne. Ein alter Freund Klemperers aus Hamburger Tagen, Edgar Schmidt-Pauly, klagte Landtag, Regierung und vor allem Finanzminister Höpker-Aschoff an. Curjel erwiderte von der Bühne aus. Jede Nennung von Klemperers Namen wurde fast erstickt von Beifallsstürmen. »Dann verloschen die Lichter. Man verließ das Haus ergriffen und bitteren Herzens. Eine Epoche europäischer Opernkultur liegt hinter uns.« (H.H. Stuckenschmidt)

Aber aus Buenos Aires war kein Zeichen von Klemperer gekommen. Der Generalintendant Tietjen befand sich in Bayreuth, und das Kultusministerium hatte es für überflüssig gehalten, einen Vertreter zu schicken. »Die Männer, die die Kroll-Oper aus der Taufe gehoben hatten, verließen sie in ihrer letzten Stunde.« Curjel muß danach offensichtlich bitter geklagt haben. Klemperer antwortete u.a.: »Ich wollte zur Schlußvorstellung telegraphieren. Aber was sollte

Oper
Am Platz der Republik

Berlin, Freitag, den 3. Juli 1931

Anfang 19 1/2 (7 1/2 Uhr)

150. Vorstellung

Oeffentlicher Kartenverkauf bei den üblichen Verkaufsstellen

Anfang 19 1/2 (7 1/2 Uhr)

Letzte Vorstellung in der Staats-Oper Am Platz der Republik

Vorstellung zu besonders ermäßigten Preisen

Die Hochzeit des Figaro

oder **Der tolle Tag**

Komische Oper in vier Akten von **W. A. Mozart** / Text von Daponte, deutsch von H. Levi
Musikalische Leitung: Fritz Zweig
In Szene gesetzt von Gustaf Gründgens

Letzte Vorstellung der Kroll-Oper am 3. Juli 1931

ich sagen? Jedes Wort schien mir banal, ja lächerlich. Nach all dem, was ich *vergebens* für unser Theater *getan* und *geopfert* habe, schien es mir unmöglich, Worte zu machen. Es gibt Todesfälle, bei denen man nicht mal kondolieren kann. Sie machen mir Vorwürfe über meine Taktik bei meinen Bemühungen um die Rettung unseres Theaters. Wie unrecht. Wenn eine Taktik keinen Erfolg hatte, ist noch lange nicht gesagt, daß sie falsch war ... Meinen Prozeß habe ich in vollem Bewußtsein meines eindeutigen Rechtes für *unsere Oper* geführt, mein Recht wird dadurch nicht gemindert, daß ich bisher juristisch Unrecht bekam und sehr viel Geld verlor ... Im übrigen, ich kann nur fünf Worte sagen, die sogar mein Feind mir lassen muß: ich tat, was ich konnte.«

Die Väter der Kroll-Oper hatten, so jedenfalls sieht es Peter Heyworth, viel zu spät bemerkt, daß die beiden Aufgaben, mit denen sie sie betrauten, im Grunde sich gegenseitig ausschlossen. Nach der Schließung räumte Heinrich Carl Becker ein, als Kultusminister der irrigen Annahme unterlegen zu sein, daß gerade ein unverbildetes Publikum Sinn für progressive Kunst haben müsse. Verantwortlich für diesen Irrtum zeichnete vor allem Leo Kestenberg mit seinen »hochgemuthen Glauben«, daß in der Brust jedes Arbeiters ein heimlicher Aufklärer und Förderer neuer Musik schlummere, und das man mit »Bildung« die tiefe Kluft zwischen den Massen und allen Erscheinungsformen moderner Kunst, eben auch in der Musik, schon werde überwinden können. Ohne Kestenbergs Idealismsus wäre »Kroll« zwar nie entstanden, aber der auf realitätsfernen Vorstellungen beruhenden Konzeption einer »Republik-Oper« lieferte er zugleich eine nicht geringe Portion Nägel zu ihrem Sarg.

Natürlich unterliefen »Kroll« auch künstlerische Fehler. Man irrte sich bei der Wahl oder Ablehnung von Stücken. Die Neuerungen auf szenischem Gebiet erwiesen sich keineswegs als so praktikabel und überzeugend, wie man es sich gedacht hatte. Ewald Dülberg, der wie kein

13. August 1931
Rivadavia 1757

Lieber Curjel! Endlich, endlich,
endlich ein Brief von Ihnen.
Sie schreiben, mein Schweigen
war Ihnen unfassbar.
Umgekehrt, Curjel, Ihr Schweigen
war mir unfassbar! Denn die
Telegramme ohne Begründung
ohne Aufklärung mussten mich
doch völlig erstarren machen.
Ich wollde zur Schlussvorsdellung
delegrafieren, aber was sollde ich
sagen? Jedes Wort schien mir
banal, ja lächerlich. Nach all dem
was ich vergebens für unser Theader
gedan und geopfert habe, schien
es mir unmöglich Worte zu
machen. Es giebt Todesfälle,
bei denen man nicht ein Mal
condolieren kann.
Sie machen mir Vorwürfe über
meine Taktik bei meinen Bemü-
hungen um die Rettung unseres
Theaters. Wie unrecht!
Wenn eine Taktik keinen Erfolg

hatte, ist noch lange nicht gesagt,
dass sie falsch war.
Mein Optimismus in puncto
Kroll basierte nicht auf Freund-
schaft oder Feindschaft von
rechts und links sondern einzig
und allein auf den 2 Millionen
Mark, die nach Ihrer Aufstellung
fest garantiert waren.
Ich habe einen grossen, ja Kada-
strofalen Fehler gemacht, dass ich
nicht auf schriftlicher Garantie
bestand (seitens der Verbände)
ehe ich mich bei der Regierung
dafür stark machte. Hätte ich im
April erfahren, dass dies unmöglich
sei, so hätte ich anders gehandelt.
Meinen Process habe ich im vollen
Bewusstsein meines eindeutigen
Rechtes für unsere Oper geführt,
mein Recht wird dadurch nicht
gemindert, dass ich bisher juristisch
Unrecht bekam und sehr viel
Geld verlor. In diesem Process
ist sehr viel Samen gestreut worden,
der mir persönlich vielleicht nur
Nachteile, der Sache sicher Gutes
zum

bringen wird. Im Übrigen,
ich kann nur fünf Worte sagen,
die sogar mein Feind mir lassen
muss: ich tat, was ich konnte.
— Ich glaube auch nicht, dass
ich mir bei unseren wahren Freunden
geschadet habe. Diese dürften sich
doch in erster Linie in dem „Verein
der Freunde der Krolloper" finden,
also halten sie doch zu uns.
Ich erfuhr von der Gründung dieses
Vereins durch die Zeitung in der
zweiten Augustwoche. Ich telegrafier-
te sofort an Reinhardt und
Schnebel um zu danken.
Offengestanden, so freundlich
wie diese Gründung ist, so wird
ja ihre Macht zu klein sein, um
helfen zu können. —
Ich habe mich sehr über den Totenhaus
erfolg gefreut. Welch ein schöner
und ehrenvoller Abschluss.
Überhaupt, konnten wir auch nur
in unseren Träumen hoffen, jemals
so einstimmiger Teilnahme zu finden,
wie grade die letzten Monate unserem
Theater brachten. Ist das nicht schön?

4)

Ich meine für die Sache schön.
Gewiss persönlich ist es jetzt
schrecklich, glauben Sie mir für
mich nicht minder wie für Sie,
wenn ich auch weiss, dass Sie es
materiell noch viel schwerer haben.
Hier war auch viel Unruhe und Krise
Demission des Direktors und jetzt
eine aufgehäufte Arbeit für
mich: Figaro italienisch, den
ganzen Ring und Ende September
noch Concerte. Die Theaterarbeit
ist hier rasend schwer, da Alles
im Urzustand ist.
Offengestanden, ich denke mehr an
den kommenden Winter als an
die Arbeit hier und das sind schwere
Gedanken. Wollen Sie mir nicht,
wenn irgend etwas Wichtiges geschehe
würde, ein Telegramm schicken?
(ich will gerne die Auslagen ersetzen
Das Schlimmste ist hier die weite
Entfernung. — Gehen Sie doch etwas
fort, trotz alledem. Ich könnte viele
gute Worte sagen, aber ich lasse es lieber.
Bleiben Sie gesund. Grüssen Sie Frau
und Kind. Ich denke an die
vier Jahre zurück und weiter voran.

Also in guten Gedanken Ihr alter
Klemperer

Meine Frau grüsst Sie Alle schön!

Brief Klemperers aus Argentinien vom 13. August 1931

Erscheint täglich

DEUTSCHER THEATERDIENST

THEATER – FILM – RUNDFUNK – SCHALLPLATTE

DEUTSCHER THEATERDIENST

CHEFREDAKTEUR: DR. OSCAR GOETZ

VERLAG: DEUTSCHER THEATERDIENST E. V.

BERLIN W 15 / JOACHIMSTHALER STRASSE 24

FERNRUF: J 2 OLIVA 3845-46 DRAHTANSCHRIFT: DEUTHEADI

4. JAHR NR. 138/139 6./7. JULI 1931 ALS MANUSKRIPT GEDRUCKT

DAS ENDE VON KROLL.

Matthieu Ahlersmeyer (Graf), Käte Heidersbach (Gräfin), Willy Domgraf-Fassbaender (Figaro), Irene Eisinger (Susanne), Hertha Faust (Cherubin), Marie Schulz-Dornburg (Marcelline), Martin Abendroth (Bartolo), Waldemar Henke (Basilio), Albert Peters (Don Curzio), Hansheinz Wunderlich (Gärtner), Sophie Oevrevik (Bärbchen), Ilse Wermter, Ilse Pfuhl (Brautjungfern), Alfred Bartolitius (Schreiber), Georg Heckel, Theodor Kiendl (Gerichtsdiener), Teo Otto (Gesamtausstattung), Karl Rankl (Chöre), Olaf Hinz (Inspizient), Zweig (musikalische Leitung), Gustaf Gründgens (Regie). Das sind die Namen der Künstler und Künstlerinnen, die auf dem Theaterzettel jener herrlichen und tieftraurigen Vorstellung zu lesen waren, mit der man am 3. Juli die Staatsoper am Platz der Republik, im Volksmunde seit Jahrzehnten „Krolloper" genannt, schloß. Es war die schönste Aufführung, die man wohl je dort sah. Mit größter Begeisterung waren Künstler und Künstlerinnen dabei und aus dieser Begeisterung entsprangen Höchstleistungen, die eine vollendete Aufführung zur Tat werden ließ. Die Mehrheit der Mitwirkenden wurde seinerzeit gewürdigt, als Klemperer selbst im Januar dieses Werk herausbrachte. Willy Domgraf-Fassbaender — schon damals vortrefflich — ist als Figaro mittlerweile noch mehr in die Rolle hineingewachsen. Man kann sich kaum denken, daß irgendein anderer Künstler ernsthaft mit ihm als Figaro konkurrieren könnte. An Stelle von Fritz Krenn singt Matthieu Ahlersmeyer, diese vortreffliche Neuentdeckung der Krolloper, den Grafen Almaviva mit vollem Einsatz einer weichen, ungewöhnlich schönen Baritonstimme. Käthe Heidersbach, Irene Eisinger, Marie Schulz-Dornburg und die anderen sind aus der Premiere bekannt. Neu ist nur noch Hertha Faust, die an Stelle von Jermila Novotna den Cherubin sang und einen sensationellen Erfolg einzuheimsen wußte. Wundervoll, ganz wundervoll die Sattheit der Stimme dieser jungen Künstlerin. Sie, soeben nach Nürnberg verpflichtet, hat einen großen künstlerischen Weg vor sich.

Der Jubel des Publikums am Schluß dieser Vorstellung kannte keine Grenzen. 25 Minuten lang applaudierte man, 25 Minuten lang rief man immer wieder die Künstler vor den Vorhang, und als schließlich aller Tradition des Hauses zuwider der Vorhang wieder emporgezogen wurde, holten die Solisten die Chorsänger, die Orchestermitglieder, die Bühnenarbeiter, ja, die Garderobiers auf die Bühne, um ihnen dort für ihre Hilfsarbeit zu danken, die sie jahrelang anonym, dem Publikum unbekannt, und doch so wichtig für den Gesamtbetrieb, geleistet haben. Ein Herr aus dem Publikum sprach Worte des Dankes. Dr. Hans Curjel, einer der geistigen Führer des Unternehmens der fleißigste und sachlichste Arbeiter im Kampf um seine Erhaltung, dankte namens des Personals. Eine gewisse Hoffnung, Kroll doch noch zu erhalten, ist nach seinen Worten vorhanden. Hoffentlich wird nicht diesmal auch wieder aller Optimismus getäuscht.

Auffallend aber keineswegs mehr überraschend war, daß dieser Schlußaufführung dieses Opernhauses niemand von der Generalintendanz, niemand aus dem Ministerium beiwohnte. Nur Franz Ludwig Hörth, der Chef der Lindenoper war unter den Zuschauern zu sehen. Generalintendant Tietjen mag vielleicht formell, keineswegs aber stichhaltig durch seinen Aufenthalt in Bayreuth entschuldigt sein. Aber das Ministerium und seine so zahlreichen unbeschäftigten Herren in der Theaterabteilung? Vielleicht haben diese Kunstbeamten doch mittlerweile doch schon etwas wie ein böses Gewissen zu verspüren gelernt. Das wäre immerhin ein Trost, ein Hoffnungsschimmer.

Sollte Kroll nicht wieder auferstehen, so gilt nun alle Hoffnung der Städtischen Oper. Kroll hat selbst mit seinem Abschiedsabend den Weg nach der Bismarckstraße gewiesen. Diese Figaro-Inszenierung von Gustaf Gründgens beruht — das wurde damals bereits anläßlich der Premiere festgestellt — bei aller künstlerischen Selbständigkeit in seiner geistigen Entstehungsgeschichte auf dem Figaro, den vor drei Jahren Carl Ebert als seine erste Operninszenierung in Darmstadt herausbrachte, fußt geistig auf den Standpunkt, den Ebert seinerzeit in Wort und Schrift vertreten hat, daß auch dieser graziöse Mozart richtig nur als Gesinnungsstück, als musikalisch untermalter Beaumarchais gegeben werden kann. Die Krolloper holte sich damit — dreißig Vorstellungen in fünf Monaten — ihren sensationellsten Erfolg, ebenso wie Darmstadt, das diesen Figaro all die Jahre auf dem Spielplan zu halten gezwungen war. Was Kroll war, muß nun die Stadtoper werden. Bleibt Kroll doch noch erhalten, so wird Berlin zwei moderne Opernhäuser haben. Keineswegs aber wird man von der Stadtoper — das muß hier betont werden — die Wandlung vom musealen zum zeitnahen Opernbetrieb von heut zu morgen erwarten dürfen. Kroll gebrauchte, obgleich neu aufgebaut, Jahre um zu wirklich vollendeten Höchstleistungen (Falstaff, Figaro, Butterfly, Totenhaus) zu kommen. Bei der Stadtoper muß mancher umlernen. Das kann unter Umständen noch etwas länger dauern und gebietet Geduld bei Publikum und Presse. og.

*

Kroll-Oper in Zahlen. 44 Werke wurden in der Zeit vom 19. November 1927 bis zum heutigen 3. Juli, an dem die Kroll-Oper ihre Pforten schließen muß, in diesem Haus gespielt. Beethoven: „Fidelio" 65mal; Smetana: „Der Kuß" 15mal; Verdi: „Luisa Miller" 33mal; Mozart: „Don Giovanni" 55mal; Gounod: „Arzt wider Willen" 19mal; Strawinsky: „Oedipus Rex" 11mal; „Mavra" 3mal, „Geschichte vom Soldaten" 11mal; Wagner: „Der fliegende Holländer" 60mal; „Puccini: „Der Mantel" 14mal, „Schwester Angelika" 14mal, „Gianni Schicchi" 32mal; Hindemith: „Cardillac" 19mal; Cimarosa: „Heimliche Ehe" 22mal; Johann Strauß: „Fledermaus" 73mal; Krenek: „Der Diktator" 8mal, „Das geheime Königreich" 8mal, „Schwergewicht" 8mal; Weber: „Der Freischütz" 84mal; Richard Strauß: „Salome" 63mal; Bizet: „Carmen" 87mal; Offenbach: „Hoffmanns Erzählungen" 60mal; Gluck: „Iphigenie in Tauris" 28mal; Hindemith: „Neues vom Tage" 15mal; Ravel: „Spanische Stunde" 15mal; Milhaud: „Der arme Matrose" 17mal; Ibert: „Angelique" 16mal; Marschner: „Hans Heiling" 32mal; Mozart: „Zauberflöte" 46mal; Smetana: „Die verkaufte Braut" 36mal; Krenek: „Leben des Orest" 9mal; Auber: „Die Stumme von Portici" 20mal; Verdi: „Rigoletto" 33mal; Schönberg: „Erwartung" 4mal, „Glückliche Hand" 3mal; Rossini: „Barbier von Sevilla" (Premiere 4. Oktober 1930) 27mal; Debussy: „Jeux" (Ballett) 3mal: Hindemith: „Hin und zurück" (Sketsch) 2mal; Charpentier: „Louise" 11mal; Mozart: „Hochzeit des Figaro" (Premiere 25. Januar) 30mal; Puccini: „Madame Butterfly" 26mal; Offenbach: „Perichole" 15mal; Verdi: „Falstaff" 14mal; Janàcek: „Aus einem Totenhaus" 6mal. Jede Vorstellung hatte Niveau, jede Leistung war künstlerisch wertvoll. Und das hat man jetzt sinnlos zerschlagen.

*

zweiter Klemperer nahestand und auf den er soviele Hoffnungen gesetzt hatte, zeigte sich den Anstrengungen eines Theaterbetriebes wie bei »Kroll« physisch und psychisch nicht gewachsen. Hans Curjel hingegen fürchtete zuweilen, Klemperer würde sich im Bestreben nach »Besänftigung« der Kritiker zu weit von der Grundidee der Arbeit bei »Kroll« entfernen. In seinem »Nachruf« auf »Kroll« schrieb der von Klemperer als kompetentester Kritiker geschätzte Alfred Einstein: »Vieles ist mißglückt, vieles war Versuch am untauglichen Objekt; oft ging Werkstil und Aufführung nicht zusammen.«

Die Hauptursache für die Problematik der Kroll-Oper in der kurzen Lebensdauer lag jedoch viel tiefer: Sie kam zu einem falschen Zeitpunkt. Das Repertoire an Opern war erschöpft, und was noch an Neuem entstand, fand kein Echo mehr beim breiten Publikum. »Im Grunde«, so heißt es bei Einstein weiter, »ist Kroll zu Grunde gegangen ... aus dem Mangel schöpferischer Opernbegabungen von heute, an den inneren Schwierigkeiten der Gegenwart, die man »Krise« nennen mag oder nicht, die die äußere Krise aber bedingen.« Letztlich war »Kroll« Opfer eben jener Situation, die abzuwenden eine der Absichten für ihre Gründung gewesen war.

Doch wenn selbst politische Ränke, Wirtschaftskrise und maroder Zustand der Oper im frühen 20. Jahrhundert zusammenwirkten, um der Kroll-Oper den Garaus zu bereiten, war sie doch alles andere als eine Fehlgeburt. Im Gegenteil, mit ihr, so Alfred Einstein, habe erstmals eine deutsche Opernbühne »in großem Ausmaß« versucht, statt »musealem« Opernbetrieb nur mehr »lebendige Kunst zu treiben«. So betrachtet, bot »Kroll« ein viel breiteres Repertoire und ein homogeneres Ensemble als beide anderen Berliner Opernhäuser. Das, was Einstein »das Größte« bei »Kroll« nannte, war die gelegentlich gelungene Einheit von Werk und Inszenierung, von Musik und Theater. Vor allem hinterließ sie, wie Klemperer es in seinem, bereits erwähnten Artikel »In eigener Sache« prophezeit hatte, ein Modell, an das man würde anknüpfen müssen, wo immer man die Suche nach neuen Wegen zur Erhaltung der Oper in Deutschland nach dem Ende des Krieges wieder aufnehmen konnte; zunächst Walter Felsenstein an der Komischen Oper in Ost-Berlin und dann Wieland Wagner im »neuen Bayreuth« sind auf ganz unterschiedliche Weise den Spuren gefolgt.

Was die Kroll-Oper jenseits aller Experimente und Ideologien so einzigartig machte, war die Persönlichkeit von Otto Klemperer. Er hat sie vom ersten bis zum letzten Tag thematisch und musikalisch bestimmt und die Gewähr dafür geboten, daß musikalische Gesichtspunkte fast immer im Vordergrund standen. Vielen Inszenierungen hat er seinen Stempel aufgedrückt; sie leben weiter in den Berichten von Zuschauern, die das Glück hatten, sie sehen und hören zu können. Er war der einzige führende Dirigent seiner Zeit, der einer Opernbühne neue geistige Impulse zu geben versuchte. »Und genauso, wie er der Eckpfeiler war, um den herum die Kroll-Oper errichtet werden konnte, war sie umgekehrt der Eckpfeiler seiner gesamten künstlerischen Laufbahn.« (Peter Heyworth) Im Grunde schienen die Jahre, bevor er sie übernahm, nur eine lange Lehrzeit zu sein, in welcher er sich auf die Rolle verbereitete, die er dann in Berlin spielen sollte. Was sich später anschloß, die Jahrzehnte, in denen er überall gefeiert und hoch verehrt wurde, empfand er selbst ein wenig melancholisch als »Abstieg«, künstlerisch jedenfalls galten ihm die Jahre bei »Kroll« als die wichtigsten seines Lebens.

Die gut anderthalb Jahre seiner folgenden Tätigkeit in Berlin bis zu der von den Nazis erzwungenen Emigration umriß Otto Klemperer später einmal so: »Das Nachspiel nach der Schließung der Kroll-Oper ist ebenso kurz wie traurig. Ich wurde gnädigst in die Linden-Oper übernommen. Es war ein beständiger Kampf zwischen Herrn Tietjen und mir, der immer wollte, daß ich Repertoire-Opern dirigierte, mit zwei Proben bestenfalls, z.B. *Walküre*. Es kam

Gott sei Dank nie dazu, Ich habe Unter den Linden nur Einstudierungen gemacht oder Übernahmen von »Kroll«-Aufführungen wie *Figaro* und *Falstaff* ..., als vollständige Neueinstudierungen *Cosi fan tutte* und *Rosenkavalier* (beide mit Gründgens), *Tannhäuser* am 12. Februar 1933 (als Neueinstudierung am Vorabend zu Richard Wagners 50. Todestag). Hitler war schon im Amt. Zwei Wochen vorher erhielt ich die Goethe-Medaille und acht Monate später wurde ich aus Deutschland ausgetrieben als Schädling. Hitlers mehr oder weniger prominente Genossen waren in der Aufführung anwesend. Es kam vor dem 3. Akt, als ich ans Pult ging, zu namenlosen Demonstrationen. Meine Freunde klatschten und meine Widersacher pfiffen und lärmten. Es dauerte etwa eine Viertelstunde. Als der Lärm sich gelegt hatte, fing ich an ... Immerhin ist es ein Abend, den ich so bald nicht vergessen werde.

Aber als ich am 4. April 1933 die Schweizer Grenze übertrat und weit von Deutschland in Zürich ankam, war mir zumute wie den Juden, die das Rote Meer heil durchschritten hatten.«

1933 bis 1943

Ersatz für das Reichstagsgebäude – Wieder Spielstätte für die Staatsoper

Zu den doch wohl schicksalhaften Merkwürdigkeiten des Kroll'schen Etablissements zählt gewiß, daß – nachdem sein Abriß in den 70er Jahren des 19. Jahrhunderts lange zur Debatte stand, um Platz zu schaffen für den Bau des Reichstages – Jahrzehnte später dann dazu bestimmt wurde, eben diesem provisorisch eine Unterkunft zu gewähren.

Nach dem Brand des Reichstages am 27./28. Februar 1933 stellte sich den Verantwortlichen die Frage, wo man diesen überhaupt tagen lassen solle, denn die Wiederherstellung des Plenarsaals, der angrenzenden Räume und der Kuppel würde doch mehrere Monate, wenn nicht gar ein ganzes Jahr in Anspruch nehmen. Nach der Weimarer Verfassung aber hatte das Par-

Das Reichstagsgebäude in Flammen, 11. März 1933

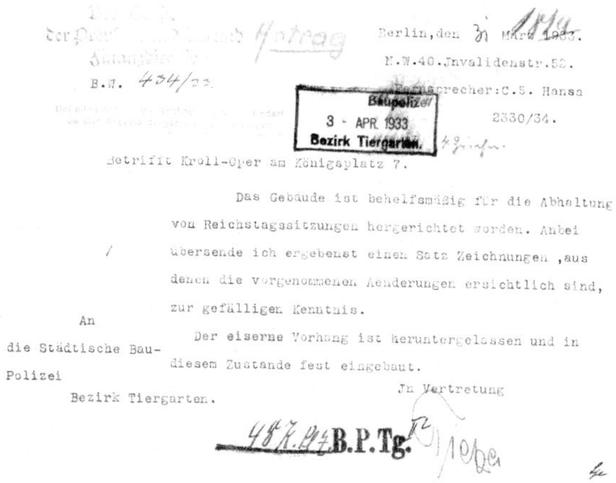

B.W. 434/33

Berlin, den 31 März 1933.

N.W.40. Jnvalidenstr. 52.

Fernsprecher: C.5. Hansa 2330/34.

Baupolizei
3 - APR 1933
Bezirk Tiergarten.

Betrifft Kroll-Oper am Königsplatz 7.

Das Gebäude ist behelfsmäßig für die Abhaltung von Reichstagssitzungen hergerichtet worden. Anbei übersende ich ergebenst einen Satz Zeichnungen, aus denen die vorgenommenen Aenderungen ersichtlich sind, zur gefälligen Kenntnis.

Der eiserne Vorhang ist heruntergelassen und in diesem Zustande fest eingebaut.

Jn Vertretung

An
die Städtische Bau-
Polizei
Bezirk Tiergarten.

B.P.Tg.

lament spätestens 30 Tage nach der Wahl erstmals zusammenzutreten. Zunächst war in der Öffentlichkeit vermutet worden, daß dafür am ehesten »Kroll« in Frage kommen könnte. Denn seit der Schließung Anfang Juli 1931 blieb der Theatersaal unbenutzt, das Parkett bot genug Platz für die Abgeordneten, die Ränge könnten der Presse, Ehrengästen und sonstigen Zuhörern dienen. Das Reichskabinett entschied sich am 2. März vorerst für die Garnisonkirche in Potsdam, nachdem, wie einige Berliner Blätter meldeten, auch das dortige Stadtschloß zur Debatte gestanden hatte. Da die Kirche alles in allem 1 800 Plätze bieten konnte, sonst aber kaum Nebenräume besaß, war daran gedacht, dafür eines der ganz in ihrer Nähe liegen-

links: Reichsinnenminister Frick, 2. von rechts: Reichstagspräsident Göring, März 1933

den größeren Gebäude zu nutzen – das Pfarrhaus, das alte Exerzierhaus *Langer Stall*, den Marstall, die Oberrechnungskammer oder das Große Militärwaisenhaus (*Vossische Zeitung*, Nr. 104, 105, 107 v. 2., 3., 4. März 1933).

Am Vormittag des 7. März empfing Reichspräsident von Hindenburg in seinem Amtszimmer Hitler, Vizekanzler von Papen, Innenminister Frick, Reichswehrminister von Blomberg und Reichstagspräsident Göring zu einer Besprechung über diese Frage, wobei man sich auf Grund von Bedenken der Evangelischen Kirche und technischer Sachverständiger lediglich zur Durchführung einer Eröffnungsfeier in der Garnisonkirche entschloß. Einen Tag lang besichtigten Hitler, Göring und Frick die Potsdamer Örtlichkeiten und dann die Kroll-Oper, auf welche schließlich doch die Wahl als künftige provisorische Tagungsstätte fiel, da ein Ausbau des Langen Stalles etliche Wochen gedauert hätte und mit erheblichen Kosten verbunden gewesen wäre. Da man sich zugleich auf den 21. März als Eröffnungstermin geeinigt hatte, blieben nur noch rund zehn Tage für die notwendigen technischen und organisatorischen Vorbereitungen (*Vossische Zeitung*, Nr. 112, 113, 115 v. 7. bis 9. März; *Völkischer Beobachter*, Nr. 69 v. 10. März).

Unter Leitung der Preußischen Bau- und Finanzdirektion, die bei »Kroll« sofort ein Baubüro einrichtete, begannen die Umbauten. Mitte März erschienen bereits erste Berichte über die laufenden Arbeiten. Danach füllten den großen Theatersaal mächtige Baugerüste, um die

Umbau der Kroll-Oper, März 1933

bunten Wandverzierungen, die noch 20 Monate zuvor abendliche Opernbesucher »in eine erwartungsvolle, heitere Stimmung versetzten«, hinter einer tiefgezogenen Decke verschwinden zu lassen; das Deckengemälde von Cäsar Klein war mit einem Stoffhimmel überspannt. Für die Abgeordneten benötigte man im Parkett 647 Sitze – eigentlich nur rund 570, denn die 81 Mandate für die KPD waren schon kassiert; für sie war, entsprechend einer am 10. März von Innenminister Frick auf einer Kundgebung in Frankfurt am Main ausgegebenen Parole, etwas anderes vorgesehen: »Wenn der neue Reichstag zusammentritt, werden die Kommunisten durch dringendere und nützlichere Arbeiten verhindert sein, an der Sitzung teilzunehmen. Diese Herrschaften müssen wieder an nutzbringende Arbeit gewöhnt werden. Dazu werden wir ihnen in Konzentrationslagern Gelegenheit geben.« (*Berliner Börsen-Zeitung,* Nr. 118 v. 10. März 1933) Da rund 1 100 Sitze vorhanden waren, besaß man genug Möglichkeiten für breite Zwischengänge, die einen störungsfreien Zugang zu allen Plätzen garantierten. Schreibpulte an den Sitzen waren nur den Fraktionsvorsitzenden zugestanden worden, auch das völlig überflüssig, wie sich nur allzu bald herausstellen sollte.

Die Bühne und der Orchestergraben wiesen mit ihren Aufbauten für das Präsidium, die Schriftführer, die Regierungsbänke und die Stenographen ungefähr die gleiche Einteilung auf wie im Wallot'schen Reichstagsbau, aus dem man noch die Regierungsbank hatte hinüberretten können. Im Eisernen Vorhang war eine Tür eingelassen, von der aus ein neugebauter Gang zum Büro des Präsidenten und einigen Verwaltungsräumen führte. Den Abgeordneten stand überdies im Rittersaal ein großer Lesesaal zur Verfügung. Als Wandelhalle diente der Theaterumgang in der Höhe des Parketts. Dort, wie auch im ersten Rang, standen Telefonzellen. Der Presse waren 300 Plätze in beiden Rängen reserviert worden, dem Publikum etwa 350 im oberen Rang. Fraktionssitzungssäle wie auch ein Teil der Verwaltungszimmer und die Bibliothek blieben im Reichstag.

Am 21. März kam es zunächst zum mit ungeheurem Propaganda-Aufwand inszenierten *Tag von Potsdam.* Den Gottesdiensten in der evangelischen Nikolaikirche und in der katholischen Stadtpfarrkirche folgte um 12.00 Uhr der *Staatsakt* in der Garnisonkirche. Chor und Galerie waren mit Generalen der alten Armee und der Reichswehr, mit Diplomaten und einer Fülle sonstiger Würdenträger besetzt; im Kirchenschiff fand die Regierung ihren Platz, hinter ihr in Uniform die Abgeordneten der NSDAP, flankiert von den parlamentarischen Vertretern der Rechts- und Mittelparteien – die Kommunisten hatten selbstverständlich erst gar keine Einladung bekommen und die Sozialdemokraten diese abgelehnt. Der traditionelle Platz des Kaisers war leer geblieben, doch dahinter saß Kronprinz Wilhelm in Gala-Uniform.

Reichspräsident von Hindenburg in seiner alten Marschalls-Uniform, die er von nun an wieder öfter zu tragen pflegte, appellierte in einer kurzen Ansprache an die Abgeordneten, die Regierung bei ihrer schweren Aufgabe zu unterstützen. Er beschwor den »alten Geist dieser Ruhmesstätte« gegen »Eigensucht und Parteienzank ... zum Segen eines in sich geeinten, stolzen und freien Deutschland«. Den gleichen Ton »maßvoller Gefühlsfeierlichkeit« (Fest, Hitler, S.556) schlug auch der im Cut mit Zylinder erschienene Hitler an. Dem Rückblick auf Größe und Niedergang der Nation folgte das Bekenntnis zu den »ewigen Fundamenten« ihres Lebens, den Traditionen ihrer Geschichte und Kultur. Nach der Huldigung an den greisen Feldmarschall, dessen »großherziger Entschluß« die Verbindung »zwischen den Symbolen der alten Größe und der jungen Kraft« ermöglicht habe, erbat er abschließend von der in solch feierlichen Momenten stets von ihm angerufenen Vorsehung »jenen Mut und jene Beharrlichkeit, die wir in diesem für jeden Deutschen geheiligten Raum um uns spüren, als für unseres Volkes Freiheit und Größe ringende Menschen zu Füßen der Bahre seines größten Königs«.

SS rückt als »Saalschutz« in die Kroll-Oper ein, 21. März 1933

Der Niederlegung eines Lorbeerkranzes an den Sarkophagen Friedrich Wilhelms I. und Friedrichs des Großen durch Hindenburg folgte draußen vor der Kirche auf der Breiten Straße der Vorbeimarsch von Einheiten der Reichswehr und Formationen der SA, der SS und des Stahlhelms inmitten jubelnder Menschenmassen. »Wie eine Sturmwelle«, so die bürgerliche *Berliner Börsen-Zeitung* (Nr. 137 v. 22. März), »ist gestern die nationale Begeisterung über Deutschland hinweggefegt« und hat, »so möchten wir hoffen, Dämme überflutet, die manche Parteien gegen sie errichtet hatten, und Türen aufgebrochen, die ihr bis dahin trotzig verschlossen geblieben sind.« Ausgedehnte Fackelzüge, wie schon am Abend der Regierungsübergabe an Hitler am 30. Januar, durch die Straßen der Berliner Innenstadt und eine Galavorstellung in der Linden-Oper beschlossen das »Festprogramm«.

Zuvor aber, am späten Nachmittag, hatte die konstituierende Sitzung des Reichstags bei »Kroll« stattgefunden, wo am Eingang ein größeres Plakat mit der Aufschrift *Reichstag* angebracht worden war. Die meisten Berichterstatter äußerten sich recht lobend zum Umbau (»überraschend gut«; »erstaunlich, wie hübsch und zweckentsprechend«).

Ursprünglich war hinter der erhöhten Präsidenten-Estrade auf dem mit rotem Stoff verkleideten Eisernen Vorhang ein streng stilisierter Reichsadler (schwarz auf weißem Grund) angebracht worden, flankiert von einer schwarzweißroten Fahne und dem Hakenkreuz (*Vossische Zeitung,* Nr. 132 v. 18. März). Dann hatte man doch noch an Stelle des Adlers nun eine große Hakenkreuzfahne sowie rechts und links je eine schwarzweißrote Fahne hingehängt, die hinter Görings Kopf prangten. Dem Präsidium gegenüber war die frühere Kaiserloge als Loge des Reichspräsidenten und des Diplomatischen Corps hergerichtet. Im Saal dominierte das Braun der SA- und das Schwarz der SS-Uniformen der 288 Mann starken Nazi-Fraktion, ein Bild, das noch verstärkt wurde durch eine um den ganzen Sitzungssaal sich ziehende Kette von SA-Männern, vervollständigt durch kleinere Abteilungen des Stahlhelm.

Als Göring hinter dem Vorhang hervortrat und als Präsident auf der Estrade seinen Platz einnahm, verstummte jedes Gespräch, es trat jene Stille ein, »die man an dieser Stätte früher gewohnt war, wenn der Dirigent den Taktstock hob und das Orchester einsetzen sollte«. Alles wartete dann, den Blick zur ersten Tür links gewandt, durch welche einige Sekunden später Hitler, inzwischen wieder im Braunhemd, trat, um sich an der Erledigung des einzigen Tagesordnungspunktes zu beteiligen: der Wahl des Präsidiums. Die Nazi-Fraktion wie auch ein Teil der anderen Abgeordneten begrüßten ihn ohne Zuruf mit emporgestrecktem rechten Arm, bis er seinen Platz in der ersten Reihe eingenommen hatte. Denn nach altem Brauch blieb die Regierungsbank leer, solange das Parlament sich noch nicht konstituiert hat. Es sollte der einzige Brauch sein, an dem man an diesem Tage festhielt.

Allein schon der weitere Ablauf der Sitzung, wie auch die Umgestaltung des Saales mit der Ausschmückung der zu diesem Zeitpunkt rechtlich noch gar nicht amtlichen Symbole, offenbarte den tiefgreifenden Wandel, unter welchem das deutsche Parlament in die vor ihm liegende neue Legislaturperiode gehen sollte, natürlich schon im Wissen darum, daß es bereits 48 Stunden danach von der eigentlichen und sinnvollen parlamentarischen Arbeit Abschied zu nehmen hatte.

Entsprechend der am 15. März zwischen den Fraktionsvorsitzenden (allgemein jetzt schon »...führer« genannt) getroffenen Vereinbarung war § 13 der Geschäftsordnung des Reichstages außer Kraft gesetzt worden, demzufolge die Eröffnung der konstituierenden Sitzung dem Alterspräsidenten oblag, obwohl mit General Litzmann ein alter Nazi diese Aufgabe hätte wahrnehmen können; so fiel sie dem geschäftsführenden Präsidenten Göring zu. Gemäß seinem Vorschlag verzichtete man auf den Namensaufruf der Abgeordneten, da anhand »der Einzeichnungslisten und die Auszählung derselben die Beschlußfähigkeit des Hauses festgestellt worden« war.

Der Sozialdemokrat Hans Vogel forderte sodann ohne längere Begründung die sofortige Freilassung von elf in Haft befindlichen Mitgliedern seiner Fraktion; ein Antrag, der dem Geschäftsordnungsausschuß überwiesen wurde.

Anschließend schlug der Abgeordnete und Reichsinnenminister Frick (NSDAP) seinen Fraktions- und Kabinettskollegen Hermann Göring als neuen Präsidenten vor und ersuchte sogleich darum, die Wahl durch Zuruf zu vollziehen. Dem daraufhin von Frick auf den alten und neuen Amtsinhaber ausgerufenen dreifachen »Sieg Heil!« stimmte die Nazi-Fraktion »stürmisch« zu. Göring dankte kurz für das erwiesene Vertrauen und übernahm wieder den Vorsitz. Die darauffolgende Wahl der drei Vizepräsidenten Thomas Esser (Zentrum), Walther Graef (DNVP) und Ernst Zörner (NSDAP) erfolgte ebenfalls auf Zuruf. Die SPD gab lediglich dem Zentrums-Abgeordneten ihre Stimme, übte sonst Enthaltung. Der ganze Wahlakt nahm nicht mehr als wenige Minuten in Anspruch.

Selbst ein so liberales Blatt wie die *Vossische Zeitung* (Nr. 137 v. 22. März) fand keinen Anlaß, der früheren, zeitraubenderen Übung eine Träne nachzuweinen. Denn derlei Formalitäten bildeten keinen Wesensbestandteil des Parlamentarismus, sondern seien »nur Bleigewichte für die parlamentarische Arbeit« gewesen. Sollten also nur überflüssige Formalitäten entfallen, dürfte kein Vernünftiger darüber unglücklich sein, denn die eigentliche gesetzgeberische und kontrollierende Funktion des Parlaments würde ja erst nach Abgabe der Regierungserklärung einsetzen.

Göring erinnerte dann noch einmal kurz an den Anlaß für den Umzug in ein anderes Haus und wertete die Tatsache, daß Bismarck den ersten Reichstag 1871 ebenfalls an einem 21. März eröffnete – damals noch im alten Preußischen Abgeordnetenhaus in der Leipziger Straße 75 mit Blick auf den Dönhoffplatz – als ein günstiges Vorzeichen. Eine neue Volksvertre-

Reichstagssitzung in der Kroll-Oper anläßlich des »Ermächtigungsgesetzes«, 23. März 1933

tung sei nun entstanden, die erstmals »ohne parlamentarischen Kuhhandel, ohne Parteiinteressen« (!), ohne all das, was diese bisher in den Augen des eigenen Volkes angeblich so »herabgesetzt« habe, jetzt »nurmehr arbeiten und des deutschen Volkes Schicksal bessern« wolle. – Der Reichstag trat während der ganzen NS-Zeit neunzehnmal (!) zusammen, wobei seine Arbeit meist darin bestand, eine stundenlange Rede Hitlers über sich ergehen lassen zu müssen und anschließend das Deutschland- und das Horst-Wessel-Lied zu singen, und im Mai 1945, nach dem von Hitler entfesselten Krieg, hatte das deutsche Volk seine staatliche Einheit faktisch schon verloren.

Vorerst aber schwadronierte Göring über den »Geist« von Potsdam und jenen von Weimar, wobei er die Verantwortlichen von 1919 anklagte, den »wahren Geist von Weimar« nicht übernommen, sondern ihn neu bestimmt zu haben mit den Formen »dieser anonymen Majorität der Demokratie und des Parlamentarismus« mit dem Emblem des Schwarz-Rot-Gelb. Dieses habe man »uns aufgezwungen als ein Zeichen der Unterwerfung, der Schande und der Ehrlosigkeit«. Mit dem Verschwinden von »Weimar« jedoch würde nun das »ruhmreiche« Schwarz-Weiß-Rot vereint mit jenem Siegeszeichen, »das 14 Jahre uns in Not und Kampf voranflatterte«.

Einige der rechten konservativen Berliner Blätter überboten sich in den Morgen-Ausgaben des folgenden Tages geradezu in Lobeshymnen der Göringschen Amtsführung. Unter der Überschrift *Ein Parlament – ein Hauptmann* jubelte der *Tag*: »Also: es ist exerziert worden. Schade, daß nicht sämtliche Parlamentarier der Welt dazu eingeladen werden konnten ... Sie hätten den Unterschied zwischen Schwätzerei und Disziplin begriffen. Ein ... ehedem Königlich Preußischer Hauptmann kommandiert. Ruck, zuck! Es ist, als wenn bei 'Das Gewehr – über!' jede Knarre in denselben Sekundenteilchen auf die Schultern der Leute eines Bataillons kracht. Namensaufruf der Gewählten ...? Quatsch! Göring sagt, wir wüßten ..., daß das Haus beschlußfähig sei, und das genüge. Also gleich los, Präsidentenwahl! Marsch, marsch, ihr Kerls! ... Nächstes Exerzieren Donnerstag 2 Uhr. Wegtreten! Benommen strömt alles zu den Garderoben und in die Kantine, wollte sagen, das Opernrestaurant bei Kroll. Hier und da denkt wohl einer, das Parlament habe Selbstmord begangen und wir rutschten in den Faschismus hinein. Ganz egal, wie man das Ding nennt. Für Deutschlands Befreiung ist kein Preis zu hoch.«

Ähnlich las man im *Berliner Lokal-Anzeiger*: »Ruck-Zuck! Eine Minute später haben wir auch zwölf Schriftführer. Ward je im Reichstag eine Sache so sachlich erledigt? Ein überwältigendes Gegenbeispiel zu dem grenzenlosen Unfug des alten, abgetanen, in Schande versunkenen Pseudoparlamentarismus.« Dann die *Kreuz-Zeitung*: »Was sich nun im Saal abspielte, hatte freilich mit dem Parlamentarismus alten Stils nichts mehr zu tun. Hier herrschte kein Fraktionskuhhandel und Abzählspiel, hier wurde geführt und gehorcht.« und die *Deutsche Allgemeine Zeitung* schließlich meinte: »Man glaubte, nicht in der Sitzung einer Volksvertretung zu weilen. Diese erste Sitzung im Gebäude der Kroll-Oper ... wird zweifellos im Gedächtnis der Nation fortleben als sichtbarer Ausdruck einer Wende. Nicht die leiseste Geschäftsordnungsbemerkung ließ einen Protest oder eine Kritik zum Ausdruck kommen.«

Zwei Tage später am 23. März, begann die nächste Sitzung, für die das »Potsdamer Rührstück«, wie Friedrich Meinecke das Geschehen dort einmal qualifiziert hat, nichts mehr als das theatralische Vorspiel war. Die ganze Szenerie – noch zwei Jahre zuvor waren hier Bühnenbilder von Laszlo Moholy-Nágy, Ewald Dülberg, Caspar Neher, Oskar Schlemmer, Teo Otto u.a. zu sehen – beherrschten eindeutig Farben und Symbole der Nazis. Einheiten der SS, die an diesem Tag erstmals in größerem Rahmen als Ordnungskräfte auftraten, übernahmen die Absperrung vor dem Gebäude, während im Innern des Hauses SA-Leute drohende Spaliere bildeten. Auch des Präsidenten Görings Eröffnungsworte ignorierten brüsk den überparteilichen Charakter seines parlamentarischen Amtes, als er, an die »Kameraden« gewandt, an den Geburtstag des bereits 1923 gestorbenen NS-Schriftstellers Dietrich Eckart erinnert und einen Vers seines Gedichts »Deutschland erwache« zitiert, den sich die Fraktionen der Nazis und der Deutschnationalen stehend anhören. (*Berliner Börsen-Zeitung*, Nr. 141 v. 24. März 1933).

Hitler, wieder im Braunhemd, begründete dann in einer Regierungserklärung die Vorlage des »Gesetzes zur Behebung der Not von Volk und Staat«, wie die Bezeichnung des »Ermäch-

Vor der Kroll-Oper. Eröffnung des neuen Reichstags, 12. Dezember 1933

tigungsgesetzes« offiziell lautete. Allen seinen beschwichtigenden Zusicherungen zum Trotz – die Regierung werde nicht von der Absicht getrieben, den Reichstag als solchen aufzuheben, vielmehr behalte sie sich vor, ihn »von Zeit zu Zeit (!) über ihre Maßnahmen zu unterrichten«; sie wolle von diesem Gesetz nur insoweit Gebrauch machen, als es zur Durchführung lebensnotwendiger Maßnahmen erforderlich sei; weder die Existenz des Reichstages noch die des Reichsrates sei bedroht; die Stellung und die Rechte des Reichspräsidenten blieben unberührt; der Bestand der Länder werde nicht beseitigt – schlug jeder der fünf Artikel ein »entscheidendes Stück der deutschen Verfassung in Trümmer« (Heiden, Geburt des Dritten Reiches, S. 147). Nach Art. 1 besaß die Reichsregierung künftig allein die Gesetzgebungskompetenz, Art. 2 erweiterte die Regierungsvollmacht auf Verfassungsänderungen, Art. 3 übertrug das Ausfertigungsrecht für Gesetze vom Reichspräsidenten auf den Reichskanzler, Art. 4 dehnte die Geltung von Gesetzen auf bestimmte Verträge mit fremden Staaten aus und Art. 5 schließlich beschränkte die Geltungsdauer auf vier Jahre und band es an die Existenz dieser Regierung (RGBl. I, S. 135).

Zum Ende hin den Ton wechselnd schloß er seine Rede mit einer unmißverständlichen Kampfansage: »Die Zahl der Fälle, in denen eine innere Notwendigkeit vorliegt, zu einem solchen Gesetz die Zuflucht zu nehmen, ist an sich eine begrenzte. Um so mehr aber besteht die Regierung auf einer Verabschiedung des Gesetzes. Sie zieht in jedem Falle eine klare Entscheidung vor. Sie bietet den Parteien des Reichstages die Möglichkeit einer ruhigen Entwicklung und einer sich daraus in Zukunft anbahnenden Verständigung. Die Regierung ist aber ebenso entschlossen und bereit, die Bekundung der Ablehnung und damit die Ansage des Widerstandes entgegenzunehmen. Mögen Sie, meine Herren, nunmehr selbst entscheiden über Frieden oder Krieg!« (*Völkischer Beobachter,* Nr. 83 v. 24. März).

Begeisterungsstürme seiner Anhänger und das stehend gesungene Deutschlandlied beendeten Hitlers Rede in bezeichnender Vorwegnahme künftiger Parlamentsfunktionen. Dann folgte eine dreistündige Beratungspause, in welcher die Fraktionen in noch intakte Sitzungsräume des Reichstages hinübergingen. Bei der NSDAP-Fraktion gab's selbstverständlich nichts zu »beraten«; die Zustimmung der Fraktionen der Rechtsparteien war ebenso gewiß. Schwieriger gestaltete sich die Situation beim Zentrum, dessen positives Votum die Regierung für das Erreichen der Zweidrittel-Mehrheit benötigte. Während die meisten seiner Abgeordneten für das »Ja« plädierten, warnte vor allem der frühere Reichskanzler Brüning leidenschaftlich vor jeder Nachgiebigkeit, weil er es für besser hielt, ruhmreich unterzugehen, als kläglich zu verenden. Schließlich einigte sich die Fraktion »mit Rücksicht auf die Partei und ihre Zukunft« der Mehrheit zu folgen und geschlossen für das Gesetz zu stimmen (Ende der Parteien, S.365f.).

Für die SPD-Fraktion bestand nach den Ereignissen der letzten Wochen – durch die Flucht besonders Gefährdeter und durch Verhaftungen personell bereits erheblich geschwächt – überhaupt kein Zweifel über die Ablehnung des Gesetzes. Schon im Vorfeld dieses Tages war »von der bürgerlichen Mitte her der stärkste Druck« ausgeübt worden, überhaupt auf die Teilnahme an der Sitzung zu verzichten oder doch zumindest Enthaltung bei der Stimmabgabe zu üben. Geflissentlich hatte man sogar das Gerücht von der Verhaftung aller SPD-Abgeordneter verbreitet, falls sie mit »Nein« zu stimmen wagten. Als die Sozialdemokratie an ihrer Auffassung festhielt, bestürmten »bürgerliche Ratgeber« den Partei- und Fraktionsvorsitzenden Otto Wels, die fällige SPD-Erklärung einem jüngeren, weniger bekannten Fraktionsmitglied zu überlassen. Und noch in der Sitzungspause beschwor der Zentrums-Abgeordnete Friedrich Dessauer, »sicher nicht ohne Wissen seiner Fraktion«, Otto Wels in letzter Minute, von der beabsichtigten Erklärung ganz Abstand zu nehmen, da Grund zu der Annahme bestünde, »daß er eine solche Tat nicht lange überleben würde«. Obgleich daraufhin auch junge Abgeordnete unter Führung Kurt Schumachers ihn baten, »einem von ihnen die gefährliche Aufgabe zu überlassen«, blieb Wels fest (Stampfer, Erfahrungen, S.268; Ende der Parteien, S.167).

Der Weg zurück zu »Kroll« durch eine enge von der SA gebildete Gasse glich einem Spießrutenlaufen. Als Otto Wels zum Rednerpult ging, herrschte Schweigen, in das von fern drohende Sprechchöre von SA und SS drangen. In einem letzten öffentlichen Bekenntnis zu Demokratie und Sozialismus begründete er die Ablehnung seiner Partei. Auch sie habe stets für die außenpolitische Gleichberechtigung Deutschlands gefochten und sei allen Versuchen zur Ehrabschneidung durch die Gegner entgegengetreten. Wehrlos zu sein, bedeute nicht, ehrlos zu sein. Das gälte nach außen wie nach innen. Noch niemals aber seit Bestehen des Reichstags sei die Kontrolle der öffentlichen Angelegenheiten durch die gewählten Volksvertreter in solchem Maße ausgeschaltet worden wie jetzt. Er schloß seine Rede mit einem Appell an das Rechtsbewußtsein des Volkes, mit der Gewißheit, daß die Sozialdemokratie aus neuen Verfolgungen wieder neue Kraft schöpfen werde und mit einem Gruß an die Verfolgten und Bedrängten. »Ihre Standhaftigkeit und Treue verdienen Bewunderung. Ihr Bekennermut, ihre ungebrochene Zuversicht verbürgen eine hellere Zukunft!« (Domarus, Hitler, Reden, S.239).

Diese maßvolle, in der Form durchaus würdige Ablehnung versetzte Hitler in einen Zustand wachsender Gereiztheit. Er eilte zum zweiten Mal an das Rednerpult. Mit ausgestreckten Armen auf seinen Vorredner hinweisend, begann er: »Spät kommt ihr, doch ihr kommt!« Fast nach jedem Satz von teilweise frenetischem Beifall seiner Anhänger unterbrochen, bestritt er, seine Erregung stetig steigernd, der Sozialdemokratie jeden Anspruch auf außenpolitische Gemeinsamkeit, das Gefühl für nationale Ehre und den Sinn für Recht. »Ich glaube, daß Sie für dieses Gesetz nicht stimmen, weil Ihnen Ihrer innersten Mentalität nach die Absicht unbegreif-

SS-Absperrung vor der Kroll-Oper, 12. März 1933

lich ist, die uns dabei beseelt ... und ich kann Ihnen nur sagen: ich will auch gar nicht, daß Sie dafür stimmen! Deutschland soll frei werden, aber nicht durch Sie!«

Diese Replik gilt als berühmtes Beispiel für Hitlers rhetorische Schlagfertigkeit. Doch muß man wissen, daß die vorausgegangene Rede von Wels, altem parlamentarischen Brauch entsprechend, schon vor der Verlesung an die Presse übergeben worden war, von wo aus sie in die Hände Hitlers gelangte. Nachdem sich der Beifallssturm über Hitlers Worte – noch einen Tag später dankte der deutschnationale Wirtschaftsminister Alfred Hugenberg bei der Kabinettsitzung Hitler für die »glänzende Abfertigung des Marxisten Wels« – gelegt hatte, begründeten die Vertreter der anderen Parteien – Ludwig Kaas (Zentrum), Hans Ritter vom Lex (Bayerische Volkspartei), Reinhold Maier (Staatspartei), Wilhelm Simpfendörfer (Christlich-Sozialer Volksdienst) und Hermann Göring (NSDAP) – ihre Zustimmung. Innerhalb weniger Minuten gingen alle drei Lesungen über die Bühne. Die Abstimmung ergab 441 zu 94 Stimmen; das war weit mehr als die erforderliche Zweidrittel-Mehrheit und hätte selbst dann ausgereicht, wenn die 81 KPD- und 26 SPD-Abgeordneten, die durch Haft, Flucht oder Krankheit nicht hatten teilnemen können, uch mit Nein gestimmt hätten. Nach Bekanntgabe des Ergebnisses durch Göring drängten die Nazis an die Regierungsbank und begannen, die Arme zum Gruß emporgereckt, mit dem Absingen des »Horst-Wessel-Liedes« (*Völkischer Beobachter*, Nr. 84 v. 24. März).

Nach dem Ende der Sitzung trat Hitler auf den Balkon der Kroll-Oper und erklärte seinen von einem wahren Begeisterungstaumel erfaßten und ihn mit unentwegten Heil-Rufen unterbrechenden Anhängern: »Das Ermächtigungsgesetz ist mit überwältigender Mehrheit angenommen. Die Arbeit beginnt. Ich bitte Euch, daß Ihr auch in Zukunft genau so treu hinter mir steht wie bisher. Es wird dann auch das zweite Ziel des Kampfes gelingen, unserem Volk Freiheit, Größe und Ehre zu bringen.« (*Berliner Börsen-Zeitung*, Nr. 141 v. 24. März)

Mit dem Ermächtigungsgesetz war die erste Phase der sogenannten Machtergreifung abgeschlossen. Es hatte Hitler in seiner Entscheidungsfreiheit von der präsidialen Verordnungskompetenz wie vom Bündnis mit den konservativ-reaktionären Partnern unabhängig gemacht. Schon allein damit war jede Möglichkeit zum organisierten Machtkampf gegen das neue Regime so gut wie ausgeschlossen. Treffend konstatierte denn auch das Parteiorgan *Völkischer Beobachter* (Nr. 82 v. 22. März): »Ein historischer Tag. Das parlamentarische System kapituliert vor dem neuen Deutschland. Während vier Jahren wird Hitler alles tun können, was er für nötig befindet: negativ die Ausrottung aller verderblichen Kräfte des Marxismus, positiv die Errichtung einer neuen Volksgemeinschaft. Das große Unternehmen nimmt seinen Anfang! Der Tag des Dritten Reiches ist gekommen!« Bis zum Sommer war dann in einer zweiten, der Konsolidierung der Macht dienenden Phase neben der Zerschlagung der Gewerkschaften Anfang Mai, den Verboten von KPD und SPD im März und im Juni der Selbstauflösungs- bzw. der Gleichschaltungsprozeß nichtnationalsozialistischer Institutionen, Parteien, Organisationen und Verbände weitgehend abgeschlossen, und zwar nahezu protest- und widerstandslos.

Der die »Machtergreifung« begleitende Terrorismus, die Verhaftungen, Ausschreitungen und Mißhandlungen, vor allem die Verfolgung einer Menschengruppe allein ihrer vermeintlichen »Rasse« wegen wie der von Hitler selbst durch einen Aufruf befohlene »Judenboykott« vom 1. April, widersprach allen zivilisierten Auffassungen von der Auseinandersetzung mit dem politischen Gegner und erzeugte im Ausland eine gereizte, unfreundliche Stimmung. Sie fand in der berühmten Gründonnerstag-Debatte des Unterhauses in London ihren schärfsten Widerhall, als der ehemalige Außenminister und Partner Gustav Stresemanns in der Versöhnungspolitik, Sir Austen Chamberlain, erklärte, die Vorgänge in Deutschland machten es ungemein inopportun, noch weiter über eine Revision des Versailler Vertrages nachzudenken. Verschiedentlich kam es in Westeuropa zu antideutschen Aktionen.

Angesichts dieser Entwicklung steuerte Hitler zunächst einen Kurs beschwichtigender Gesten und stellte alles darauf ab, die Kontinuität mit der moderaten Revisionspolitik der Weimarer Republik hervorzukehren. Den Höhepunkt seiner treuherzigen Verständigungsofferten bildete die große »Friedensrede« vom 17. Mai, wozu er den Reichstag bei »Kroll« hatte einberufen lassen. Dieser mußte hier, obgleich in ihm ja noch die anderen Parteien vertreten waren, erstmals offensichtlich die Rolle spielen, die Hitler ihm für die Zukunft zugedacht hatte, nämlich Forum zu sein für Reden, die er nicht nur an die Deutschen, sondern an die ganze Welt richten zu müssen glaubte. Zwar protestierte er gegen die unbegrenzte Fortdauer des Unterschieds von Siegern und Besiegten und drohte sogar mit dem Rückzug aus dem Völkerbund, werde man Deutschland weiterhin die volle Gleichberechtigung verweigern. Doch die bislang offenkundige Zurücksetzung des eigenen Landes ließ ihn beinahe mühelos den Part eines Anwalts von Vernunft und Völkerverständigung übernehmen, als er an die europäischen Großmächte appellierte, gegenüber dem Reich eine Politik im Sinne der ständig von ihnen gebrauchten Parolen vom »Selbstbestimmungsrecht« und »gerechten Frieden« zu treiben.

Der Reichstag billigte in einer Resolution einmütig Hitlers Regierungserklärung, auch die noch vorhandenen rund 70 SPD-Abgeordneten. Für ihre, in den eigenen Reihen allerdings heiß umstrittene Zustimmung hatte letztlich die erpresserische Morddrohung des Innenministers Frick gegen die in den Konzentrationslagern inhaftierten Parteimitglieder in der Ältestenratssitzung den Ausschlag gegeben (Ende der Parteien, S.180). Nicht ohne höhnischen Blick nach links konnte Göring am Ende dieser dritten und zugleich letzten Sitzung des erst am 5. März gewählten Reichstages erklären, daß »die Welt gesehen [habe], daß das deutsche Volk einig ist, wenn es sein Schicksal gilt« (Verhandl. Reichstag, Bd.457, S.69).

Die »Friedensrede« vom 17. Mai wie auch das Konkordat mit dem Vatikan verschafften Hitler außenpolitisch ein wenig Luft. Der Grundsatz der Gleichberechtigung zwang das übrige Europa, entweder abzurüsten oder die Aufrüstung Deutschlands hinzunehmen. In zahllosen Reden und Erklärungen beteuerte Hitler wiederholt die Bereitschaft der Reichsregierung zur Abrüstung; er argumentierte dabei um so biedermännischer, je deutlicher man in Frankreich Besorgnisse über die Entwicklung einer zunehmenden Militarisierung bei seinem östlichen Nachbarn äußerte. Als die Westmächte Anfang Oktober in Genf die schon zuvor durchgesickerte Absicht bekräftigten, die Deutschland prinzipiell zugestandene Gleichberechtigung nachträglich von einer vierjährigen Bewährungsfrist über die Aufrichtigkeit seines Verständigungswillens abhängig zu machen, reagierte Hitler mit einem Eklat. Am 14. Oktober verkündete er seinen Entschluß, die Abrüstungskonferenz zu verlassen und aus dem Völkerbund auszutreten, verbunden mit der Bekanntgabe der Auflösung des Reichstages und dem Termin von Neuwahlen am 12. November (Sonder-Nr. *Völkischer Beobachter* v. 15. Okt. 1933).

Nach einer wieder mit größtem Propaganda-Aufwand durchgeführten »Wahl«kampagne und seiner großen Rede-Tournee ließ Hitler am »Wahl«tag neben dem Wahlvorschlag der NSDAP als einziger Partei einen Abstimmungszettel mit folgendem Text vorlegen: »Billigst Du, deutscher Mann, und Du, deutsche Frau, diese Politik Deiner Reichsregierung, und bist Du bereit, sie als Ausdruck Deiner eigenen Auffassung und Deines eigenen Willens zu erklären und Dich feierlich zu ihr zu bekennen? Ja – Nein.« (Domarus, Hitler, Reden, S.331) Der Ausgang der Abstimmung konnte nicht zweifelhaft sein. Jahrelang schmerzhaft empfundene Zurücksetzung und Diskriminierung würden nun ein Ende finden. Selbst kritische Zeitgenossen, von denen manche später zum Widerstand gehörten, feierten Hitlers selbstbewußte und zudem erfolgreiche Geste.

Die Abstimmung ergab 40,5 Millionen Ja- und 2,1 Millionen Nein-Stimmen (4,9%); für die Einheitsliste der NSDAP votierten 39,6 Millionen Wahlberechtigte, ungültig waren 3,3 Millionen Stimmzettel (*Völkischer Beobachter*, Nr.317 v. 13. Nov. 1933).

Am 11. Dezember sprach Hitler im Plenarsaal des Preußischen Landtages zu den 661 Abgeordneten der jetzt (einzigen) Reichstagsfraktion der NSDAP und feierte das Ergebnis als Wahlsieg der Partei. Einen Tag später konstituierte sich der neue Reichstag wieder bei »Kroll« und »wählte« das Präsidium, selbstverständlich wieder mit Göring an der Spitze; Vizepräsidenten wurden Alfred Kerrl und Hermann Esser, bislang Präsidenten des Preußischen bzw. des Bayerischen Landtages (Domarus, Hitler, Reden, S.336).

Die nächste Sitzung des Reichstages folgte am Nachmittag des 30. Januar 1934, nachdem zuvor schon das Kabinett mit Vizekanzler von Papen zum ersten Jahrestag der »Machtergreifung« Hitler gratuliert und auch Hindenburg den Kanzler zu einer persönlichen Aussprache empfangen und ihm in einem Handschreiben für seine Verdienste gedankt hatte. Voller Stolz präsentierte er dann dem Reichstag bei »Kroll« die Bilanz der ersten zwölf Monate seiner Herrschaft, in denen »eine Welt von Auffassungen und Einrichtungen beseitigt und eine andere an ihre Stelle gesetzt wurde«. Für noch bemerkenswerter hielt er die »Tatsache«, daß diese »große Umwälzung in unserem Volke stattfinden konnte erstens in einem geradezu blitzschnellen Tempo und zweitens fast ohne jedes Blutvergießen«, wofür eine »glänzend organisierte Bewegung mit in langen Jahren disziplinierten Anhängern« gekämpft habe (Domarus, Hitler, Reden, S.352ff.).

Im Anschluß an die Rede Hitlers billigte der Reichstag, nachdem der 12. November 1933 bewiesen habe, »daß das deutsche Volk über alle innenpolitischen Grenzen und Gegensätze hinweg zu einer unlöslichen inneren Einheit verschmolzen ist«, einmütig das »Gesetz über den Neuaufbau des Reiches«, welches die Volksvertretungen in den Ländern aufhob (Art. 1), die Hoheitsrechte der Länder auf das Reich verlagerte (Art. 2), die Reichsstatthalter der Dienstaufsicht des Reichsinnenministers unterstellte (Art. 3) und der Reichsregierung die Kompetenz zusprach, neues Verfassungsrecht zu sprechen (Art. 4). (RGBl. 1934 I, S.75).

Die beiden nächsten Reichstagssitzungen waren sonicht geplant, sondern ergaben sich gleichsam zwangsläufig aus dem Ablauf der Ereignisse. Jene vom 13. Juli 1934 diente Hitler zur Rechtfertigung der von ihm angeordneten oder in seinem Auftrag durchgeführten Aktionen zur Niederschlagung des angeblichen »Röhm-Putsches«, der überhaupt nicht stattgefunden hatte. Zunächst bestrebt, die Bedeutung der Ereignisse schnell durch Bilder wiederhergestellter Normalität zu verschleiern – u.a. befahl Göring am 2. Juli der Polizei die Verbrennung »aller mit der Aktion der beiden letzten Tage zusammenhängenden Akten«, untersagte das Propagandaministerium der Presse die Veröffentlichung von Todesanzeigen der Ermordeten und am 3. Juli verabschiedete das Kabinett unter mehr als 20 Gesetzen auch eines mit nur einem Paragraphen, der die »zur Niederschlagung hoch- und landesverräterischer Angriffe ... vollzogenen Maßnahmen ... als Staatsnotwehr« für »rechtens« erklärte (RGBl. I, S.529) –, hatte Hitler rasch erkennen müssen, daß aller Vertuschungseifer vergeblich blieb. Möglich auch, daß es ihm Mühe bereitete, den Mord an seinen alten Gefährten Ernst Röhm und Gregor Strasser zu verdrängen. Anders ist sein mehr als zehn Tage dauerndes, allen Regeln der Psychologie und Propaganda zuwiderlaufendes Schweigen kaum erklärbar (Fest, Hitler, S.643).

Auch die mehrstündige Rede bei »Kroll« – dort standen neben dem Rednerposium und im Saal SS-Posten mit Stahlhelm, vielleicht aus Furcht vor Attentaten; Göring trug keine Parteiuniform, sondern die des Luftsportverbandes, der Tarnorganisation für die bereits im Aufbau

Rede Hitlers nach dem »Röhm-Putsch«, 13. Juli 1934

befindliche Luftwaffe – war vor allem gekennzeichnet durch wortreiche Ungereimtheiten und Erklärungslücken. Nach einer umfangreichen Einleitung mit seinem Resümee der Verdienste und Sorgen häufte er alle Schuld auf Röhm, der ihn stets von neuem vor unannehmbare Alternativen gestellt sowie in seinem Umkreis Korruption, Homosexualität und Ausschweifung zugelassen habe. Er sprach von destruktiven, entwurzelten Elementen, die »jede innere Beziehung zu einer geregelten menschlichen Gesellschaft verloren« gehabt hätten und »Revolutionäre geworden [seien], die der Revolution als Revolution huldigen und in ihr einen Dauerzustand sehen möchten«. Doch gäbe es keine »segensreiche Entwicklung mittels periodisch wiederkehrender Revolten«. Noch einmal verwarf er Röhms Konzeption einer nationalsozialistischen Armee und versicherte der Reichswehr, die den Mord an ihren früheren Generalen Kurt von Schleicher und Kurt von Bredow widerspruchslos hinnahm und voller Illusionen glaubte, der eigentliche Sieger dieser Tage zu sein, daß es im Staate nur einen Waffenträger, nämlich die Wehrmacht, und nur einen Träger des politischen Willens, die NSDAP, gebe. Nach langatmiger Verteidigung seiner Handlungsweise rief er aus. »Meutereien bricht man nach ewig gleichen eisernen Gesetzen. Wenn mir jemand den Vorwurf entgegenhält, weshalb wir nicht die ordentlichen Gerichte zur Aburteilung herangezogen hätten, dann kann ich ihm nur sagen: In dieser Stunde war ich verantwortlich für das Schicksal der deutschen Nation und damit des deutschen Volkes oberster Gerichtsherr! ... Ich habe den Befehl gegeben, die Hauptschuldigen an diesem Verrat zu erschießen, und ich gab weiter den Befehl, die Geschwüre unserer inneren Brunnenvergiftung ... auszubrennen bis aufs rohe Fleisch ... Die Nation muß wissen, daß ihre Existenz ... von niemandem ungestraft bedroht wird! Und es soll jeder für alle Zukunft wissen, daß, wenn er die Hand zum Schlage gegen den Staat erhebt, der sichere Tod sein Los ist!«

Die folgende Sitzung des Reichstages am 6. August diente dem Gedenken an den am 2. August verstorbenen Reichspräsidenten von Hindenburg. Diesem Ereignis entsprechend war die

Trauerfeier für Hindenburg, 6. August 1934

Bühne bei »Kroll« mit schwarzem Tuch verhängt, in der Mitte auf einem Sockel eine Büste des Toten postiert. In seiner Würdigung der Persönlichkeit Hindenburgs erinnerte sich Hitler noch einmal mit »ergriffener Dankbarkeit« an die Stunde, da er als »Kanzler des Reiches in seine ehrwürdige Hand den Eid ablegen durfte«; seitdem habe er es immer mehr als die Gnade eines Schicksals empfunden, »das uns diesen väterlich-gütigen Schirmherrn gegeben hat«.

Nach der Trauermusik aus Richard Wagners *Götterdämmerung* verließen die Abgeordneten und sonstigen Teilnehmer die Kroll-Oper, vor welcher sie noch ein besonderes Schauspiel erlebten. Mit einer Ehrenkompanie des Berliner Wachbataillons paradierte erstmals eine Einheit der Wehrmacht vor ihrem neuen Oberbefehlshaber, dem sie schon am 2. August den »bei Gott ... heiligen Eid« geschworen hatte, ihm unbedingten Gehorsam zu leisten. Damit die Generäle aber auch sehen konnten, welch seltsame Bewandtnis es mit Hitlers Wort vom »einzigen Waffenträger der Nation« hatte, folgten im gleichen Paradeschritt, mit den gleichen Stahlhelmen und Karabinern mit teilweise aufgepflanztem Bajonett, eine Ehrenbereitschaft der Landespolizeigruppe *General Göring*, ein Ehren-Sturm der Leibstandarte SS Adolf Hitler, eine Ehren-Abteilung der Feldjäger, ein Ehren-Sturm der SA (ohne Waffen!), anschließend Abordnungen der Landesfliegerschule und des Arbeitsdienstes mit geschultertem Spaten (*Völkischer Beobachter,* Nr. 219 v. 7. Aug. 1934).

Am Tage darauf erfolgte die Beisetzung Hindenburgs, der sich ursprünglich einen Platz neben dem Grab seiner Frau gewünscht hatte, im Hof des Tannenberg-Denkmals in Ostpreußen. Hitler feierte Hindenburg zum zweiten Mal als »Schirmherrn der nationalsozialistischen Revolution und damit der Wiedergeburt unseres Volkes«, der »unsterblich« bleiben werde, »wenn selbst die letzte Spur seines Leibes verweht sein sollte«, mit dem Schlußsatz: »Toter Feldherr, geh' nun ein in Walhall!« (*Völkischer Beobachter,* Nr. 220 v. 8. Aug. 1934)

Die im Grunde wohl seit längerem von den Westmächten befürchtete Wiedereinführung der allgemeinen Wehrpflicht am 16. März 1935, verbunden mit der Ankündigung des Aufbaues einer neuen Wehrmacht in einer Friedensstärke von 36 Divisionen mit 550000 Mann führte zu Protesten, zu Aussprachen und Konsultationen der betroffenen Regierungen (*Völkischer Beobachter,* Sonder-Nr. v. 16. März), auch zu einer Verurteilung des Bruchs des Versailler Vertrages durch den Völkerbund. Wenngleich der Westen sich, nicht zuletzt auf Grund der Haltung Großbritanniens, das auf den Abschluß eines Flottenvertrages mit dem Reich hoffte, zu keinen Sanktionen aufraffen konnte, hielt Hitler es aberfür geboten, dem in der westlichen Öffentlichkeit wieder gewachsenen Unbehagen über die Verhältnisse in Deutschland Rechnung zu tragen.

So ließ er den Reichstag für den 21. Mai einberufen, an dem er zugleich bekanntgab, daß die aktive Dienstzeit der Wehrpflichtigen ein Jahr betragen solle. Natürlich war er entschlossen, diese noch vor Ablauf des ersten Dienstjahres auf zwei Jahre zu erhöhen, was dann auch am 24. August 1936 geschah (RGBl. I, S.706). Noch aber hielt er es für richtig, den Reichstag mit einer neuerlichen »Friedensrede« zu beglücken, um die Welt und das deutsche Volk von seinem angeblichen Friedenswillen zu überzeugen und den ungünstigen Eindruck des Wehrgesetzes mit wohlklingenden Phrasen zu verwischen.

Schon in seiner Reichstagsrede vom 21. Mai 1935 hatte Hitler erkennen lassen, daß er sich nicht auf ewig mit der Entmilitarisierung des Rheinlandes abfinden würde. Den Vorwand zu einer ursprünglich erst für 1937 geplanten Aktion lieferten ihm schon rund ein Jahr früher die Verhandlungen über einen französisch-sowjetischen Beistandspakt. Um das Unternehmen abzuschirmen, gewährte Hitler dem Journalisten Bertrand de Jouvenel am 21. Februar ein Inter-

Hitler betritt die Kroll-Oper, 7. März 1936

view, in dem er sich von den scharfen antifranzösischen Ausführungen in *Mein Kampf* distanzierte und versicherte, die Korrekturen in einer auf Verständigung mit Frankreich zielenden Außenpolitik vornehmen zu wollen. Als das Interview jedoch erst einen Tag nach der Ratifizierung des Pakts durch die Kammer in Paris am 27. Februar 1936 erschien, fühlte er sich hintergangen. Dies ließ er am 2. März Botschafter André Francois-Poncet spüren, dem er erklärte, daß alle seine Erklärungen im Interview überholt seien und er mit neuen Vorschlägen aufwarten werde.

Vom gleichen 2. März auch datiert die Weisung an die Wehrmacht für die Rheinlandbesetzung. Hitler war sich des Risikos bewußt und hat später einmal die 48 Stunden danach als die »aufregendste Zeitspanne« seines Lebens bezeichnet. Immerhin sicherte er sie in der gewohnten und bewährten Weise ab. Wieder verlegte er sie auf einen Sonnabend, weil er die Entscheidungsgremien der Westmächte am Wochenende praktisch beschlußunfähig wußte, und begleitete am gleichen Tag, dem 7. März, vor dem Reichstag den diesmal doppelten Bruch der Verträge von Versailles und Locarno mit Wohlverhaltensschwüren und emphatischen Bündnisangeboten, darunter sogar dem Vorschlag eines 25jährigen Nichtangriffspaktes mit Frankreich und der Rückkehr des Reiches in den Völkerbund.

Die Reichstagsrede, mit der Hitler seine Aktion abstützte, machte sich demagogisch meisterhaft die Widersprüche, Ängste, Friedenssehnsüchte ganz Europas zu eigen. Wortreich beschwor er »das Grauen der kommunistischen internationalen Haßdiktatur«, die Gefahr aus dem unheimlichen Osten, plädierte dafür, »das Problem der allgemeinen europäischen Volks-

Reichstagssitzung, 7. März 1936

und Staatsgegensätze aus der Sphäre des Unvernünftigen, Leidenschaftlichen herauszuheben und unter das ruhige Licht einer höheren Einsicht zu stellen.«

Nach dem Abebben des Jubels in der Kroll-Oper verlas Göring noch eine »Botschaft des Führers«, womit er die Verordnung über die Auflösung des Reichstages meinte. Es war übrigens das erste Mal, daß Hitler als Staatsoberhaupt selbst den Reichstag auflöste; auf die sonst übliche Anführung des Artikels 25 der Weimarer Republik, der ihm das Recht dazu gab, verzichtete er:

»In der Absicht, dem deutschen Volk die Gelegenheit zu geben, der mit dem heutigen Tage abgeschlossenen Politik der Wiederherstellung der nationalen Ehre und Souveränität des Reiches, verbunden mit dem aufrichtigen Bestreben nach einer wahren Völkerversöhnung und Verständigung auf den Grundlagen gleicher Rechte und gleicher Pflichten, seine feierliche Zustimmung erteilen zu können, löse ich den Reichstag mit Ablauf des 28. März 1936 auf. Die Neuwahlen zum Reichstag finden am Sonntag, den 29. März 1936 statt. Berlin, den 7. März 1936. Der Führer und Reichskanzler Adolf Hitler.« (RGBl. I, S.136)

In Paris erwog die Regierung einen Moment lang einen militärischen Gegenschlag, schreckte letztlich aber im Hinblick auf die starke pazifistische Grundstimmung in der Öffentlichkeit davor zurück. Und in Großbritannien hatte man Mühe, die französische Erregung überhaupt zu begreifen, denn Deutschland kehre doch nur »in seinen eigenen Garten« zurück. So regelte sich mehr oder minder alles nach dem Modell vorausgegangener Krisen: Proteste, Drohungen, besorgte Konsultationen, anschließend Konferenzen, bis »das zähe Palaver dem verletzten Recht alle Energien genommen hatten« (Fest, Hitler, S.682).

Der am 12. November 1933 gewählte, bereits rein nationalsozialistische Reichstag hätte der Weimarer Verfassung gemäß noch bis weit in das Jahr 1937 in Funktion bleiben können. Für Hitler waren offenbar zwei Gründe für die vorzeitige Auflösung ausschlaggebend. Eine »Neuwahl« 1937 hätte zugleich das Ende des Ermächtigungsgesetzes und eine wirkliche Beurteilung seines Tuns bedeuten können, gemäß seiner 1933 verkündeten Parole »Gebt mir vier Jahre Zeit«. Nun bestand zwar nicht die Gefahr, daß ihm das deutsche Volk in seiner Mehrheit 1937 das Vertrauen versagen würde, doch Hitler war in Machtfragen stets mißtrauisch, weshalb es ihm richtiger dünkte, schon vorher die »Neuwahl« anzusetzen. Tatsächlich ließ er dann auch im Oktober 1936 den Beginn eines neuen »Vierjahresplans« verkünden (RGBl. I, S.887).

Der zweite Grund lag wohl in der noch fehlenden Nachwahl im Saargebiet. Hitlers Methode, einfach die am 13. Januar 1935 dort für Deutschland abgegebenen Stimmen durch 60000 zu dividieren und dann acht neue NSDAP-Abgeordnete zu ernennen, schien nicht überall beifällig aufgenommen worden zu sein. Sowohl in seiner Rede bei »Kroll« am 7. März als auch auf seinen elf »Wahl«kundgebungen im ganzen Reich hatte er mehrfach erklärt, sich am 29. März dem Urteil des Volkes stellen zu wollen. Dies allerdings war nicht so zu verstehen, daß jeder Wahlberechtigte sich für ein »Ja« oder »Nein« entscheiden konnte, sondern er wollte von allen das »Ja«. In der Verordnung zur Auflösung stand ja auch ganz klar, er wolle dem Volk die Gelegenheit eröffnen, der Regierungspolitik »seine feierliche Zustimmung erteilen zu können«.

Beim letzten Plebiszit am 19. August 1934 anläßlich der Übernahme des Reichspräsidentenamtes hatte Hitler »nur« knapp 90% der Stimmen erhalten, ein Ergebnis, das er und seine engste Umgebung mit betretenen Mienen quittiert hatten. Später hat Hitler sich mehrfach so geäußert, als sei ihm damit seitens des deutschen Volkes ein bitteres Unrecht zugefügt worden. Eine solche »Enttäuschung« wollte er nicht noch einmal erleben. So erhielten alle Wahlvorstände die Anweisung, nicht nur normale Ja-Stimmen positiv zu werten, sondern auch alle leeren bzw. durchgestrichenen Stimmzettel. Selbst bei eindeutigen Nein-Stimmen beteiligten sich von 45,5 Millionen Wahlberechtigten 44,9 Millionen, von denen wiederum 44,4 Millionen (99%) ein »Ja« ablieferten, als ungültig galten 500000 Stimmen. Hitler war nun zufrieden, besonders mit der Abstimmung an der Saar, wo 99,9% für ihn votiert haben sollen (Domarus, Hitler, Reden, Bd. 2, S.616f.).

Der am 29. März 1936 »gewählte« Reichstag mußte geschlagene zehn Monate warten, ehe er zu seiner ersten Sitzung am 30. Januar 1937, dem vierten Jahrestag der »Machtergreifung«, in

Parkett-Stehplatz

Ohne Abschnitt ungültig! Beim Verlassen des Saales abzugeben! Nicht übertragbar!

Einlaßkarte
zum Sitzungssaale des Reichstags
in der Kroll-Oper
Sonnabend, den 30. Januar 1937
13 Uhr pünktlich
Haupteingang

die Kroll-Oper gerufen wurde. Hitler nutzte »diese heutige geschichtliche Zusammenkunft«, um im Rückblick auf die vergangenen vier Jahre »einige jener allgemein gültigen Erkenntnisse, Erfahrungen und Folgerungen aufzuzeigen, die zu verstehen nicht nur für uns, sondern auch für die Nachwelt wichtig sind«. Trotz dieser Ankündigungen aber wich er kaum von dem üblichen Schema seiner Reden ab: der ausgedehnten Schilderung des 14jährigen politischen Kampfes, Glorifizierung der nationalsozialistischen »Machtergreifung« als »Revolution der Revolutionen«, detaillierter Aufzählung aller innen- und außenpolitischen Erfolge. Einen gewissen Höhepunkt dieses »Rechenschaftsberichts« bildete die Bekanntgabe der Außerkraftsetzung einiger internationaler Abkommen durch einseitige Deklaration. Sie betraf die behauptete Kriegsschuld Deutschlands (Art. 231 des Versailler Vertrags) sowie Bestimmungen des Londoner Abkommens vom 16. August 1924 über die Umwandlung der Reichsbank in ein von der Regierung unabhängiges Unternehmen und die der Reichsbahn in eine Gesellschaft. Gemessen an den bisher schon annullierten militärischen Bestimmungen von Versailles kam diesem Akt allerdings nicht mehr als deklamatorische Bedeutung zu.

Anschließend meinte er zynisch, er habe bei seinen außenpolitischen Aktionen die Gegner vorher nicht befragen wollen, um ihnen das »so oder so notwendige Hinnehmen [seiner] Entscheidungen zu erleichtern«. Um ihnen diese Ohrfeige etwas weniger schmerzhaft erscheinen zu lassen, versicherte er zugleich, »die Zeit der sogenannten Überraschungen« sei nunmehr abgeschlossen, und künftig wolle Deutschland »in legaler Weise« und im Bewußtsein seiner »europäischen Aufgabe« an allen Problemen mitarbeiten.

Ausführlich referierte Hitler über ein »Friedensprogramm« und unterbreitete in acht Punkten vage Vorschläge über eine Neugestaltung des Völkerbundes, den man in ein »Organ revolutionärer Vernunft«, statt »reaktionärer Trägheit« umwandeln solle. Nach umfassender Darstellung der auf Autarkie zielenden Wirtschaftspolitik des zweiten Vierjahresplanes, für die er u.a. wieder einmal die »bolschewistische Weltgefahr« verantwortlich machte, der Anmeldung von Ansprüchen auf die ehemaligen deutschen Kolonien in Afrika, der Ablehnung jeder Rüstungskontrolle, sprach er noch von anderen Zielen, um das deutsche Volk »gesünder und sein Leben angenehmer zu machen«.

Dies betraf vor allem die Neugestaltung einiger Städte des Reiches wie München als »Stadt der Bewegung«, Nürnberg als »Stadt der Reichsparteitage«, Hamburg als »Tor zur Welt« und Berlin als »wahrer und wirklicher Hauptstadt des Reiches«. Für Berlin habe er daher »am heutigen Tage« einen Generalbauinspektor ernannt, um »in das Chaos der Berliner Bauentwicklung jene große Linie zu bringen, die dem Geist der nationalsozialistischen Bewegung und dem Wesen der deutschen Reichshauptstadt gerecht wird«. Und endlich, so meinte Hitler, werde es die Aufgabe der Zukunft sein, »das wirkliche Leben unseres Volkes, wie es sich nun staatlich ausgebildet hat, durch eine Verfassung für immer und ewig zu besiegeln und damit zum unvergänglichen Grundgesetz aller Deutschen erheben«.

Anschließend gab Göring die »Stiftung eines Nationalpreises für Kunst und Wissenschaft« durch Hitler bekannt (RGBl. 1937 I, S.305) – Reaktion auf die Zuerkennung des Friedensnobelpreises an den in einem KZ im Emsland befindlichen Publizisten und Herausgeber der *Weltbühne,* Carl von Ossietzky, durch den Storting in Oslo am 24. November 1936, was Hitler veranlaßte, fortan jedem Deutschen die Annahme eines Nobelpreises »für alle Zukunft« zu verbieten.

Zum Schluß der »denkwürdigen« Sitzung verlängerte der Reichstag das Ermächtigungsgesetz von 1933 bis zum 1. April 1941 (RGBl. I, S.105) und billigte einige kleinere Erlasse, die einer weiteren Gleichschaltung von Partei und Staat dienen sollten.

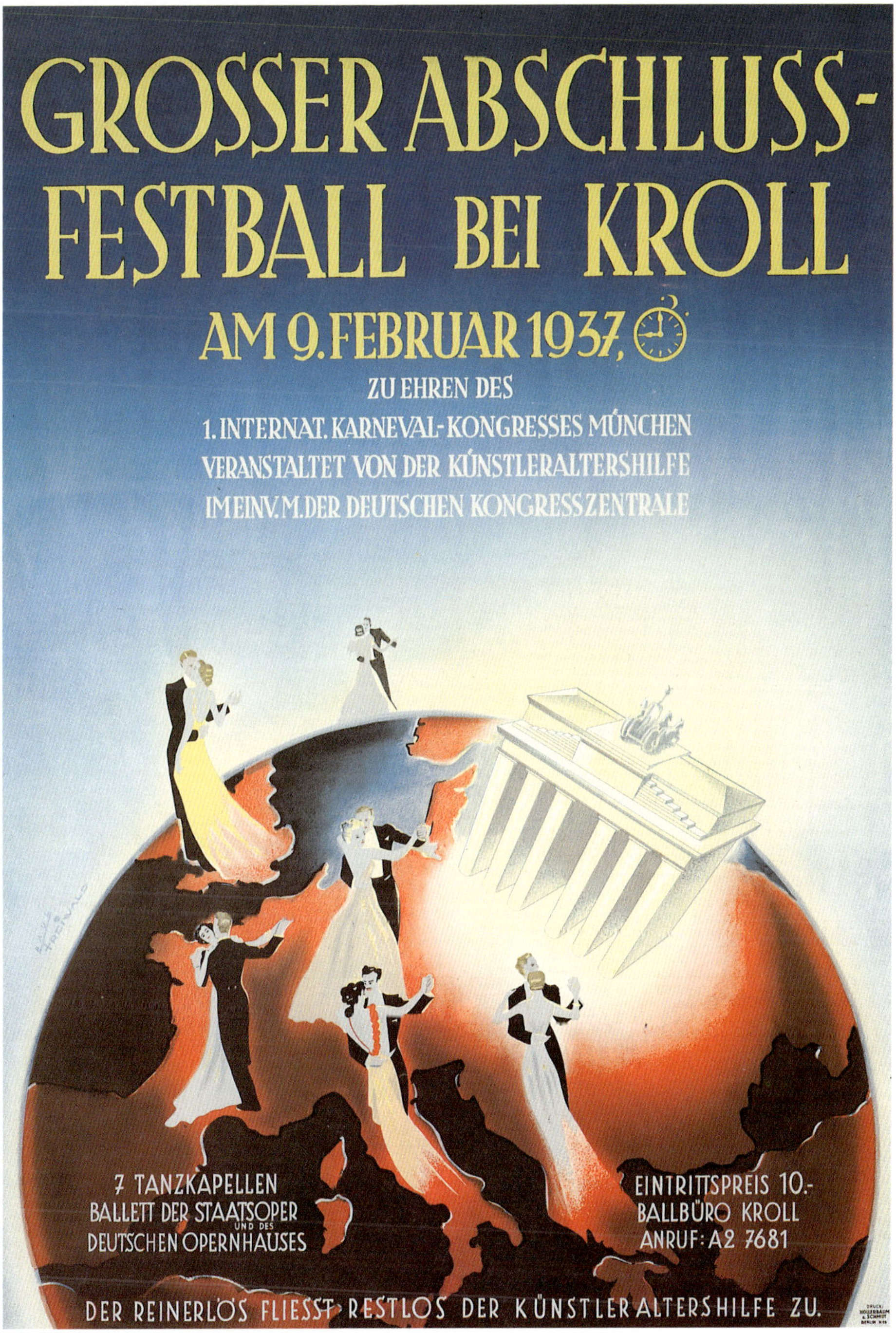
GROSSER ABSCHLUSS-
FESTBALL BEI KROLL
AM 9. FEBRUAR 1937, 9 (clock symbol)
ZU EHREN DES
1. INTERNAT. KARNEVAL-KONGRESSES MÜNCHEN
VERANSTALTET VON DER KÜNSTLERALTERSHILFE
IM EINV. M. DER DEUTSCHEN KONGRESSZENTRALE
7 TANZKAPELLEN
BALLETT DER STAATSOPER
UND DES
DEUTSCHEN OPERNHAUSES
EINTRITTSPREIS 10.-
BALLBÜRO KROLL
ANRUF: A2 7681
DER REINERLÖS FLIESST RESTLOS DER KÜNSTLERALTERSHILFE ZU.
DRUCK:
HOLLERBAUM
& SCHMIDT
BERLIN N 65

Modell-Foto des nördlichen Abschnitts der von Speer geplanten Nord-Süd-Achse. In der Bildmitte die »Große Halle«, unmittelbar darunter das sogenannte Führer-Palais, ziemlich genau auf dem Terrain des Kroll'schen Etablissements stehend

Die offizielle Ernennung Albert Speers zum Generalbauinspektor für die Reichshauptstadt sollte für das Kroll'sche Haus zum dritten Mal in seiner zu diesem Zeitpunkt noch nicht einmal hundertjährigen Geschichte die Gefahr eines Abrisses heraufbeschwören. Kernstück der schon seit März 1936 intensiv betriebenen Planungen Hitlers und Speers für die gewaltige Umgestaltung Berlins in die künftige Welthauptstadt *Germania* nämlich war der etwa sieben Kilometer lange, als Prachtstraße gedachte Mittelabschnitt Nord-Süd-Achse zwischen Tempelhof und Moabit. Dabei hätte der von den Nazis am 20. März 1933 wieder in Königsplatz umbenannte Platz der Republik eine völlig andere Gestalt erhalten sollen; allein das Reichstagsgebäude von Paul Wallot wäre übrig geblieben, für das Hitler eine gewise sentimentale Neigung hegte.

Die ganze Nordseite des zu einer riesigen Aufmarschfläche umfunktionierten Platzes sollte die »Große Halle« einnehmen. Als größtes Bauwerk der Welt entworfen, sollte sie in ihrer letzten planerischen Fassung einen quadratischen Unterbau von je 315 Meter Seitenlänge und eine Höhe von etwa 290 Metern haben und rund 150 bis 180000 Menschen Platz bieten. Der runde Innenraum war auf etwa 250 Meter Durchmesser angelegt, in einer Höhe von 220 Meter hätte man den Abschluß einer riesigen Kuppel gesehen, die 98 Meter über dem Fußboden zu einer leicht parabolischen Kurve ansetzte. In den 21 Millionen Kubikmetern dieses Monsters wären das Capitol in Washington und St. Peter in Rom viele Male versunken.

Auf der Ostseite des Platzes sollte der Reichstag durch einen Erweiterungsbau mit der Großen Halle verbunden werden. Die auf der Westseite gelegene *Kroll-Oper* hätte dem *Führer-Palais* weichen müssen, für das Speer in seinem Entwurf eine Fläche von zwei Millionen Quadratmetern benötigte, um der Repräsentationssucht Hitlers genügen zu können. Die Südseite des Platzes begrenzte der Eingangsflügel dieses Palastes und das Oberkommando der Wehrmacht, zwischen denen die »Prachtstraße« nach Süden hin ihren Ausgang nehmen sollte.

Die Halle wie andere Großbauten entlang der Nord-Süd-Achse sollten 1950 fertiggestellt sein. Da sie allein ihrer Größenordnung wegen die längste Bauzeit erforderten, begannen die ersten Vorarbeiten bereits 1938: Abriß von Häusern im Spreebogen, vor allem auf der nordöstlichen Seite, Untersuchungen des Baugrundes für die gewaltigen Fundamente, Ankauf von Granit und Marmor in halb Europa. Auf dem Königsplatz selbst wurden die Siegessäule und die Denkmäler Bismarcks, Moltkes und Roons entfernt und auf den von 80 auf 200 Meter Durchmesser vergrößerten Großen Stern »verpflanzt«, der so als eine Art Erinnerungsstätte an das 'Zweite Reich' dienen sollte. Diese Arbeiten, ebenso wie die Verbreiterung der Charlottenburger Chaussee vom Brandenburger Tor in Richtung Westen, sind schon zu Hitlers 50. Geburtstag am 20. April 1939 beendet worden (Reichhardt/Schäche, Von Berlin nach Germania, S.51f., 57ff.).

Nach dem ohne größere innen- oder außenpolitische Aktionen verlaufenen Jahr 1937 glaubte Hitler offensichtlich, 1938 nunmehr kräftig das nachholen zu müssen, was er vielleicht zuvor versäumt hatte. An das in der letzten Reichstagsrede verkündete »Ende der Überraschungen« mochte er sich selbst wohl nicht mehr recht erinnern.

Im Innern entledigte er sich erst einmal jener Männer, die seinen Ausführungen über die Notwendigkeit baldigen militärischen Eingreifens gegen Österreich und die Tschechoslowakei bei der geheimen Zusammenkunft in der Reichskanzlei am 5. November 1937 mit einiger Skepsis vor allem hinsichtlich des Zeitpunktes begegnet waren. Am 4. Februar ließ Hitler u.a. bekanntgeben, daß er: 1. den mit Rücksicht auf die angegriffene Gesundheit begründeten Anträgen des Reichskriegsministers von Blomberg, des Oberbefehlshabers des Heeres, Generaloberst von Fritsch, und des Außenministers von Neurath auf Versetzung in den Ruhestand entsprochen, 2. die Befehlsgewalt über die Wehrmacht unmittelbar übernommen und 3. Joachim von Ribbentrop zum Nachfolger Neuraths ernannt habe, was nichts anderes bedeutete, als daß er künftig ebenso unmittelbar die Außenpolitik zu führen gedachte.

Diese Änderungen erregten wie kein anderes innenpolitisches Ereignis seit der Röhm-Affäre ungeheures Aufsehen in der Öffentlichkeit. Hatte Hitler seinerzeit zwei Wochen gebraucht, um eine Erklärung zu den Vorgängen abgeben zu können, so schob er auch diesmal die notwendige Stellungnahme vor dem Reichstag noch etwas länger hinaus. Denn bis zum 20. Februar hoffte er auf einen weiteren »Erfolg« in Bezug auf Österreich und auf ein Abschwellen der Erregung über die von ihm getroffenen Entscheidungen in bestimmten Kreisen.

Für den 12. Februar hatte Hitler sich Österreichs Bundeskanzler Kurt Schuschnigg auf seinen »Berghof« bei Berchtesgaden bestellt und mit folgenden Forderungen konfrontiert: Wiederzulassung der NS-Bewegung, Amnestie für alle inhaftierten Nationalsozialisten, Aufnahme Arthur Seyß-Inquarts ins Kabinett als Innenminister, Herstellung engerer wirtschaftlicher und militärischer Bindungen an das Reich. Hitler erwartete die Erfüllung dieser Bedingungen innerhalb von drei Tagen, während derer er durch allerlei militärische Demonstrationen dafür sorgte, daß man in Wien aus Angst vor irgendeiner Intervention in aller Eile die erwünschten Maßnahmen verwirklichte. Bereits am 17. Februar weilte der neue Innenminister Seyß-Inquart zu einem kurzen Besuch in Berlin.

Hitlers Rede vor dem Reichstag wurde nicht allein, wie üblich, vom Rundfunk im Reich, erstmals auch von den österreichischen Sendern, übertragen, sondern war in Berliner Kinos als direkte Fernsehsendung zu sehen. Zunächst schien es, als wollte er die in der breiten Öffentlichkeit mit Spannung erwarteten Enthüllungen sogleich offenbaren und die Zuhörer nicht allzu lange auf die Folter spannen. Doch seiner Feststellung, die Einberufung des Reichstages nicht schon am fünften Jahrestag der »Machtergreifung«, sondern drei Wochen vornehmen zu lassen, erkläre sich daraus, daß er erstens die personellen Veränderungen aus gewissen Gründen nicht vor, sondern erst nach dem 30. Januar vornehmen, und zweitens auf einem bestimmten Gebiet der auswärtigen Beziehungen noch »eine dringend notwendige Klärung« herbeiführen wollte, folgte der gewohnte Rückblick auf die Entwicklung seit Übernahme seiner Kanzlerschaft, dann der eine geschlagene Stunde währende »kurze Auszug« mit »nüchternen Zahlen« aus dem wirtschaftlichen Leben und schließlich noch einmal ein »Rückblick«, ehe er endlich die »Themen des Tages« ansprach. Der Darstellung der Wehrmachtskrise folgte erst einmal »Rückblick« Nr. 3 mit langatmigen Ausführungen über die Beseitigung der Arbeitslosigkeit, die Währungspolitik, den Anspruch auf Kolonien, den Friedensvertrag von Versailles, den Völkerbund und die »internationale Pressehetze«.

Dann sprach er ganz offen von den »zehn Millionen Deutschen«, die von zwei angrenzenden Staaten umschlossen seien, wobei es nicht schwer fallen konnte, die Annexionsgedanken Hitlers aus seinen Worten herauszuhören. Gleichwohl fand er für Schuschnigg recht warme Worte, dem er »aufrichtig« dankte für »die warmherzige Bereitwilligkeit, mit der er ... sich bemühte, gemeinsam (!) mit mir einen Weg zu finden, der ... im Interesse des gesamten deutschen Volkes liegt, ... dessen Söhne wir alle sind, ganz gleich wo unsere Wiege stand«. Unmißverständlich ließ er zugleich vor allem die Westmächte wissen, daß zu den Interessen des Reiches auch der Schutz jener deutschen »Volksgenossen« gehöre, »die aus eigenem nicht in der Lage sind, sich an unseren Grenzen das Recht einer allgemeinen menschlichen, politischen und weltanschaulichen Freiheit zu sichern!« (Domarus, Hitler, Reden, S.792ff.)

Nach dem vollzogenen »Anschluß« (RGBl. 1938 I, S.337f.) mit Hitlers Rede am 15. März 1938 auf dem Wiener Heldenplatz, wo er als »der Führer und Kanzler der deutschen Nation und des Reiches ... vor der Geschichte nunmehr den Eintritt [seiner] Heimat in das Deutsche Reich« meldete, trat er am 18. März abends bei »Kroll« wieder vor den Reichstag. Die eingehende Schilderung der Ereignisse der vergangenen vier Wochen und die Darstellung der Motive seines Handelns verband er mit überschwenglichem Dank an die Haltung Mussolinis (»Ich werde Ihnen das nie vergessen!«) und mit Kritik an »dem wahrhaft fassungslosen Unverständnis« der westlichen Demokratien gegenüber der Beseitigung einer »auf die Dauer unerträglichen mitteleuropäischen Spannung«. Auch Polen, Ungarn und Jugoslawien bedachte er mit Lob, nur die Tschechoslowakei erwähnte er nicht namentlich, obwohl auch sie sich wohlwollend neutral verhalten hatte. Allerdings ließ er es nicht an Deutlichkeit fehlen, wohin die Entwicklung gehen sollte: »Deutschland ist nun wieder eine Weltmacht geworden. Welche Macht der Welt aber würde es auf die Dauer ruhig hinnehmen, wenn vor ihren Toren eine Millionenmasse von Angehörigen eines Staatsvolkes auf das bitterste mißhandelt wird? Es gibt hier Augenblicke, in denen es einer selbstbewußten Nation unmöglich ist, noch länger zuzusehen! ... Deutschland ... will anderen Völkern kein Leid zufügen. Es will aber auch selbst unter keinen Umständen Leid erdulden und vor allem: es ist bereit, für seine Ehre und seine Existenz jederzeit bis zum letzten einzutreten. Möge man niemals glauben, daß es sich hier nur um eine Phrase handelt, und man möge vor allem begreifen, daß ein großes Volk von Ehrgefühl auf die Dauer nicht einer fortgesetzten Unterdrückung großer Millionenmassen von Angehörigen seines eigenen Blutes untätig zusehen kann!«

Nach dieser nur schlecht verhehlten Gewaltandrohung wandte sich Hitler der Innenpolitik zu. Er löste den Reichstag auf und verfügte eine allgemeine Volksabstimmung zum 10. April. Er rief die rund 50 Millionen Wahlberechtigten dazu auf, ihm »jenen Reichstag zu schenken, mit dem es [ihm] unter der gnädigen Hilfe unseres Herrgotts möglich sein wird, die neuen großen Aufgaben zu lösen«. So wie er 1933 das deutsche Volk bat, »in Anbetracht der ungeheuren vor uns liegenden Arbeit [ihm] vier Jahre Zeit ... zu geben«, so meinte er nun, es zum zweiten Mal bitten zu müssen: »Deutsches Volk, gib mir noch einmal vier Jahre, damit ich äußerlich nunmehr den vollendeten Zusammenschluß zum Segen aller auch innerlich verwirklichen kann.« (Domarus, Hitler, Reden, S.826ff.)

Nach Wahlreden in 13 Städten, die erste in Königsberg, die letzte in Wien, traf Hitler am 10. April wieder in Berlin ein, um hier in einem Wahllokal auf dem Anhalter Bahnhof seine Stimme abzugeben. Der Wahlzettel lautete: »Bist du mit der am 13. März vollzogenen Wiedervereinigung Österreichs mit dem Deutschen Reich einverstanden und stimmst du für die Liste unseres Führers Adolf Hitler?« Nach den offiziellen Angaben hatten von 49,3 Millionen Stimmberechtigten 48,8 Millionen (99,08%) mit »Ja« gestimmt; in Österreich, der neuen »Ostmark«, sollen sogar 99,75% für Hitler gestimmt haben. Hitler sah darin »die höchste Rechtfertigung« seines ganzen Handelns. »Für mich ist diese Stunde damit die stolzeste meines Lebens. Ich kann nicht anders, als dem ganzen deutschen Volke und vor allem meiner eigenen teueren Heimat aus meinem tiefsten Herzen danken.« (*Völkischer Beobachter,* Nr. 102 v. 12. April 1938)

Der am 10. April 1938 gewählte »Großdeutsche Reichstag« tagte erstmals nach fast zehn (!) Monaten – Art. 23 der Weimarer Verfassung bestimmte, wie schon erwähnt, daß ein neuer Reichstag spätestens 30 Tage nach seiner Wahl sich konstituieren mußte –, am sechsten Jahrestag der »Machtergreifung«. Infolge der gestiegenen Bevölkerungszahl umfaßte er nunmehr 885 Abgeordnete (auf je 60000 Wählerstimmen entfiel ein Mandat); durch eine am 4. Dezember 1938 durchgeführte Ergänzungswahl in den seit dem 1. Oktober zum Reich gehörenden Sudetengebieten – die Bevölkerung dort hatte allerdings nur mit dem von Hitler als »kümmerlich« empfundenen Ergebnis von 98,9% für die NSDAP-Liste gestimmt – waren 41 Abgeordnete hinzugekommen. Bei der Wahl des Präsidiums verlor man, wie seit dem 21. März 1933 üblich, nicht viel Zeit. Per Akklamation behielt Göring das Präsidentenamt; Vizepräsidenten blieben Hanns Kerrl, Hermann Esser und Emil von Strauß. An der Stirnseite des Raumes in der Kroll-Oper, hinter dem Präsidentenstuhl und den Regierungsbänken hing an Stelle der Hakenkreuzfahne nunmehr ein riesiger breiter Hoheitsadler.

Die von ihm angekündigte »Regierungserklärung« weitete Hitler zu einer Mammutrede aus. Nach der gewohnten Einleitung gab er eine »sachliche Darstellung« des Ablaufs der Ereignisse in und um Österreich und die Tschechoslowakei, wobei seine Eingeständnisse bemerkenswert erschienen, daß die Truppen die österreichische Grenze bereits am 11. März abends um 22 Uhr, und nicht erst einen Tag später, zu überschreiten begonnen hatten, und er schon am 28. Mai zum militärischen Einschreiten gegen die Tschechoslowakei spätestens am 2. Oktober entschlossen war. Im Hinblick auf seine künftigen Pläne erklärte er kategorisch, es künftig nicht mehr hinnehmen zu wollen, wenn in gewisse, »nur uns angehende Angelegenheiten westliche Staaten sich einfach hineinzumengen versuchen, um durch ihr Dazwischentreten natürliche und vernünftige Lösungen zu verhindern!«

Seine Überzeugung, allein »die Entschlossenheit, dieses Problem so oder so zu lösen«, hätte die Westmächte veranlaßt, ihm das Sudetenland zu überlassen, bestärkte ihn in dem verhängnisvollen Irrglauben, daß er bei seinen territorialen Forderungen in Zukunft nur mit Gewalt drohen oder sie gleich anzuwenden brauche, um seinen Willen durchzusetzen. Dann hielt er es für angebracht, gegen das »internationale Judentum« gehörig vom Leder zu ziehen, dem er alles Unglück anlastete, das dem deutschen Volke im 20. Jahrhundert widerfahren war. Er drohte mit der »Vernichtung der jüdischen Rasse in Europa«, falls man es wagen sollte, Deutschland noch einmal den Krieg zu erklären.

Zum Abschluß warf er einen Blick zurück auf 2000 Jahre deutscher Geschichte, in denen aus »verstreuten Stämmen ein Volk, aus unzähligen Ländern und Staaten ein Reich wurde«. Dieser »Werdegang«, meinte er, dürfte nunmehr als beendet gelten. In welchem Lager sie zu ihrer Zeit auch immer standen, »die kühnen Herzöge und großen Könige, die Feldherren und gewaltigen Kaiser und um sie die erleuchteten Geister und Heroen der Vergangenheit, sie alle waren nur die Werkzeuge der Vorsehung im Entstehungsprozeß einer Nation ... Danken wir Gott, dem Allmächtigen, daß er unsere Generation und uns gesegnet hat, diese Zeit und diese Stunde zu erleben«.

Da der Reichstag nun einmal zusammengetreten war, mußte er auch gleich das Ermächtigungsgesetz von 1933 bis zum 10. Mai 1943 verlängern. An sich bestand zu diesem Schritt gar keine Veranlassung, denn eine Verlängerung war ja doch am 30. Januar 1937 schon bis April 1941 beschlossen worden. Hitler hielt diesen Schritt offenbar aber wohl für notwendig, vielleicht aus dem Zweifel heraus, ob er 1941 dazu käme, den Reichstag einzuberufen oder ob es für ihn opportun sein würde, ihn zusammentreten zu lassen (Domarus, Hitler, Reden, S.1047ff.).

Die Zerschlagung der Tschechoslowakei Mitte März 1939 führte zu scharfen Reaktionen des Westens. Nach den von Enttäuschung und Verbitterung über die Unglaubwürdigkeit und Unzuverlässigkeit Hitlers diktierten Worten des britischen Premiers Sir Neville Chamberlain, der unmißverständlich klarmachte, daß eine weitere territoriale Veränderung in Europa Krieg bedeuten würde, richtete US-Präsident Roosevelt am 15. April an Hitler und Mussolini die Aufforderung, gegenüber 31 namentlich angeführten Staaten eine zehnjährige Nichtangriffsgarantie abzugeben. Während Mussolini es zunächst ablehnte, diese Botschaft überhaupt zur Kenntnis zu nehmen, empfand Hitler wohl eine gewisse Genugtuung über die Herausforderung. Er gab sogleich bekannt, daß er dem Präsidenten am 28. April vor dem Reichstag antworten werde.

Diese Rede war nach erprobtem Muster voll von Friedensbekenntnissen und Gesten der Harmlosigkeit, laut in den Beteuerungen von Unschuld und verschwiegen über die tatsächlichen Absichten. Wiederum suchte Hitler sich als Sprecher eines Programms begrenzter und maßvoller Revisionen im Osten zu empfehlen; vermied dabei jedoch, auffälligerweise, die hemmungslosen Attacken gegen die sonst stets verteufelte Sowjetunion und die bolschewistische Weltgefahr. Nach heftigen Ausfällen gegen »internationale Kriegshetzer«, »Provokateure« und »Friedensfeinde« kam er zum Hauptthema seiner Rede, der unter Begeisterungsstürmen und teilweise brüllendem Gelächter vollzogenen Auseinandersetzung mit Präsident Roosevelt. Dessen Schreiben gliederte er in 21 Punkte, die er abschnittsweise beantwortete. Dabei lieferte er eine Demonstration seines ganzen Sarkasmus, seiner zuweilen suggestiven Logik und Überredungskunst, was manche Beobachter veranlaßte, diese Rede als die »wahrscheinlich brillanteste« zu bezeichnen, die er jemals gehalten habe (Fest, Hitler, S.795f.).

Sie enthielt allerdings nicht nur rhetorische Effekte, sondern auch eine bemerkenswerte, die Zeichen endgültig auf Krieg stellende polititsche Entscheidung: die zwei Tage zuvor in Großbritannien bekanntgegebene Einführung der allgemeinen Wehrpflicht beantwortete Hitler mit den Kündigungen sowohl des deutsch-britischen Flotten-Abkommens von 1935 als auch des polnisch-deutschen Vertrages von 1934. Dies hatte zwar keine unmittelbaren Konsequenzen zur Folge, doch liquidierte er damit das mit derlei Abmachungen stets verbundene Versprechen zur gütlichen Regelung aller Streitfragen; es war also gleichsam eine moralische Kriegserklärung (*Völkischer Beobachter,* Nr. 119 v. 29 April 1939).

Berliner Ausgabe
245. Ausg. / 52. Jahrg. / Einzelpreis 15 Pf. / Auswärts 20 Pf.

„Freiheit und Brot!"

Berliner Ausgabe
Berlin, Sonnabend, 2. September 1939

VÖLKISCHER BEOBACHTER

Kampfblatt der national-sozialistischen Bewegung Großdeutschlands

Der Führer verkündet den Kampf für des Reiches Recht und Sicherheit

Zum Gegenangriff angetreten

dnb Berlin, 1. September.

Das Oberkommando der Wehrmacht gibt bekannt:

Auf Befehl des Führers und Obersten Befehlshabers hat die Wehrmacht den aktiven Schutz des Reiches übernommen. In Erfüllung ihres Auftrags, der polnischen Gewalt Einhalt zu gebieten, sind Truppen des deutschen Heeres heute früh über alle deutsch-polnischen Grenzen zum Gegenangriff angetreten. Gleichzeitig sind Geschwader der Luftwaffe zum Niederkämpfen militärischer Ziele in Polen gestartet. Die Kriegsmarine hat den Schutz der Ostsee übernommen.

Die ersten Erfolge unserer Wehrmacht

Berlin, 1. September.

Das Oberkommando der Wehrmacht gibt bekannt:

„Im Zuge der deutschen Kampfhandlungen aus Schlesien, Pommern und Ostpreußen wurden an allen Fronten schon heute die erwarteten Anfangserfolge erzielt.

Die von Süden über das Gebirge vorgegangenen Truppen haben die Linie Neumarkt — Sucha erreicht. Südlich Mährisch-Ostrau ist die Olsa bei Teschen überschritten. Südlich des Industriegebietes sind unsere Truppen in Höhe von Kattowitz im zügigen Vordringen. Die aus Schlesien angesetzten Truppen sind im flüssigen Vorgehen in Richtung Tschenstochau und nördlich davon.

Im Korridor nähern sich unsere Truppen der Brahe und haben die Netze bei Nakel erreicht. Dicht vor Graudenz wird gekämpft. Aus Ostpreußen vorgehende Kräfte stehen tief auf polnischem Gebiet im Kampf.

Die deutsche Luftwaffe hat heute in wiederholten kraftvollen Einsätzen die militärischen Anlagen auf zahlreichen polnischen Flugplätzen, so zB. Rahmel, Putzig, Graudenz, Posen, Plock, Lodz, Tomaszow, Radom, Ruda, Kattowitz, Krakau, Lemberg, Brest, Therespol angegriffen und zerstört.

Die Forderung der großen Stunde

Die Rede, die der Führer in der großen Stunde unseres Volkes gehalten hat, ist beendet, aber nie mehr wird sie in Deutschland verklingen, nie mehr wird es eine Generation geben in unserem Lande, die diese Rede vergessen wird.

Tief, unauslöschlich tief hat sich das Bild des Mannes im grauen Soldatenrock in unsere Seelen gesenkt, das Bild dieses Mannes, der gewaltiger ist als alle anderen, die vor ihm das deutsche Schicksal gestaltet haben; bis ins Mark haben seine mutigen, ernsten, bewegten Worte das Bewußtsein des Volkes getroffen.

Das muß ein ganz besonders armseliger Schächer sein, der selbst jetzt, nach dieser Rede, nicht weiß, daß wir alle nun anzutreten und unseren Mut und unsere Treue dem Führer darzubringen haben; diesem Führer, der vor unseren Augen in sechs Jahren Deutschland aus elender Zweitklassigkeit zu neuer Größe erlöste, der vor unseren Augen den jahrhundertealten Traum der edelsten deutschen Herzen erfüllte, der vor unseren Augen ein Großdeutsches Reich erstehen ließ, schöner, herrlicher und machtvoller, als die kühnsten und begeistertsten Streiter für Deutschland es je zu erhoffen wagten!

Das muß ein Hundsfott sein, der immer nur nahm und immer nur nehmen will und der jetzt in der großen Stunde, in der die Herzen gewogen werden, in der einmal zur Kasse gegangen werden muß, es fertigbringt, mit leeren Händen beiseitezustehen.

Mut muß unsere Gabe für Deutschland und unser Dank für den Führer sein, Mut, von dem Plutarch geschrieben hat, daß er den Anfang des Sieges bedeutet.

Mut, Treue, eiserne Manneszucht und der heilige Wille, mit jeder Faser des eigenen Daseins für unser Volk einzustehen, das ist die Verpflichtung, mit der wir uns heute wie eine Phalanx von Stahl verbinden! Feigherzigkeit sei die größte Schande!

Der Mann im grauen Soldatenrock, der geliebte Führer, der erste Soldat des deutschen Volkes, soll mit der Haltung der Nation zufrieden sein!

Joh. Zimmermann

Ich habe damit wieder jenen Rock angezogen, der mir selbst der heiligste und teuerste war. Ich werde ihn nur ausziehen nach dem Sieg oder — ich werde dieses Ende nicht erleben!
Sollte mir in diesem Kampf etwas zustoßen, dann ist mein erster Nachfolger Parteigenosse Göring. (Stürmischer Beifall.)
Sollte Parteigenosse Göring etwas zustoßen, ist sein Nachfolger Parteigenosse Heß. (Erneuter stürmischer Beifall.)

Aufn.: Presse-Hoffmann

Der Wortlaut der geschichtlichen Rede

Berlin, 1. September.

In der historischen Reichstagssitzung vom 1. September hielt der Führer folgende Rede:

Abgeordnete,
Männer des Deutschen Reichstags!

Seit Monaten leiden wir alle unter der Qual eines Problems, das uns einst das Versailler Diktat beschert hat und das nunmehr in seiner Ausartung und Entartung unerträglich geworden war.

Danzig war und ist eine deutsche Stadt! Der Korridor war und ist deutsch!

Alle diese Gebiete verdanken ihre kulturelle Erschließung ausschließlich dem deutschen Volk, ohne daß in diesen östlichen Gebieten tiefste Barbarei herrschen würde.

Danzig wurde von uns getrennt! Der Korridor von Polen annektiert! Die dort lebenden deutschen Minderheiten in der qualvollsten Weise mißhandelt! Über eine Million Menschen deutschen Blutes mußten schon in den Jahren 1919/1920 ihre Heimat verlassen!

Wie immer, so habe ich auch hier versucht, auf dem Wege friedlicher Revisionsvorschläge eine Änderung des unerträglichen Zustandes herbeizuführen. Es ist eine Lüge, wenn in der Welt behauptet wird, daß wir alle unsere Revisionen nur unter Druck durchzusetzen versuchten. Fünfzehn Jahre, bevor der Nationalsozialismus zur Macht kam, hatte man Gelegenheit, auf dem Wege friedlichster Verständigung die Revision durchzuführen. Man tat es nicht! In jedem einzelnen Falle habe ich dann von mir aus nicht einmal, sondern oftmals Vorschläge zur Revision unerträglicher Zustände gemacht. Alle diese Vorschläge sind, wie Sie wissen, abgelehnt worden.

Ich brauche sie nicht im einzelnen aufzuzählen: die Vorschläge zur Rüstungsbegrenzung, ja, wenn notwendig, zur Rüstungsbeseitigung, die Vorschläge zur Beschränkung der Kriegführung, die Vorschläge zur Ausschaltung von in meinen Augen mit dem Völkerrecht schwer zu vereinbarenden Methoden der modernen Kriegführung. Sie kennen die Vorschläge, die ich über die Notwendigkeit der Wiederherstellung der deutschen Souveränität über die deutschen Reichsgebiete machte, die endlosen Versuche, die ich zu einer friedlichen Verständigung über das Problem Österreich unternahm, und später über das Problem Sudetenland, Böhmen und Mähren. Es war alles vergeblich!

Eines aber ist unmöglich: zu verlangen, daß ein unerträglicher Zustand auf dem Weg friedlicher Revision bereinigt wird — und dann die friedliche Revision konsequent zu verweigern!

Es ist auch unmöglich, zu behaupten, daß derjenige, der in einer solchen Lage dann dazu übergeht, von sich aus diese Revisionen vorzunehmen, gegen ein Gesetz verstößt. Das Diktat von Versailles ist für uns Deutsche kein Gesetz! (Lang anhaltende stürmische Zustimmungskundgebungen.) **Es geht nicht an, von jemand mit vorgehaltener Pistole und der Drohung des Verhungerns von Millionen Menschen eine Unterschrift zu erpressen und dann das Dokument mit dieser erpreßten Unterschrift als ein feierliches Gesetz zu proklamieren!**

So habe ich auch im Falle Danzigs und des Korridors versucht, durch friedliche Vorschläge auf dem Wege der Diskussion die Probleme zu lösen. Daß sie gelöst werden mußten, das war klar! (Tosende Beifallsstürme der Abgeordneten.) Und daß der Termin dieser Lösung für die westlichen Staaten vielleicht uninteressant sein kann, ist begreiflich. Aber uns ist dieser Termin nicht gleichgültig! Vor allem aber war er und konnte er nicht gleichgültig sein für die leidenden Opfer.

Ich habe in Besprechungen mit polnischen Staatsmännern die Gedanken, die Sie von mir hier in meiner letzten Reichstagsrede vernommen haben, erörtert. Kein Mensch kann behaupten, daß dies etwa ein ungebührliches Verfahren oder gar ein ungebührlicher Druck gewesen wäre. Ich habe dann die deutschen Vorschläge formulieren lassen, und ich muß es **noch einmal wiederholen, daß es etwas Loyaleres und Bescheideneres als diese von mir unterbreiteten Vorschläge nicht gibt.** Und ich möchte das jetzt der Welt sagen: Ich allein war überhaupt nur in der Lage, solche Vorschläge zu machen! (Nachdrückliche Zustimmungskundgebungen.) Denn ich weiß ganz genau, daß ich mich damals zur Auffassung von Millionen von Deutschen in Gegensatz ge-

Eine eigentliche Kriegserklärung sollte es vier Monate später gar nicht geben. Am frühen Morgen des 1. September 1939, um 4.45 Uhr, eröffneten die schweren Geschütze des seit Tagen im Danziger Hafen liegenden Linienschiffs *Schleswig-Holstein* das Feuer auf die polnische Westerplatte. Eine knappe Stunde später verkündete der Rundfunk eine Proklamation Hitlers an die Wehrmacht, worin er mitteilte, daß ihm nach dem »blutigen Terror« gegen die in Polen lebenden Deutschen und den »unerträglichen Grenzverletzungen« zur Beendigung dieses »wahnwitzigen Treibens« nunmehr kein anderes Mittel verblieben sei, als »Gewalt gegen Gewalt zu setzen«.

Hitler freilich hoffte noch immer, den großen Konflikt vermeiden zu können. Kurz vor 10 Uhr fuhr er zur Reichstagssitzung. Auf dem Weg dorthin bildeten SA- und SS-Leute Spalier, dahinter standen jedoch kaum Leute, und von Jubel und Beifall war kaum etwas zu spüren. In der *Kroll-Oper* fehlten über hundert Abgeordnete, teils weil sie bereits zur Wehrmacht eingezogen worden waren, teils weil sie nicht mehr rechtzeitig eintreffen konnten. Um aber dem »Führer« keine leeren Plätze zu präsentieren, hatte Göring sie einfach mit Parteifunktionären besetzen lassen und ihnen zudem »kraft der Vollmacht, die ich als Präsident des Reichstages habe« die Genehmigung erteilt, an der Abstimmung teilzunehmen.

Hitlers Rede war für seine Verhältnisse relativ kurz und »von eigentümlich blassem Ernst« (Fest, Hitler, S.823). Er beteuerte seine Friedensliebe und »endlose Langmut«, beschwor den erst wenige Tage alten Konsultativ- und Nichtangriffspakt mit der Sowjetunion, der eine »ungeheure Wende für alle Zukunft« bedeute, versicherte dem Westen, daß er niemals etwas von ihm fordern werde, sowie den neutralen Staaten, daß es ihm »heiliger Ernst« sei, ihre Neutralität zu achten, und überhäufte die polnische Regierung mit Anklagen, zu einer wirklichen Verständigung nicht bereit gewesen zu sein. Nach Schilderung der Grenzzwischenfälle der zurückliegenden Tage und der Lüge, daß »heute nacht zum ersten Mal auf unserem eigenen Territorium auch durch reguläre Soldaten geschossen« worden sei, rief er aus, dabei in der Zeitangabe irrend: »Seit 5.45 Uhr wird jetzt zurückgeschossen! Und von jetzt ab wird Bombe mit Bombe vergolten!« Nach der protzigen Angabe, in den letzten sechs Jahren über 90 Milliarden Reichsmark für den Aufbau der Wehrmacht aufgewendet zu haben, wollte er nun nichts anderes mehr sein »als der erste Soldat des Deutschen Reiches! Ich habe damit wieder jenen Rock angezogen, der mir selbst der heiligste und teuerste war. Ich werde ihn nur ausziehen nach dem Sieg – oder – ich werde dieses Ende nicht mehr erleben!«

Der Beifall der Abgeordneten war, wie Generalstabschef Halder schon bei deren »privater« Zusammenkunft in der neuen Reichskanzlei am 27. August notiert hatte, »befehlsgemäß, aber dünn«. Dann billigte der Reichstag das vom Danziger Gauleiter Albert Forster erlassene »Staatsgrundgesetz« über die Wiedervereinigung der Freien Stadt mit dem Reich.

Nach Abnahme der Siegesparade in Warschau am 5. Oktober trat Hitler nur einen Tag später bei »Kroll« wieder vor den Reichstag. Er hielt den Zeitpunkt für gekommen, Großbritannien ein neues »großzügiges« Friedensangebot zu unterbreiten. Wenn es am 3. September wegen Polen den Krieg erklärt hatte, so existierte der Grund ja nicht mehr. Deutschland und die Sowjetunion hätten gemeinsam »eine der gefährlichsten Stellen Europas ihres bedrohlichen Charakters entkleidet«. Weshalb also »soll nun der Krieg im Westen stattfinden? Das Polen des Versailler Vertrages wird niemals wieder erstehen!« Doch was Hitler Großbritannien zu bieten hatte, war so dünn und so schäbig, daß er selbst kaum auf eine Bereitschaft in London hoffen konnte, solcherlei Vorschläge überhaupt nur zu diskutieren. Das völlige Unverständnis gegenüber angelsächsischem politischen Denken machte ihn offensichtlich völlig unfähig zu begreifen, von welchen Motiven sich britische Staatsmänner leiten ließen. Wenn Churchill am

Hitler im Reichstag, 19. Juli 1940

1. Oktober erklärte, »Hitler konnte bestimmen, wann der Krieg beginnen sollte; aber es wird nicht ihm ... vorbehalten sein zu bestimmen, wann er enden wird«, und Premier Chamberlain zwei Tage später vor dem Unterhaus versicherte, daß die Westmächte durch keine Drohung je dazu gebracht werden könnten, »auf das Ziel zu verzichten, für das sie in diesem Kampf eingetreten sind«, und nicht bereit seien, von der gegenwärtigen deutschen Regierung auch nur die kleinste Zusicherung entgegenzunehmen«, so waren das in Hitlers Augen nur »Blödeleien britischer Phrasendrescher« (Domarus, Hitler, Reden, S.1376ff.).

Nach den Feldzügen in Nord- und in Westeuropa hoffte Hitler mit einiger Zuversicht auf eine Kapitulation Großbritanniens. Dort aber regierte seit dem 10. Mai Winston Churchill als Premier, der dem Volk bei seinem Amtsantritt nichts anderes »als Blut, Schweiß und Tränen« versprach, und auch nach der Niederlage Frankreichs seine Entschlossenheit vor dem Unterhaus bekräftigte, unter allen Umständen weiterzukämpfen. Fieberhaft organisierte er die Verteidigung der britischen Insel gegen die befürchtete Invasion. Am 3. Juli, als Hitler noch auf ein Zeichen des Einlenkens wartete, lieferte Churchill ein Beispiel seiner Unnachgiebigkeit, als er der Flotte die Vernichtung aller auf der Reede vor Oran liegenden Einheiten der französischen Kriegsmarine befahl. Erstaunt und enttäuscht verschob Hitler seine für den 8. Juli geplante Rede vor dem Reichstag. Im Hochgefühl des Triumphes hatte er fest damit gerechnet, daß die Briten den seiner Meinung nach aussichtslos gewordenen Kampf einstellen würden.

Doch Churchill bekannte am 14. Juli im Londoner Rundfunk, daß »wir furchtlos den drohenden Ansturm erwarten. Vielleicht kommt er heute. Vielleicht kommt er nächste Woche. Vielleicht kommt er nie ... Doch ob unsere Qual heftig oder lang ist oder beides: wir werden keinen Ausgleich schließen ... wir werden vielleicht Gnade walten lassen – um Gnade bitten werden wir nicht«. Hitler rief daraufhin den Reichstag für den 19. Juli in der *Kroll-Oper* zusammen. Nach einer stundenlangen Rede mit detaillierter Darstellung des »kühnsten Unternehmens der deutschen Kriegsgeschichte«, der »gewaltigsten Schlachtenfolge der Weltgeschichte« und des »größten und glorreichsten Siegs aller Zeiten« meinte er zur Haltung Churchills und seiner Regierung: »Glauben Sie mir, meine Abgeordneten, ich empfinde einen inneren Ekel vor dieser Sorte gewissenloser parlamentarischer Volks- und Staatenvernichter. Es tut mir fast weh, wenn mich das Schicksal dazu ausersehen hat, das zu stoßen, was durch diese Menschen zum Fallen gebracht wird; denn meine Absicht war es nicht, Kriege zu führen, sondern einen neuen Sozialstaat von höchster Kultur aufzubauen. Jedes Jahr dieses Krieges beraubt mich dieser Arbeit. Und die Ursachen dieses Raubes sind lächerliche Nullen, die man höchstens als politische Fabrikware der Natur bezeichnen kann, sofern sie nicht ihre käufliche Schlechtigkeit zu etwas Besonderem stempelt. Mister Churchill hat es soeben wieder erklärt, daß er den Krieg will. Er ... sollte mir dieses Mal vielleicht ausnahmsweise glauben, wenn ich als Prophet jetzt folgendes ausspreche: Es wird dadurch ein großes Weltreich zerstört werden ..., das zu vernichten oder auch nur zu schädigen niemals meine Absicht war. Allein ich bin mir darüber im klaren, daß die Fortführung dieses Kampfes nur mit der vollständigen Zertrümmerung des einen der beiden Kämpfenden enden wird. Mister Churchill mag glauben, daß dies Deutschland ist. Ich weiß, es wird England sein.«

Entgegen allgemeiner Erwartung enthielt Hitlers Rede nicht das große Friedensangebot, sondern nur den aus der Position des »Siegers« heraus gerichteten »Appell an die Vernunft auch in England«, da er keinen Grund sah, der zur Fortführung des Kampfes hätte zwingen können. Darin allein lag schon ein erster Hinweis auf die Resignation, in Anbetracht der Unversöhnlichkeit Churchills jemals zu einem Frieden mit den Briten zu gelangen. Um nur ja keine Schwächezeichen erkennen zu lassen, hatte Hitler einen Tag zuvor zwei Stunden lang Berliner und märkische Regimenter durchs Brandenburger Tor, vorbei an Berlins Gauleiter Goebbels und dem Befehlshaber des Ersatzheeres, General Fromm, über den Pariser Platz die »Linden« hinunterziehen lassen und seinen Auftritt bei »Kroll« mit einer Zurschaustellung militärischer Macht verbunden, indem er Göring zum Reichsmarschall des Großdeutschen Reiches sowie zwölf Generäle zu Feldmarschällen ernannte und eine große Anzahl weiterer Beförderungen bekanntgab. Sie alle saßen in der Ehrenloge und grüßten nach der Nennung ihres Namens zum Rednerpodium (Domarus, Hitler, Reden, S.1539ff.).

Am 4. Mai 1941 trat Hitler nach den militärischen Operationen gegen Jugoslawien und Griechenland zum dritten Mal als siegreicher Feldherr vor den Reichstag. Entgegen seiner Feststellung gleich zu Beginn, daß jetzt »Taten alles und Worte wenig sind«, mochte er nicht darauf verzichten, allen Anwesenden bei »Kroll« eine wortreiche Schilderung der Feldzüge in Polen, Norwegen, den Niederlanden, Belgien, Frankreich, Nord-Afrika und auf dem Balkan und seiner verschiedenen Friedensangebote zu servieren. Beim Luftkrieg drohte er wieder einmal »hundertfach« zurückzuschlagen, »und zwar so lange, bis das britische Volk sich dieses Verbrechers [Churchill] und seiner Methoden entledigt« habe. Und wenn dieser von Zeit zu Zeit glaube, »die Kraft und Eindringlichkeit seines Krieges durch Propaganda verstärken zu müssen, dann sind wir bereit, endlich auch auf diesem Wege den Krieg zu beginnen. Der Appell dieses Narren ... an das deutsche Volk, anläßlich gerade des 1. Mai, mich zu verlassen, kann nur erklärt werden entweder durch eine paralytische Erkrankung oder mit dem Wahn des Säufers ... Wie ein Wahnsinniger läuft dieser Mann seit bald fünf Jahren durch Europa und sucht irgendetwas, was brennen könnte. Leider finden sich immer wieder bezahlte Elemente, die diesem internationalen Brandstifter die Tore ihrer Länder öffnen.«

Abschließend versicherte Hitler den »Männern des Reichstags«, daß er »mit voller Ruhe und höchster Zuversicht in die Zukunft« blicke. Denn das Reich und seine Verbündeten stellten militärisch, wirtschaftlich und vor allem moralisch (!) eine Macht dar, die jeder denkbaren Koalition der Welt überlegen sei. Die Wehrmacht würde »stets dann und dort eingreifen, wann und wo es notwendig ist«. (*Völkischer Beobachter,* Nr. 125 v. 5. Mai 1941)

Nachdem Hitler geendet hatte, nahm er auf der Regierungsbank neben Rudolf Heß Platz, nicht ahnen könnend, daß er letztmals neben seinem »Stellvertreter« saß, den er bei Kriegsbeginn vor dem Reichstag hinter Göring als zweiten Nachfolger genannt hatte, falls ihm etwas zustoßen sollte. Nur eine knappe Woche später, nämlich am 10. Mai, startete Heß von Augsburg aus mit einer Messerschmitt-Maschine nach England, um, wie er Hitler im letzten Brief zu erläutern suchte, die Freundschaft mit Großbritannien durch seinen persönlichen Einsatz zu verwirklichen. Heß wurde nach seinem Fallschirmabsprung in Schottland gefangengenommen und blieb ununterbrochen 46 Jahre in Haft, ehe er Mitte August 1987 als 93jähriger Greis im Spandauer Hauptkriegsverbrechergefängnis sich das Leben nahm.

Entgegen seinen großspurigen Ankündigungen von Anfang Oktober, daß die Truppen in wenigen Tagen vor Moskau stehen würden, der Gegner »bereits gebrochen» sei und »sich nie mehr erheben« werde, war der Vormarsch im November gestoppt worden, einer der schlimmsten Winter hereingebrochen und die Rote Armee am 6. Dezember mit einer halben Million aus Sibirien herangeschaffter frischer Soldaten zur Entlastung Moskaus zu einer Gegenoffensive angetreten. In dieser nur von katastrophalen Nachrichten geprägten Atmosphäre im »Führerhauptquartier«, in der Hitler gegenüber Besuchern anklingen ließ, daß wenn das deutsche Volk einmal nicht mehr stark und opferbereit genug sei, sein Blut für die eigene Existenz einzusetzen, dann solle es vergehen und von einer stärkeren Macht vernichtet werden, er jedenfalls würde ihm »keine Träne nachweinen«, platzte am 8. Dezember die Nachricht vom japanischen Angriff auf Pearl Harbour.

Er sah darin wieder einmal einen »Wendepunkt« des Schicksals, einen Fingerzeig der Vorsehung und beschloß die Einberufung des Reichstages für den 11. Dezember, wobei ihn nur die Sorge umtrieb, Präsident Roosevelt könnte ihm mit der Kriegserklärung zuvorkommen. Denn, wenn schon, dann wollte er derjenige sein, der handelte. Zunächst gab er einen triumphalen »Rechenschaftsbericht« über den bisherigen Verlauf des Krieges, wobei er sich nicht scheute, auch den doch offensichtlichen Fehlschlag des Rußlandfeldzuges in diese Siegesübersicht einzubeziehen. Auch tat er so, als wenn die japanischen Anfangserfolge im Pazifik zumindest indirekt auf seinem Konto verbucht werden müßten. Da er ja stets vor Roosevelt als dem Hauptschuldigen gewarnt hatte und die Japaner dies jetzt offenbar eingesehen hätten.

Die rhetorischen Attacken gegen den amerikanischen Präsidenten bildeten zweifellos den Höhepunkt seiner Rede. Doch die endlose Polemik gegen diesen Mann, der ihn, Hitler, einen Gangster genannt habe, ihn aber gar nicht beleidigen könne, da er ihn, ebenso wie einst Woodrow Wilson, für geisteskrank (!) halte, interessierte wohl nur noch wenig, im Grunde nur der eine Satz: »Ich habe ... heute dem amerikanischen Geschäftsträger die Pässe zustellen« und ihm u.a. eröffnen lassen, daß Deutschland und Italien sich »nunmehr endlich gezwungen sehen«, entsprechend den Bestimmungen des Drei-Mächte-Pakts vom 27. September 1940 Seite an Seite mit Japan den Kampf gegen die USA und Großbritannien gemeinsam zu führen. Was Krieg mit Amerika bedeuten würde, wußten die meisten Deutschen noch aus der Zeit vor weniger als 20 Jahren (Domarus, Hitler, Reden, S.1793ff.). Der Entschluß zur Kriegserklärung an die Vereinigten Staaten war bereits kein Akt eigener Entscheidung mehr, »sondern eine vom plötzlich hereinbrechenden Ohnmachtsbewußtsein gesteuerte Geste: die letzte strategische Initiative Hitlers von einiger Bedeutung; danach gab es keine mehr« (Fest, Hitler, S.898).

Im Laufe des Winters 1941/42 war in Hitler der Wunsch nach irgendeiner Handhabe gewachsen, die in seinen Augen noch immer viel zu große Unabhängigkeit der Rechtsprechung wie im allgemeinen die Handlungsspielräume der Juristen, von denen er nie viel gehalten hatte, noch weiter einzuengen. Der vom Chef der Reichskanzlei, Heinrich Lammers, verkündete »Erlaß über die Vereinfachung der Rechtspflege« vom 21. März 1942 (RGBl. I, S.179 – »Die Verteidigung von Volk und Reich erfordert reibungslose und schnelle Arbeit der Rechtspflege«, »... Fortfall aller entbehrlichen Maßnahmen ...« u.ä.m.), ferner der von ihm am 2. April diktierte »Erlaß über die Strafvollstreckung im Kriege« innerhalb der Wehrmacht, der die sofortige Aufstellung von Strafgefangenen-Abteilungen vorsah, »die im Operationsgebiet ... unter gefahrvollen Umständen zu härtesten Arbeiten heranzuziehen sind«, um zu verhindern, daß Verurteilte durch die Strafverbüßung der kämpfenden Truppe entzogen werden (W. Hubatsch, Hitlers Weisungen für die Kriegsführung 1939-1945, S.183), waren Schritte auf dem von ihm erstrebten Ziel. Für den 26. April ließ er daher den Reichstag einberufen, zum einen, um einen Triumphbericht über seine »einmaligen Leistungen« während des seit 140 Jahren »schwersten« Winters zu geben, zum anderen, um sich zum »Obersten Gerichtsherrn« deklarieren zu lassen.

Die detaillierte Schilderung der Ereignisse in den letzten Monaten des in der Tat furchtbaren Winters, als er »dort, wo die Nerven brachen, der Gehorsam versagte oder mangelndes Pflichtbewußtsein bei der Meisterung der Aufgaben in Erscheinung trat«, habe harte Entscheidungen treffen müssen »kraft des souveränen Rechtes, das ich glaube von meinem deutschen Volke hierzu bekommen zu haben«, diente ihm im Grunde nur zur Rechtfertigung seiner Forderung nach weiteren Vollmachten.

Er erwartete deshalb, daß »die Nation« ihm das Recht verlieh, »überall dort, wo nicht bedingungslos im Dienste der größeren Aufgabe, bei der es um Sein oder Nichtsein gehorcht und gehandelt wird, sofort einzugreifen und dementsprechend handeln zu dürfen«. Des weiteren erwartete er von der Justiz Verständnis dafür, »daß nicht die Welt zu Grunde gehen darf, in der auch Deutschland eingeschlossen ist, damit ein formales Recht lebt, sondern daß Deutschland leben muß, ganz gleich wie immer auch formale Auffassungen der Justiz dem widersprechen mögen«.

Anschließend brachte Göring den Abgeordneten den von Hitler gewünschten und formulierten »Beschluß« zur Kenntnis, den sie als eine Art »Superermächtigungsgesetz« billigen sollten: »Es kann keinem Zweifel unterliegen, daß der Führer in der gegenwärtigen Zeit ... das von ihm in Anspruch genommene Rechte besitzen muß, alles zu tun, was zur Erringung des Sieges dient oder dazu beiträgt. Der Führer muß daher – ohne an bestehende Rechtsvorschriften gebunden zu sein (!!) – in seiner Eigenschaft als Führer der Nation, als Oberster Befehlshaber der Wehrmacht, als Regierungschef und als Oberster Inhaber der vollziehenden Gewalt, als Oberster Gerichtsherr und als Führer der Partei jederzeit in der Lage sein, nötigenfalls jeden Deutschen – sei er einfacher Soldat oder Offizier, niedriger oder hoher Beamter oder Richter, leitender oder dienender Funktionär der Partei, Arbeiter oder Angestellter – mit allen ihm geeignet erscheinenden Mitteln zur Erfüllung seiner Pflichten anzuhalten und bei Verletzung dieser Pflichten ... mit der ihm gebührenden Sühne zu belegen, ihn im besonderen ohne Einleitung vorgeschriebener Verfahren aus seinem Amte, aus seinem Rang und aus seiner Stellung zu entfernen« (RGBl. 1942 I, S.247).

Die ganze Sitzung, Hitlers Rede wie das selbstverständlich einmütig angenommene Vollmachtsgesetz, machten nicht gerade den besten Eindruck; teilweise verstand man gar nicht recht Hitlers Verlangen nach noch mehr Macht. Die Erklärung dafür mag man in den dauernden Klagen finden über die Mängel der Staats- und Parteiverwaltung, über die Unfähigkeit, den ganzen Alltag in der Heimat den Erfordernissen des »totalen« Krieges anzupassen, wie sie Goebbels bei seinen Besuchen im »Führerhauptquartier« vorgetragen hatte. Für beide lag die Hauptschuld daran im Konservativismus der Staats- und Justizbehörden. Eine weitere Beschneidung deren Kompetenzen war also ganz im Sinne Hitlers, dem der Gedanke nachgerade unerträglich schien, daß irgend jemand auch nur das geringste Recht für sich in Anspruch nehmen konnte, wenn es gegen seinen Willen gerichtet war. Selbst der Reichstag, der ihm gerade seine Wünsche willfährig erfüllt hatte, schien ihm nicht geheuer. Denn diese Institution war ja eigentlich noch mächtiger als er. Eben weil sie ihm die größten Vollmachten erteilte, konnte sie – zumindest theoretisch – ihm diese auch wieder entziehen. Der Reichstag trat nie wieder zusammen (Domarus, Hitler, Reden, S.1865ff.; A. Bullock, Hitler, S.662f.).

In der Nacht vom 9. zum 10. April 1941 war die Staatsoper Unter den Linden erstmals von Bomben getroffen worden, was weitere Aufführungen unmöglich machte. Beim von Göring – in seiner Eigenschaft als preußischer Ministerpräsident – befohlenen sofortigen Wiederaufbau erfuhren vor allem die Innenräume eine modernen Anforderungen entsprechende Umgestaltung. Diese betraf weniger den Zuschauerraum, der in seinen bisherigen Ausmessungen und Proportionen wieder neu entstand, als vielmehr den Apollo-Saal, die Ein- und Ausgänge sowie das Foyer.

Für das nun beschäftigungslose Ensemble der Linden-Oper organisierte man zunächst zwei mehrtägige Gastspiele in der Pariser Grande Opéra und im »Protektorat Böhmen und Mähren« (*Deutsche Allgemeine Zeitung,* Nr. 231 v. 15. Mai 1941). Ersmals am 29. Mai mit Mozarts *Figaros Hochzeit* und dann im Juni und Juli an verschiedenen Tagen konnte die Linden-

STAATSTHEATER
BERLIN

STAATS-OPER
ZUR ZEIT AM·KÖNIGSPLATZ

Sonntag, den 9. August 1942

Geschlossene Vorstellung der NS.-Gemeinschaft „Kraft durch Freude" für Rüstungsbetriebe des Kreises III

$18^{3}/_{4}$—$21^{1}/_{2}$ Uhr

CAVALLERIA RUSTICANA

Musik von *Pietro Mascagni*

Musikalische Leitung: Richard Jäger

Santuzza, eine junge Bäuerin .... Gertrud Rünger
Turiddu, ein junger Bauer .... Vasso Argyris
Lucia, seine Mutter .... Elfriede Marherr
Alfio, ein Fuhrmann .... Rudolf Bockelmann
Lola, seine Frau .... Vera Schröder
Ein Bauer .... Otto Reimann

Gesamtausstattung: Edmund Erpf

PAUSE

BAJAZZO

Oper in zwei Akten und einem Prolog
Musik und Dichtung von *R. Leoncavallo*
Musikalische Leitung: Richard Jäger

Canio, Haupt einer Dorfkomödiantentruppe } in der Komödie { Bajazzo ...... Helge Roswaenge
Nedda, sein Weib ...... } in der Komödie { Colombine...... Irmgard Armgart
Tonio } Komödianten .. } in der Komödie { Taddeo ...... Walter Großmann
Beppo } Komödianten .. } in der Komödie { Harlekin......... Benno Arnold
Silvio .... Willi Domgraf-Faßbaender
Bauern .... Fritz Marcks, Franz Sauer

Bühnenbild: Berthold Adolph *Kostüme: Kurt Palm*

Chöre: Karl Schmidt *Bühnentechnische Einrichtung: Rudolf Klein*

Vor dem Vorhang erscheinen nur darstellende Künstler. Diese stellen eine Gemeinschaft innerhalb des Kunstwerkes dar; es wird deshalb gebeten, bei Beifallskundgebungen von dem Rufen einzelner Namen abzusehen.

Beim Klingelzeichen zum Beginn des Vorspiels werden die Eingänge zum Zuschauerraum geschlossen

Oper nach Absprachen mit Intendant Gustaf Gründgens auf der Bühne des Schauspielhauses am Gendarmenmarkt Gastrecht genießen. Am 25. Juni wagte man dort sogar die Premiere der von Wolf Völker besorgten Neuinszenierung von Mozarts *Cosi fan tutte* (*Deutsche Allgemeine Zeitung,* Nr. 303 v. 26. Juni 1941). Inzwischen unternahm man alles, trotz der seit Beginn des Angriffs gegen die Sowjetunion am 22. Juni 1941 auch in Berlin immer spürbareren Auswirkungen des Krieges auf das tägliche Leben, um so schnell wie möglich den Bühnenapparat bei »Kroll« zu »entmotten« und wieder für den Opernbetrieb herzurichten.

Am 30. September absolvierte die Linden-Oper bei »Kroll«, offiziell nun wieder »Staatsoper am Königsplatz«, ihre erste Vorstellung mit Wagners *Tannhäuser* (*Völkischer Beobachter,* Nr. 274 v. 1. Okt. 1941). Unter den Protagonisten dieser Aufführung auch der Bariton Willi Domgraf-Faßbaender, der einst im Ensemble der Kroll-Oper während der Klemperer-Ära seine große Karriere begonnen hatte.

Nach gut anderthalb Jahren konnten die Wiederaufbauarbeiten im Hause Unter den Linden abgeschlossen werden und die Staatsoper dort ihre Pforten wieder öffnen. Premiere am

STAATSTHEATER
BERLIN

STAATS-OPER
AM KÖNIGSPLATZ

Montag, den 31. Mai 1943

$18^1/_2$—21 Uhr KdF.-Theatergemeinde

EIN MASKENBALL

Oper in fünf Bildern
Musik von Giuseppe Verdi

Musikalische Leitung: Johannes Schüler

Graf Ricardo, Gouverneur	Helge Roswaenge
Renato, sein Freund	Heinrich Schlusnus
Amelia, dessen Gattin	Franziska v. Dobay
Ulrika, Wahrsagerin	Ria Focke
Oskar, Page des Grafen	Carla Spletter
Silvano, Matrose	Otto Hüsch
Samuel } Feinde des Grafen	Felix Fleischer
Tom } Edelleute,	Ludwig Hofmann
Ein Richter	Fritz Marcks
Ein Diener Amelias	Hans Wrana

Deputierte · Offiziere · Matrosen · Männer und Frauen · Volk · Höflinge
Diener · Masken

Chöre: Gerhard Steeger *Choreographie: Lizzie Maudrik*

Gesamtausstattung: Josef Fenneker

Bühnentechnische Einrichtung: Rudolf Klein

Keine Ouvertüre — Pause nach dem dritten Bilde

Vor dem Vorhang erscheinen nur darstellende Künstler. Diese stellen eine Gemeinschaft innerhalb des Kunstwerkes dar; es wird deshalb gebeten, bei Beifallskundgebungen von dem Rufen einzelner Namen abzusehen.

7. Dezember 1942 mit Wagners *Meistersingern von Nürnberg* unter der musikalischen Leitung von Wilhelm Furtwängler (*Völkischer Beobachter,* Nr. 348 v. 14. Dez. 1942). Fortan bespielte die Staatsoper, wie schon einmal in den 20er Jahren, beide Häuser. Ein knappes Jahr später allerdings war es mit dieser Herrlichkeit wieder vorbei. Einer der ersten großen Bombenangriffe, am 22. November 1943, verursachte bei »Kroll« so schweren Sachschaden, daß eine Weiterführung des Opernbetriebs unmöglich war.

Die Linden-Oper konnte weiterspielen bis zum Sommer 1944, als auf Weisung Goebbels' alle Theater im Reich schließen mußten. Sie selbst war am 3. Februar 1945 so stark von Bomben zerstört worden, daß das nunmehr unter der Bezeichnung »Deutsche Staatsoper« firmierende Ensemble nach Kriegsende gezwungen war, beginnend am 8. September 1945 mit Glucks *Orpheus und Eurydike,* das ehemalige Operetten-und Revuetheater des Admiralpalastes am Bahnhof Friedrichstraße für sich in Anspruch zu nehmen, ehe es im September 1955 in das auf Geheiß der DDR-Regierung wiederaufgebaute Stammhaus Unter den Linden zurückkehren konnte.

Entbehrte schon der 50. Jahrestag der Etablissements 1894 infolge des sich bereits abzeichnenden Endes der Geschäftsführung von Josef C. Engel und seiner Mutter Auguste geb. Kroll jeglichen Glanzes, so war es um den 100. Jahrestag im Februar 1944 noch viel miserabler bestellt. Seit den rund ein Vierteljahr zuvor erlebten schweren Bombentreffern ruhte jeglicher Betrieb, gab's selbstverständlich keinerlei Feierlichkeiten. Immerhin, die meisten der damals noch existierenden Berliner Blätter gedachten dieses Anlasses. In längeren oder kürzeren, mehr oder minder gelungenen Artikeln suchten sie die Bedeutung dieses Hauses für das gesellschaftliche und künstlerische Leben Berlins in Erinnerung zu rufen, dessen dauerhafte Popularität nicht zuletzt darin ihren Niederschlag fand, daß trotz Umbenennungen und Änderungen der Besitzverhältnisse der Volksmund grundsätzlich immer nur von »Kroll« sprach.

1945 bis 1957

Das Nachspiel

Die schweren Zerstörungen durch den Luftangriff im November 1943 und in der Schlacht um Berlin während der letzten Apriltage 1945 bedeuteten noch nicht das Ende von »Kroll«. Einer rund hundert Jahre währenden, zwar von mancherlei Tiefs begleiteten, zum großen Teil aber doch recht attraktiven Geschichte mit viel Ausstrahlung über die Mauern der Stadt hinaus, folgte noch ein zwölfjähriges Nachspiel.

Zwei Vermerke der Preußischen Bau- und Finanzdirektion, jetzt allerdings nurmehr schlicht als »Baudirektion« firmierend, vom 10. Juli 1945 hielten fest, wie es um »Kroll« bestellt war. Zunächst der Opernbereich: Bühne und Nebenanlagen völlig zerstört; vom ausgebrannten Zuschauerraum ohne Dach ragte nur die kahle Rangkonstruktion gegen den offenen Himmel. Erhalten, wenn auch teilweise stark beschädigt, blieben das Eingangs- und das Gartenvestibül, die Treppenanlagen, der südliche Flügel des Garderobenbaues und ein Teil der Keller mit der Heizanlage und den Stromeinrichtungen. Und der Wirtschaftsbetrieb: alle Säle und die in den oberen Geschossen untergebrachten Verwaltungsräume galten als zerstört; stark beschädigt waren der Garderobenumgang unter dem ovalen Saal mit der Bierschwemme, ein Teil der Küchen, der Ausgang und die den Garten umgebenden Terrassen sowie beide Tanzflächen im Garten. Wein- und Heizungskeller standen unter Wasser.

Kroll-Oper (Vorderansicht), Herbst 1945

Kroll-Oper (Hinteransicht), Herbst 1945

Die Beamten vom Dezernat B, Baudienst 1, hielten einen Wiederaufbau des Opernhauses in alter Form zwar für möglich, etwa für drei bis vier Millionen Reichsmark, zweifelten aber daran, ob in absehbarer Zeit ein solcher Betrag bereitgestellt werden könne, wobei sie darauf hinweisen zu müssen glaubten, daß die Oper am Königsplatz »der abseitigen Lage ... und den ungünstigen Verkehrsverhältnissen« wegen stets ein Zuschußbetrieb gewesen sei. Einen Wiederaufbau des Wirtschaftsbetriebs, dieses »Luxus«-Unternehmens, taxierten sie zwar nur auf drei Millionen Reichsmark, hielten ihn dennoch zur Zeit nicht für vertretbar. Falls der noch bestehende Garten mit einigen Baumresten behelfsmäßig »in einfachster Form« weiter betrieben werden solle, müßte man Notdächer und für einen Pächter und dessen Personal Wohnräume schaffen, wozu der teilweise erhaltene Flügel des Garderobenhauses im Opernbereich Möglichkeiten böte.

Doch völlig unabhängig von dieser Beurteilung durch Baufachleute hatte sich – unglaublich, aber wahr – der ehemalige Leiter der Konditorei der Kroll-Wirtschaftsbetrieb GmbH, Richard Kunze aus der Pflügerstraße 76 im Bezirk Neukölln, schon am 23. Mai 1945, also nur drei Wochen nach dem Ende der Kampfhandlungen, mit ein paar Helfern an die Arbeit gemacht, um wenigstens die Gartenlokalitäten für einen Restaurationsbetrieb herzurichten. Auf den Tag genau einen Monat später hatte er dieses Ziel erreicht. Erst am 18. Juli jedoch erhielt er vom Bezirksamt Tiergarten eine »Einweisung« unter dem »Vorbehalt jederzeitigen Widerrufs«. Bis zur vom Finanzamt für Liegenschaften festzusetzenden »ortsüblich angemessenen« Pacht hatte Kunze vorerst einmal 750 Reichsmark zur Verrechnung zu zahlen. Amtliche Vermerke forderten den baldigen Abschluß eines Pachtvertrages.

Nachdem der frühere Pächter Heinz Leussing sich gemeldet hatte, entschied das Bezirksamt Tiergarten am 20. August, daß dieser zunächst bis Dezember auf jede einstweilige Bezahlung verzichten und statt seines ehemaligen stellvertretenden Betriebsführers Heinrich Kock, »wegen seiner damaligen nazistischen Zugehörigkeit«, nun der kommissarische Betriebsleiter Kunze die Geschäftsleitung übernehmen soll. Er war lediglich verpflichtet, alle wirtschaftlichen und baulichen Veränderungen mit Leussing durchzusprechen.

Großen Wert scheint Leussing dieser Regelung nicht beigemessen zu haben. Denn schon drei Tage später erschien er wieder im Bezirksamt und ließ gegenüber dem zuständigen Sachbearbeiter anklingen, der Berliner Magistrat würde bald eine Verfügung erlassen, die »früheren Pgs.« (Parteigenossen) wieder die Übernahme von »Betriebsführerposten« erlaubte, »von dritter, zuverlässiger Seite will er bereits Bestimmtes hierüber gehört haben«. Bei Eintreten einer »Änderung der Sachlage« wolle er sich wieder ans Bezirksamt wenden in der Hoffnung, dann erneut in den alten, über das Jahr 1950 hinauslaufenden, durch »die kriegerischen Ereignisse« lediglich unterbrochenen, aber »doch nicht ungültig gewordenen« Vertrag einsteigen zu können. Außerdem bot er dem Bezirksamt an, gemeinsam mit diesem eine Aktion zu starten, um wenigstens einen Teil des verschwundenen Inventars wie Geschirre, Bestecke, Gläser, Decken, Tische, Stühle wiederzufinden.

Am 3. September äußerte Kunze im Beisein des Rechtsanwalts Walter Patschan gegenüber dem Bezirksamt Tiergarten den Wunsch nach Abschluß eines möglichst langfristigen Pachtvertrages, um eine gewisse Sicherheit für das von ihm in die Widerherstellung von Baulichkeiten bei »Kroll« zu investierende Kapital zu gewinnen. Kunze teilte ferner mit, daß im Winter eine Nutzung des Gartenlokals unmöglich sei, er sich jedoch darum bemühen wolle, die Bierschwemme der Kroll-Oper, den einzigen halbwegs noch brauchbaren Raum, wieder herrichten zu lassen. Man machte ihm deutlich, daß Pachtverträge nur mit Zustimmung der britischen Militärregierung auf die Dauer von höchstens einem Jahr abgeschlossen werden können, und er dafür noch eine Reihe von Unterlagen besorgen und außerdem eine entsprechende Billigung seiner Pläne von Leussing einholen müsse.

Am 3. Oktober konnte sich das Bezirksamt bei einer Besichtigung davon überzeugen, »daß Herr Kunze mit wenigen Handwerkern und Hilfskräften recht tätig ist, um ... auch eine leidliche Winterlokalität zu schaffen«. Doch die Hoffnungen, sie schon am 1. November eröffnen zu können, zerschlugen sich, da dauernde Stromsperren und der Mangel an Bau- wie Heizma-

Eingang zur Kroll-Oper, 1946

terial die erforderlichen Arbeiten hinauszögerten, so daß Kunze erst Anfang Dezember wenigstens einen »Mittagstisch« anbieten konnte. Da er aber wegen der »strengen Maßnahmen der Militärregierung wegen Stromeinsparung« sich gezwungen sah, die Räumlichkeiten bereits um 17 Uhr zu schließen, bat er das Finanzamt für Liegenschaften, unter Berücksichtigung der von ihm bislang aufgewandten 20000 Reichsmark für Reparaturen und seiner viel zu geringen Einnahmen den Pachtzins für die sechs Wintermonate 1945/46 auszusetzen. Doch statt der erhofften »günstigen Beurteilung« lautete der Vermerk des zuständigen Mitarbeiters recht barsch: »Gänzliches Aussetzen kommt nicht in Frage. Kunze soll seine Bücher vorlegen und Einnahmen vorweisen. Abschluß eines Pachtvertrages kann unter diesen Umständen noch nicht stattfinden.« Immerhin, am 17. Januar 1946 rang sich die Behörde dazu durch, »vorbehaltlich der Genehmigung der Militärregierung die von Ihnen aufgewendeten Kosten für die Herrichtung der Pachträume in Dach und Fach zu einem Teilbetrage von 3000 RM dergestalt zu vergüten, daß Sie diesen Betrag in monatlichen Teilbeträgen von 500 RM von dem zu zahlenden Pachtzins ... bis Juli 1946 in Abzug bringen können«.

Einen herben Rückschlag für Kunze bedeutete die Anfang März 1946 von seiten der britischen Militärregierung durchgeführte Beschlagnahme großer Teile des offensichtlich irgendwo wiedergefundenen Inventars. Am 22. März jedoch informierte ihn ein Oberstleutnant C.H.D. King, daß »auf Grund eines Fehlers« mehr Geschirr als vorgesehen beschlagnahmt wurde, weshalb man beschlossen habe, ihm 600 Gedecke zu belassen. Dies allerdings sei »das Höchste, was Ihnen in Betracht der gegenwärtigen Knappheit an derartigen Gegenständen belassen werden kann«. Nach der am 1. März 1946 erfolgten Genehmigung durch die Militärregierung konnte endlich am 15. März zwischen dem Finanzamt für Liegenschaften und

Kroll-Garten, 1946

Richard Kunze der Pachtvertrag abgeschlossen werden, der rückwirkend am 1. Januar begann und am 30. Juni 1946 enden sollte und – wenn keine der beiden Seiten ihn kündigte – sich automatisch jeweils um ein weiteres Vierteljahr verlängerte. Festgehalten war nun, daß der Vertrag sich auf folgende, »im Grundstück NW 40, Am Platz der Republik Nr. 7 gelegenen Räumlichkeiten bezog: Bierschwemme mit dahinterliegenden Gasträumen und Kleiderablage, Gartenbuffet, Garten mit leicht beschädigten Terrassen, Konditorei mit Nebenräumen sowie Magazin und Küchenräumen mit einer nutzbaren Fläche von etwa 750 Quadratmetern«.

Eine für den Sommer 1946 beabsichtigte Verbesserung des baulichen Zustandes ließ sich nicht realisieren, da die Generalsteuerdirektion des Berliner Magistrats nach einer Besichtigung glaubte, den von einer Baufirma eingereichten Kostenvoranschlag in Höhe von rund 20000 Reichsmark nicht genehmigen zu können, da ein Großteil der vorgesehenen Arbeiten nicht der Substanzerhaltung des Baues, sondern lediglich »Schönheitsreparaturen« dienen sollte.

Den Sommer 1946 überstand Kunze halbwegs leidlich. Entsprechend der vertraglich zu zahlenden Pacht von 6% des Umsatzes oder mindestens 750 Reichsmark hatte er an das Finanzamt für Liegenschaften abführen können im Juli 2649,40 Reichsmark, im August 2325,45 Reichsmark, im September 2062,10 Reichsmark und im Oktober 950,50 Reichsmark. Seine Bitte vom 8. November 1946, »in Anbetracht unseres gewaltigen Geschäftsrückgangs ... uns für die schweren Wintermonate die Pacht Miete dementsprechend herunterzusetzen«, beschied das Finanzamt mit »großzügiger« Bereitschaft dahingehend, daß es ihm für die Zeit vom 1. Oktober 1946 bis 31. März 1947 einen Betrag von 250 Reichsmark monatlich bis zum 30. Juni 1947 stundete. Eine Herabsetzung des Mindestpachtzinses von monatlich 750 RM je-

Kroll-Garten, 1947

doch konnte es »leider nicht vornehmen«. Denn die von Kunze lauthals beklagten Stromsperren sowie die Nichtbelieferung mit Spirituosen hätte das Amt nicht zu vertreten. Schließlich müsse jeder Pächter einen »gelegentlichen Geschäftsrückgang« einkalkulieren. Eine Heruntersetzung des Mindestpachtzinsbetrages würde zudem eine Vertragsänderung bedeuten, was der Genehmigung der Militärregierung bedürfe. Diese lehnte im übrigen auch die von Kunze beantragte Neufestsetzung der Laufzeit des Pachtvertrages auf drei Jahre kategorisch ab, da sie nicht in ihrem Interesse liege.

Richard Kunze und sein neuer Rechtsanwalt Alexander Coper ließen nicht locker, um günstigere Bedingungen für den Restaurationsbetrieb zu erreichen. Ihrer Argumentation, daß die Berliner Bevölkerung sich zu »Kroll« inmitten einer stark mitgenommenen Gegend noch nicht wieder 'hingezogen' fühle, deshalb trotz erheblicher Mühe und Aufwendungen auch im Sommer 1947 kein »großes Geschäft« zu machen sein werde, vermochten die deutschen Behörden auf die Dauer sich nicht mehr zu verschließen. Doch alle Anstrengungen blieben vergeblich.

Am 5. August 1947 mußte das Finanzamt für Liegenschaften dem Rechtsanwalt mitteilen, daß die Militärregierung seine zweimal wohl begründeten Anträge zu einer Vertragsänderung abgelehnt hatte, weshalb es empfahl, in einem Jahr erneut Änderungen des Pachtvertrages zu beantragen.

Ganz so schlecht, wie Kunze befürchtet hatte, verlief der Sommer 1947 dann doch nicht. Erheblich mehr Reklame, die Erlaubnis zur Veranstaltung von Tanzvergnügen und das überwiegend herrliche Wetter ließen ihn doch recht ansehnliche Umsätze erzielen: im Juli 34602 Reichsmark, im September 25286 Reichsmark, im Oktober aber nur noch 3850 Reichsmark.

Die Hoffnungen auf eine ähnlich günstige Entwicklung im Sommer 1948 mußte Kunze allerdings bald begraben, zum einen der miserablen Frühjahrswitterung und zum anderen der Währungsreform Ende Juni wegen. Hatte er bis zu diesem Zeitpunkt von der Substanz leben müssen, so ging das Geschäft mit der Einführung von DM (Ost) und der hier viel zu knappen Menge von DM (West) schlagartig soweit zurück, daß er dem größten Teil seiner Angestellten zu kündigen gezwungen war und von der Polizei die Erlaubnis erwirkte, von Montag bis Freitag den Betrieb schließen zu können; weitere Geschäftseinbußen hatte er hinnehmen müssen durch erfolgte Absagen der Sommerfeste und anderer großer Vergnügungen von Institutionen und Organisationen, die sie mit allgemeinem Geldmangel ihrer Mitglieder begründeten. Hinzu kamen die durch Blockade und Luftbrücke bedingten Strom- und Verkehrseinschränkungen. Kunze stellte daher am 28. Juli 1948 wieder einmal einen Antrag auf Herabsetzung der Miete rückwirkend ab 1. Juli, zumal er sich außerstande sah, die vom zuständigen Bauaufsichtsamt Tiergarten befürworteten Reparaturen zur rechtzeitigen Beseitigung baulicher Schäden und Unzulänglichkeiten zu finanzieren.

Zur gleichen Zeit aber begann über Kunzes Kopf drohendes Unheil sich zusammenzuziehen. Am 11. Juni 1948 war er in einer »Unterwerfungsverhandlung« wegen Steuerhinterziehung mit einer Geldstrafe von 46000 Reichsmark belegt worden. Nachdem man sein Gnadengesuch am 11. Oktober abgelehnt hatte, unterrichtete ihn das Finanzamt für Liegenschaften mit Brief vom 24. November davon, daß, nach den Unterlagen, er für die Jahre 1946 und 1947 noch einen Pachtzins von 11000 Reichsmark bzw. von 1000 DM (West) zahlen müsse. Dieses Verhalten hätte dem Amt zwar das Recht gegeben, den Pachtvertrag fristlos zu kündigen, worauf es jedoch vorerst im Hinblick auf die Klärung der Frage verzichtete, wie er diese Summe aufzubringen gedenke.

Ein Bericht des Finanzamtes für Liegenschaften an die Baugruppe des Landesfinanzamtes von Mitte Februar 1949 besagt, daß Kunze aus den Schwarzverkäufen von Spirituosen und von Kaffee keinerlei persönliche Vorteile gezogen, vielmehr alle Gewinne daraus zur Wiederherstellung der Mieträume und Weiterführung des Unternehmens verwandt habe – nachgewiesen mit Rechnungsbelegen in einer Höhe von 48 128,67 Reichsmark. Er habe deshalb darum gebeten, ihm von diesen Ausgaben wenigstens soviel zu erstatten, daß er die 1 000 DM zahlen könne. Bei der Beurteilung dieser Wünsche wollte das Amt jedoch einen »strengen Maßstab« angelegt wissen; es mußte sich jedoch von den Bausachverständigen des Landesfinanzamtes sagen lassen, daß man 1945 bei der Festsetzung der Pachtzinsen nicht genügend Rücksicht auf die vom Pächter verauslagten Gelder für Baumaßnahmen genommen habe. Es machte zudem darauf aufmerksam, daß es sich bei diesen zum größten Teil um nicht mehr als notdürftige Behelfsaktionen handelte, deren Effekt inzwischen längst wieder aufgehoben sei.

Die Sommermonate 1949 waren erfüllt vom Streit zwischen den Behörden und Richard Kunze über die Neufestlegung eines für ihn auch akzeptablen Mietpreises. Das wiederum äußerst schlechte Wetter hatte das Geschäft bei »Kroll« faktisch auf den Nullpunkt sinken lassen. Das Ersuchen von Rechtsanwalt Coper vom 1. September, Kunze deshalb vorübergehend die Mietzahlungen völlig zu erlassen, hielt das Finanzamt für Liegenschaften nun doch »für völlig indiskutabel«; es klagte schließlich beim Landgericht gegen Kunze, da es mit ihm und seinem Rechtsanwalt keine Einigung zu erzielen vermochte.

Am 10. Dezember 1949 entschied die 10. Zivilkammer des Landgerichts gegen Kunze. Dieser lehnte dann auch den in der Berufungsverhandlung am 27. April 1950 vorgeschlagenen Vergleich ab, wonach er insgesamt noch 800 DM (West) in zehn Monatsraten zu zahlen und die Hälfte der Verfahrenskosten zu übernehmen gehabt hätte. In einem neuen Urteil legte der 4. Senat des Kammergerichts am 25. September fest, daß Kunze nun noch 2 250 DM (Ost) mit 4% Zinsen seit dem 1. April 1949 und 400 DM (West) mit 4% Zinsen seit dem Tage der Klagezustellung sowie nur noch ein Viertel der Kosten des Rechtsstreites tragen müsse. Doch auch zur Zahlung dieser Summen war Kunze nicht mehr imstande, weshalb eine Pfändung durchgeführt wurde, die allerdings 'fruchtlos' ausfiel. Er schlug dann vor, die von ihm für den Restaurationsbetrieb eingebrachten 278 Klappstühle pro Stück mit drei DM (West) 800 DM (West) zu berechnen, womit alle gegenseitigen Ansprüche ausgeglichen sein sollten, was behördlicherseits akzeptiert wurde bis auf die Zahlung der Summen von 2,34 DM (West) und 6,50 DM (West) Vollstreckungskosten an den Obergerichtsvollzieher im Zusammenhang mit der Einleitung des Pfändungsverfahrens. Nachdem Kunze dieses Geld überwiesen hatte, teilte das Bezirksamt Tiergarten dessen Rechtsanwalt Coper am 17. Januar 1952 schließlich mit, daß es auf alle seine Ansprüche nunmehr verzichtet.

Noch während des Rechtsstreits mit Richard Kunze hatte das Finanzamt für Liegenschaften und dann schließlich das Bezirksamt Tiergarten – auf Grund der Verordnung Nr. 202 der britischen Militärregierung (VOBl. 1950 I, S.15) war das früher bekanntlich dem preußischen Staat gehörende »Kroll«-Areal mit Wirkung vom 1. Januar 1950 in das Eigentum der Stadt Berlin übergegangen, die es dem Grundstücksamt Tiergarten zur Verwaltung zugewiesen hatte – sich darum bemüht, einen neuen Pächter zu finden.

Nach eingehenden Gesprächen mit einer Reihe von Bewerbern entschied das Grundstücksamt sich für Rudolf Rehnelt, bis Kriegsende Pächter des »Bürgerparks« und danach Leiter des »Landhauses« in der Breiten Straße 33 (beide im Bezirk Pankow), bis Ende 1949 Ost-Berliner Behörden diese Gaststätte zu Gunsten der FDJ beschlagnahmten. Am 24. April 1950 billigte die Bezirksverordnetenversammlung Tiergarten den drei Tage zuvor abgeschlossenen, am 2. Mai in Kraft getretenen Mietvertrag, der u.a. einen Mietzins bis zum 30. April 1952 von 6% und danach von 7% des Umsatzes vorsah. Die durch einige Bauarbeiten auf den 14. Mai hinausgezögerte Wiedereröffnung von »Kroll« bedeutete offensichtlich kein gutes Omen. den 5 598,67 DM Umsatz in der zweiten Monatshälfte folgte zwar im Juni eine hoffnungsvoll nach oben weisende Tendenz mit 11 145,31 DM, sank im Juli aber schon wieder auf nur noch 7 373,90 DM, im August auf 5 667,82 DM, und im September schließlich auf ganze 788,04 DM.

Rehnelt mußte daher Mitte Oktober um den Erlaß der von ihm während der Wintermonate zu zahlenden Mieten nachsuchen. Denn bei den Pacht-Verhandlungen im April habe keiner der Beteiligten voraussehen können, daß die seinerzeit mit so viel Zuversicht begleitete wirtschaftliche Entwicklung des Gartenlokals weit hinter den Erwartungen zurückblieb. Er führte dies einerseits auf die rigorosen Kontrollen der »Ostbehörden« zurück, wodurch viele unter deren Zuständigkeit lebende Berliner einen Besuch scheuten, andererseits auf die »unverhältmäßig schlechte Witterung«, die sich für ein Gartenlokal denkbar ungünstig auswirken müsse. Die frühere Bierschwemme würde nur selten von Gästen betreten, weil durch die feuchten Decken und Wände die Farben abbröckelten und trotz ständiger Lüftung ein muffiger Geruch vorherrsche. Bei Anbruch der Dunkelheit komme kein Mensch mehr in die Nähe des »Kroll«-Gartens, weil weit und breit keine Beleuchtung den Weg dorthin zeige. Zudem trügen die angrenzenden Ruinen der »Kroll«-Bauten dazu bei, »lichtscheues Gesindel«, das sich in der Gegend breitmache, heranzuziehen, das bereits fünf Einbrüche versucht hätte. Bezirksamt und Bezirksverordnetenversammlung zeigten Verständnis für die Situation und verzichteten auf die Mietzahlungen im Winter.

Am 27. März 1951 begann die Abräumung der Ruinenteile. »Jedes Mal«, so hieß es in der *Neuen Zeitung* (Nr. 71 v. 28. März), »wenn die rötlich schimmernden Sprengwolken [der insgesamt 20 Detonationen] sich verzogen hatten, war die ... »Kroll«-Oper um eine rauchgeschwärzte Mauer kleiner geworden. [Dies] wird als Tag der Beerdigung in der Theaterchronik verzeichnet werden müssen, die Todesstunde hatte schon in den letzten Kriegstagen geschlagen. Trümmerarbeiter werden ... in den nächsten Tagen die letzten Reste des Gebäudes beseitigen ... Gestern waren die Angehörigen des Sprengkommandos die einzigen Gäste des Restaurants. Mit Bockbier spülten sie die vom Ruinenstaub rauhen Kehlen aus ... Auch der Obersprengmeister fand Grund zum Feiern: die Kroll-Oper war die 1200. Ruine, die er 'umlegte'. Er macht das schon seit 1944 mit Kohlenstoff und flüssigem Sauerstoff, einem von den Alliierten genehmigten Sprengmittel ... Sechs Minuten nach der Präparierung hat der Sprengstoff seine größte Brisanz erreicht. Ein Druck auf den Knopf – und wieder sinkt ein Stück der Kroll-Oper zusammen. Vier D-Mark kostet ein Meter Mauerwerk, wenn man es in die Luft jagen will.«

Die vom Bezirksamt Tiergarten im September 1950 angeordnete Sperrung der Zeltenallee hatte die Zufahrt mit dem Auto aus dem Westen und Süden der Stadt praktisch verhindert. Selbst intensive Reklame durch Radio, Zeitungen, Litfaßsäulen und ein 'erstklassiges' Kabarett-Programm, »wodurch mir große Unkosten entstehen«, könnten nicht zum Besuch anregen. Rehnelt war schon Ende Juni 1951 gezwungen, erneut um eine Herabsetzung der Miete zu bitten, die der Bezirk im August schließlich von 350 auf 200 DM ermäßigte.

Das Jahr 1952 brachte in keinerlei Hinsicht eine Verbesserung der Situation. Das bis auf die Pfingstfeiertage an mehreren Wochenenden hintereinander schlechte Wetter verhinderte nennenswerte Einnahmen, so daß Rehnelt schon im Juni Mahnungen und Zahlungsbefehle ins Haus flatterten, eine Pfändung aber 'fruchtlos' blieb. Gleichwohl 'wurstelten' beide Seiten weiter: trotz Verständnis für die schlechte Situation des Pächters beharrten die Behörden auf der Zahlung auch kleinster Summen – also wieder Zahlungserinnerungen, Mahnungen. Im Juni 1953 wehrte sich Rehnelt und verwies darauf, daß auch das Grundstücksamt vertraglich übernommene Verpflichtungen zu erfüllen habe, u.a. eine Erneuerung des Pappdachs über

Kroll-Garten
KROLL-GARTEN
Kabarett und Tanz bei Kroll
KROLL-GARTEN
Kabarett und Tanz bei Kroll
Kroll-Garten
Kabarett u. Tanz
im Freien
Kroll-Garten
Kabarett u. Tanz
im Freien

dem Buffet. So tropfe Regenwasser auf Zigarren- und Zigarettenregale und auf's Telefon. Im Zugang zur Küche stünde das Wasser fünf bis acht Zentimeter hoch. Selbst die Gewerbepolizei habe die Zustände für unhaltbar erklärt. Alle diesbezüglichen Beschwerden beim Grundstücksamt blieben bislang erfolglos. »Vielleicht muß erst durch die defekte Lichtleitung ein Todesfall entstehen, um sich amtlicherseits mit der Angelegenheit zu befassen?«

In den Amtsstuben bestritt man den Klagen Rehnelts nicht die Berechtigung, aber ehe die erforderlichen Maßnahmen durchgeführt oder auch nur eingeleitet werden konnten – selbstverständlich fehlte es nie an plausibel klingenden Gründen, weshalb sich dieses oder jenes noch nicht oder überhaupt nicht durchführen ließ –, ging der Winter 1953/54 ins Land. Geändert an der Misere hatte sich so gut wie nichts. Kein Wunder daher, wenn ein »J.M., Moabit« in einem Brief an den *Kurier* (Nr. 203 v. 2. Sept. 1954) unter der Überschrift »Berlins unwürdig« bitter klagte: »Vor ein paar Tagen lud ich meine Bekannten in den Kroll-Garten ein in der Absicht, ihnen etwas besonders Erfreuliches anzutun. Der Eindruck, den dieses einmal so elegante Etablissement auf uns machte, war geradezu deprimierend. War es dort schon ... vor zwei Jahren kümmerlich, so bot es jetzt das Bild völligen Verfalls ... In den letzten Jahren hat sich nicht die Spur einer Besserung gezeigt. Könnte hier nicht einmal aus öffentlichen Mitteln diesem traditionsreichen, in ganz Deutschland und im Ausland bekannten Haus geholfen werden?«

Nach dem Auslaufen der Sommersaison 1956 mußte Rehnelt praktisch endgültig das Handtuch werfen. Im folgenden Winter veranlaßte das Grundstücksamt Tiergarten eine »Strukturprüfung« mit dem Ziel, »den heutigen Wert des Geschäfts zum Zweck der Entmietung festzustellen«. Außer der Tatsache einer über die Jahre hinweg zuweilen »mangelhaften Buchfüh-

Kroll-Garten, 1956. Dahinter das ehemalige Generalstabsgebäude

rung« und fehlender Unterlagen, vermochten die beiden Gutachter des Hauptliegenschaftsamtes bei der Senatsverwaltung für Finanzen nichts Negatives an der Geschäftsführung des Pächters zu entdecken. Viemehr meinten sie, daß man keinesfalls die erzielten Umsätze zur alleinigen Grundlage der Beurteilung dieses besonderen Objektes machen dürfte. Der Pächter habe 1950 mit großem Optimismus seine Arbeit begonnen und dann trotz Nachlassens der Umsätze und damit verbundener Verluste weiter das Lokal betrieben, weil er »in der damals allgemein verbreiteten Überzeugung lebte, daß eine baldige Vereinigung Berlins und Deutschlands zu erwarten« sei. Mit Beginn der wirtschaftlichen Erholung in den Jahren nach 1952 erhoffte sich Rehnelt eine eventuelle Renovierung des historischen Restaurants und damit eine Belebung des Geschäfts. Mit dem Bekanntwerden des Wiederaufbau des in der Nähe gelegenen Hansa-Viertels erwartete er eine Bestätigung seiner Hoffnungen durch einen starken Spaziergängerverkehr. Die im Laufe der Jahre für Restaurierungen, Renovierungen und Anschaffungen von Inventar getätigten Investitionen von mehr als 14000 DM unterstrichen nach Überzeugung der Gutachter nur die Ernsthaftigkeit des Bemühens, das Lokal zu halten.

Jedenfalls attestierten sie dem Pächter, daß ihm ein Erfolg seiner sechsjährigen Arbeit versagt blieb, wofür sie in erster Linie die Vereinsamung des Geländes und die immer stärkere Verwahrlosung der Baulichkeiten des Kroll-Gartens verantwortlich machten, da seine Mittel nicht ausreichten, den Verfall aufzuhalten. Hinzu sei gekommen, daß die 1951 erfolgten Sprengungen anderer Gebäudeteile nun auch das ganze Gartenlokal wie eine Ruine wirken ließen, »die für das Publikum keine Anziehungskraft besitzt«.

Aber noch harrte Rehnelt bei »Kroll« aus. Am 13. März 1957 appellierte er an das Hauptliegenschaftsamt, ihm dringend zu helfen. Denn seit vor mehr als zwei Wochen die Presse gemel-

Endgültiger Abriß der Kroll-Oper, März 1956. Baugelände für die Kongreßhalle

det habe, der Kroll-Garten würde abgerissen und man habe ihn angemessen entschädigt, sei der Betrieb »leer und tot«. Die einzigen Gäste bildeten Diebe, »die fast täglich kommen und alles ausräumen, was noch mitnehmenswert ist, sich sogar mit mir in Gespräche einlassen, über das Gitter hinweg und erklären: 'Hier geht Ihnen ja nichts mehr an. Sie sind ja abgefunden und das gehört uns allen.' Mauern brechen sie, Kabel stehlen sie und ich stehe dem machtlos gegenüber. Habe keinen Pfennig Einnahme aus dem Kroll-Garten, obwohl jetzt das beste Wetter für das Geschäft einsetzt ... Helfen Sie bitte sofort oder ich breche in jeder Hinsicht zusammen.« Aber noch ehe sich Behörden und Polizei zu irgendwelchen Schutzmaßnahmen aufraffen konnten, stellte das Grundstücksamt Tiergarten am 4. April 1957 den Antrag auf »öffentliche Abräumung«. Über den Zustand von »Kroll« heißt es in dem vom Grundstücksamt und von der Abteilung Bau- und Wohnungswesen des Bezirks Tiergarten unterzeichneten Protokoll: »Die auf dem Grundstück [Platz der Republik 7 (Kroll-Garten)] befindlichen Gebäudereste sind durch Kriegseinwirkung stark beschädigt und nur noch im Keller-, Erd- und 1. Obergeschoß vorhanden.« Als notwendige Arbeiten waren vorgesehen: »Abbruch und Abräumung sämtlicher Bauwerksteile einschließlich Kellerwände, Kellerfußboden und Fundamente. Wiederverfüllung der Baugrube mit Feinschnitt oder Füllboden bis Oberkante Bürgersteig.«

Mitte Mai begannen die Abrißarbeiten; den nördlichen Teil des »Kroll«-Areals benötigte man für die Anlage eines Parkplatzes für die als Beitrag der USA zur »Internationalen Bauausstellung 1957« errichtete Kongreßhalle. Einige Blätter erinnerten in diesen Tagen noch einmal an »Kroll«, unter Überschriften wie »Kroll – bald nur noch eine Erinnerung« (*Welt am Sonntag,* Nr. 20 v. 19. Mai 1957), »Kroll – ein Stück Berlin verschwindet, Vom Glanz über Talmi zu Elend« (*Der Tag,* Nr. 127 v. 2. Juni 1957).

Mit dem Verschwinden auch der allerletzten Ruinenreste 1957 war die Geschichte von »Kroll« aber immer noch nicht zu Ende. Rund zweieinhalb Jahre später, Ende November 1959 meldete die noch existierende Kroll Wirtschaftsbetrieb GmbH durch ihren Geschäftsführer Heinz Leussing, längst in Adenau in der Eifel lebend, über einen Rechtsanwalt »wegen der unberechtigten Verpachtung oder wegen der sonstigen unberechtigten Verbringung und Entziehung sowie des späteren unberechtigten Verkaufs eines Teils des Inventars ... Ansprüche jeglicher Art an, die sich aus den einschlägigen gesetzlichen Bestimmungen ergeben«. Der damit eingeleitete Rechtsstreit schleppte sich über nahezu sechs Jahre hin, ehe die Bezirksverordnetenversammlung Tiergarten am 27. Oktober 1965 dem zwischen Bezirksamt und Wirtschaftsbetrieb GmbH abgeschlossenen Vergleich zustimmte, der die Zahlung von 3551 DM an letztere zur Abgeltung all ihrer Ansprüche vorsah.

Klaus Dieter Pett · Sabine Preuß · Volker Viergutz

Verzeichnis der Ausstellungsobjekte

I
Platz vor dem Brandenburger Tor

I/1
Mitteilung des Chefs der Domänen- und Forstverwaltung, Geh.Staatsminister Philipp von Ladenberg an den Intendanten der Kgl. Gärten, Geh.Reg.Rat Ludwig von Massow, daß dem »Herrn Restaurateur Kroll aus Breslau« auf Allerhöchste Befehle Friedrich Wilhelms IV. Terrain zur Anlage eines Wintergartens »auf dem westlichen Ende des Exercierplatzes vor dem Brandenburger Tore« unter bestimmten Bedingungen genehmigt wurde, Eigentums- und Dispositionsrecht des preußischen Fiskus über dieses Terrain aber uneingeschränkt weiter bestehen
Berlin, 20. November 1842

Landesarchiv Berlin
Pr.Br.Rep. 42, Nr. 3012

I/2
Bericht zur bevorstehenden Eröffnung von Kroll's Garten
Berlinische Nachrichten,
Nr. 291 vom 12. Dezember 1843

Landesarchiv Berlin
Bibliothek

I/3
Colonnade und Renaissancesaal in Kroll's Etablissement, um 1844
2 Holzstiche

Landesarchiv Berlin
Rep. 250

I/4
Ankündigung zur Eröffnung von Kroll's Garten mit einem »Bal masqué« am 17. Februar 1844
Berlinische Nachrichten,
Nr. 40 vom 16. Februar 1844

Landesarchiv Berlin
Bibliothek

I/5
Bekanntmachung des Königlichen Polizeipräsidiums über die Regelung der An- und Abfahrten der Wagen vor Kroll's Wintergarten
Berlin, 14. Februar 1844
Berlinische Nachrichten,
Nr. 38 vom 15. Februar 1844

Landesarchiv Berlin
Bibliothek

I/6
Verhandlungsprotokoll zur Bauabnahme für Kroll's Etablissement, unterzeichnet von Joseph Kroll, Sebald (Polizeirat), Nictz (Bauinspektor)
Berlin, 4./5. Januar 1844

Landesarchiv Berlin
Rep. 202, Acc. 2068, Nr. 419

I/7
Zeitungsberichte zum Besuch König Friedrich Wilhelms IV. von Preußen und seines Hofstaats in Breslau am 14./15. September 1841; am Vormittag des zweiten Besuchstages gab die Stadt Breslau zu seinen Ehren ein Dejeuner im Wintergarten,

den die »Herrn Morawi und Kroll« sehr ansprechend ausgeschmückt hatten
Berlinische Nachrichten,
Nr. 217 und 219 vom
17. und 20. September 1841

Landesarchiv Berlin
Bibliothek

I/8
»Vergnügungspark bei Berlin«
Kroll's Königssaal umgeben von 24 Einzeldarstellungen mit Ausflugs- und Vergnügungslokalen in der Umgebung Berlins
Nach der Natur gez. und lith. von F.von Laehr, um 1845
Farblithographie, 52 x 37 cm,
gerahmt 74,5 x 62,5 cm

Konrad Hammer, Berlin

I/9
»Verschönerungs-Plan zu dem zwischen der Thiergarten Straße, grossen QuerAllee, Exercier Platz und Brandenburger Thor belegenen Theil des Königl. Thiergartens bei Berlin«, 1836
Kolorierte Federzeichnung, 62 x 53,5 cm

Landesarchiv Berlin
Plansammlung

I/10
»Der Circus vor dem Brandenburger Thore«
gez. v. Stock; gest. v. Finden, um 1830
Foto nach einem Stahlstich, 23 x 17 cm

Landesarchiv Berlin
Bibliothek

I/11
Kroll's Etablissement
Anonym, um 1845
Farblithographie, 22,5 x 16 cm

Landesarchiv Berlin
Rep. 250, Acc. 581, Nr. 8

I/12
Das »Grenadier-Garde-Bataillon« um 1790 und das »Erste Garde-Regiment zu Fuß« um 1820 auf dem Exercierplatz
Fotos nach Farblithographien, 17 x 25 cm

Landesarchiv Berlin
Bibliothek

I/13
»Berlin von Krolls gesehen«
J. Gottheil del., Poppel u. Kurz sc., um 1850
Kolorierter Stahlstich, 22 x 16,5 cm

Landesarchiv Berlin
Rep. 250

I/14
»Die zukünftige Siegessäule in Berlin«, um 1866
Ansicht des Königsplatzes mit einem nicht ausgeführten Entwurf der Siegessäule
Holzschnitt, 27,5 x 19,5 cm

Landesarchiv Berlin
Rep. 250, Acc. 3354, Nr. 17

II
Baugeschichte von 'Kroll'

II/1
Details des mittleren Saals vom »Wintergarten«
Bauzeichnung aquarelliert 1842,
68,5 x 57 cm

Landesarchiv Berlin
Plansammlung

II/2
»Situation von Krolls Garten« mit den neuen Gebäuden »Retorten-, Spritzen-, Gasometerhaus, Säulenhalle«
Bauzeichnung aquarelliert 1842,
63,6 x 53,8 cm

Landesarchiv Berlin
Plansammlung

»Die zukünftige Siegessäule in Berlin«, um 1866

II/3
»Entwurf zum Bau eines Wintergartens und Gesellschaftslocals auf dem Exercierplatze zu Berlin für Herrn Croll mit Situationsplan«
Bauzeichnung aquarelliert,
28. September 1842,
53,5 x 64,5 cm

Landesarchiv Berlin
Plansammlung

II/4
»Das Hauptgebäude von Krolls Garten«
Grundriß und Seitenansichten
Bauzeichnung aquarelliert 1842,
53,8 x 55,8 cm

Landesarchiv Berlin
Plansammlung

II/5
Bericht über den Brand des Kroll'schen Etablissements in Berlin mit zwei zeitgenössischen Holzstichen
Illustrirte Zeitung,
Leipzig, Nr. 398 vom 15. Februar 1851
Fotomontage

Landesarchiv Berlin
Bibliothek

II/6-11
Serie von sechs aquarellierten Bauzeichnungen zum Wiederaufbau des Kroll'schen Etablissements von 1851 bis 1852
78,3 x 45 cm und 82 x 24,3 cm
1. Situationsplan
2. Fassadenansicht
3. Grundriss Souterrain
4. Grundriss Parterre
5. Grundriss erste Etage
6. Profil

Landesarchiv
Plansammlung

II/12
Der Geh.Staatsminister von Stolberg beauftragt den Geh.Reg.Rat Frhrr. von Müffling, den Bau des Gasometers beim Wintergarten-Etablissement zu stoppen, da Krolls Gesuch zu dessen Bau abgelehnt wurde
Berlin, 8. Dezember 1843

Landesarchiv Berlin
Rep. 202, Acc. 2068, Nr. 4198

II/13
Gesuch des Maschinenbauers August Lochner jun. an den Polizei-Präsidenten von Puttkammer zum Transport eines Gasometers auf den Exerzierplatz in der Nacht vom 2. auf den 3. Januar 1844 durch die mittlere Durchfahrt des Brandenburger Tores, um den Individualverkehr während des Tages nicht zu beeinträchtigen
Berlin, 30. Dezember 1843

Landesarchiv Berlin
Rep. 202, Acc. 2068, Nr. 4197

II/14
Stellungnahme des Präsidenten der Ministerial-, Militair- und Bau-Commission, Eduard Frhrr. von Müffling, zur Beschwerde des Generalkommandos des Garde du Corps, wegen Anlage des Auffahrtsweges zum Kroll'schen Etablissement Einschränkungen bei der Benutzung des Exercierplatzes in Kauf nehmen zu müssen
Berlin, 15. März 1844

Landesarchiv Berlin
Rep. 202, Acc. 2068, Nr. 4197

II/15
Aufforderung des Präsidenten der Ministerial-, Militair- und Bau-Commission, Eduard Frhrr. von Müffling, an das Polizei-Präsidium, um Übersendung der Unterlagen zum von dem Restaurateur Kroll beabsichtigten Neubau eines Treibhauses und eines Gasometers zu übersenden
Berlin, 30. August 1845

Landesarchiv Berlin
Rep. 202, Acc. 2068, Nr. 4197

II/16
Ermittlungen der Polizeibehörden gegen Joseph Kroll, dem man vorwirft, »die bei der Reinigung des Gases sich absorbierende Kalkmilch« auf einem Privatacker statt hinter der ehemaligen Pulverfabrik bei Moabit auslaufen zu lassen, was sich trotz Strafandrohungen mehrfach wiederholt habe; auch sei Herr Kroll nicht zu den polizeilichen Vorladungen erschienen
Moabit, 9. November 1845/
Berlin, 31. Januar 1846/
Berlin, 25. März 1846

Landesarchiv Berlin
Rep. 202, Acc. 2068, Nr. 4197

II/17
Begleitschreiben von Auguste Kroll an das Polizei-Präsidium zur Vorlage von zwölf Zeichnungen zum Wiederaufbau des Kroll'schen Etablissements
Berlin, 16. Juni 1851

Landesarchiv Berlin
Rep. 202, Acc. 2068, Nr. 4198

II/18
Mitteilung des Branddirektors Scabell an das Polizei-Präsidium über die Einhaltung von Feuerschutzbestimmungen im Neubau des Kroll'schen Lokals; so u.a. Stationierung einer aus sieben Feuerwehrmännern bestehenden Wache für jede Veranstaltung wegen der isolierten Lage des Gebäudes
Berlin 22. August 1851

Landesarchiv Berlin
Rep. 202, Acc. 2068, Nr. 4198

II/19

Bericht von Auguste Kroll an das Polizei-Präsidium zur Fertigstellung des Rohbaues unter Beachtung der Sicherheitsbestimmungen, worin sie um Erlaß des Einbaues eines »eisernen Vorhanges« und der »eisernen Thüren zwischen den Sälen« bittet; während das Polizei-Präsidium weiterhin auf den »eisernen Thüren« besteht, verzichtet es auf den »eisernen Vorhang«, da etwas Ähnliches noch in keinem größeren Theater vorhanden ist
Berlin, 29. Oktober 1851

Landesarchiv Berlin
Rep. 202, Acc. 2068, Nr. 4198

II/20

Genehmigung des Polizei-Präsidiums an Auguste Kroll zur Wiedereröffnung des Etablissements mit einem »Ball macqué et paré«, sofern alle Auflagen wegen der Gasbeleuchtungsanlage und des Feuerschutzes erfüllt sind;
Ankündigung des Besuchs des Königs für den Nachmittag des gleichen Tages
Berlin, 23./24. Februar 1852

Landesarchiv Berlin
Rep. 202, Acc. 2068, Nr. 4198

II/21

»Situationsplan zur Erbauung eines Provisorischen Pflanzen-Conservirungs-Hauses auf dem genannt Kroll'schen dem H. Bergmann angehörigen Etablissement«
Bauzeichnung aquarelliert,
21. Juli 1856
45 x 55 cm

Landesarchiv Berlin
Plansammlung

Kroll's Wintergarten nach dem Umbau von 1851/52. Architekt Eduard Titz. Aufnahme vom 10. Oktober 1892

II/22
»Erbauung eines Orangen-Hauses auf dem genannt Kroll'schen jetzt H. Bergmann angehörigen Etablissement«
Bauzeichnung aquarelliert,
2. August 1856,
47,5 x 54 cm

Landesarchiv Berlin
Plansammlung

II/23
Aufruf zur Gründung einer Aktiengesellschaft »Thiergarten-Etablissement« (vormals Kroll)
Anzeige aus dem
Deutschen Reichsanzeiger
und *Königl. Preuß. Staatsanzeiger,*
26. Juni 1871

Landesarchiv Berlin
Pr.Br.Rep. 42, Nr. 3017

II/24
Statut der Thiergarten-Etablissement Aktiengesellschaft Berlin, 1871

Landesarchiv Berlin
Pr.Br.Rep. 42, Nr. 3017

II/25
Bitte von Direktor Jacob Engel um Unterstützung für den geplanten Verkauf des Kroll'schen Etablissements an Direktor Geber, da er und seine Frau aus gesundheitlichen Gründen die Vergnügungsstätte nicht mehr weiterführen wollen; im übrigen Kaiser Wilhelm I. seinen Vorschlag, das Etablissement als Reichstagssitz zu nutzen, abgelehnt habe
Berlin, 17. September 1872

Landesarchiv Berlin
Pr.Br.Rep. 42, Nr. 3017

II/26
Bericht des Vorstehers der Tiergarten-Verwaltung, Geh.Reg.Rat Kühlenthal, an Finanzminister von Camphausen über die Vermögensverhältnisse von Direktor Geber und seine Motive für den geplanten Kauf des Kroll'schen Etablissements
Berlin, 21. Dezember 1872

Landesarchiv Berlin
Pr.Br.Rep. 42, Nr. 3017

II/27
Bescheid des Finanzministers von Camphausen an den Geh.Reg.Rat Kühlenthal, über die Nichtgenehmigung des zwischen Jacob Engel und Direktor Geber abgeschlossenen Kaufvertrages
Berlin, 27. Februar 1873

Landesarchiv Berlin
Pr.Br.Rep. 42, Nr. 3017

II/28
Situationsplan des an der Großen Churallee gelegenen Teiles von Kroll's Etablissement mit den projektierten baulichen Veränderungen zum Kessel- und Maschinenhaus sowie Gewächshaus
Bauzeichnung aquarelliert,
23. Juni 1885, 98 x 66 cm, Maßstab 1: 250

Landesarchiv Berlin
Plansammlung

II/30-32
Königliches Opernhaus und Umgestaltung des Königsplatzes in Berlin von Otto March, 1912
Situationsplan, 1:100
Perspektivische Ansicht Zuschauerraum
Sisaldrucke (Reproduktionen)
von Bogdan Gisevius
90 x 67 cm

Technische Universität Berlin
Plansammlung

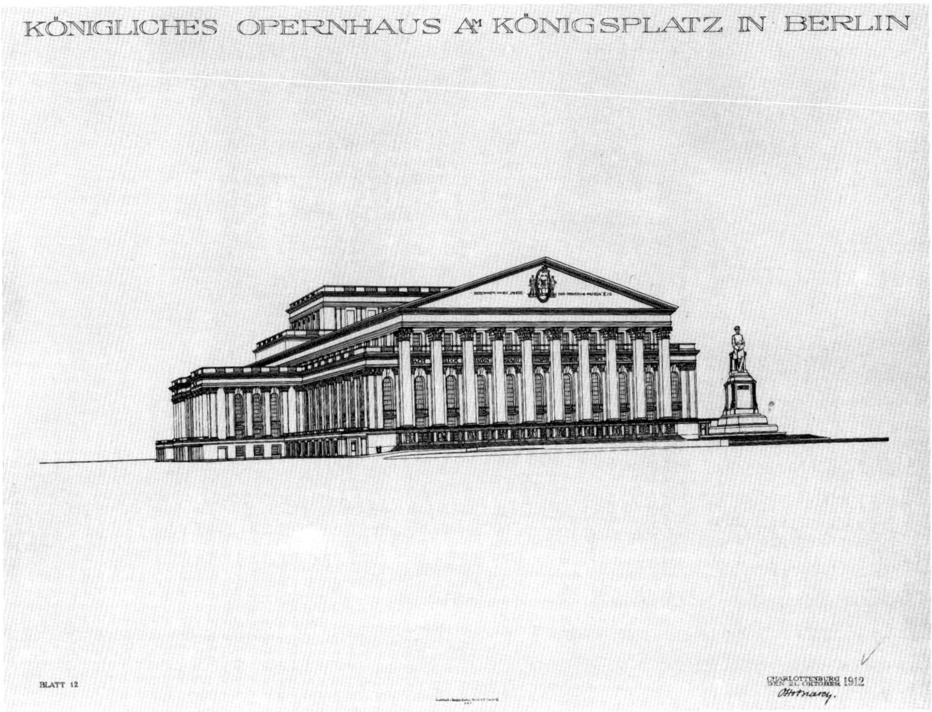

Situationsplan zur Umgestaltung des Königsplatzes von Otto March, 1912

II/33
Antrag von Baurat A. Fischer an die Tiergarten-Verwaltung zur Genehmigung von Probebohrungen auf dem in Aussicht genommenen Bauplatz für das neue Königliche Opernhaus zur Feststellung des Baugrundes
Berlin, 10. Juli 1913

Landesarchiv Berlin
Plansammlung

II/34
Lageplan für den Neubau des Königlichen Opernhauses zu Berlin, 1913
40 x 44,5 cm,
Maßstab 1:1000

Landesarchiv Berlin
Plansammlung

II/35
Stellungnahme der Ministerien für öffentliche Arbeiten und für Finanzen an das Ministerium des Königlichen Hauses und die Königliche Ministerial-Baukommission zu den finanziellen Entschädigungen bei Abriß der Kroll'schen Gebäude wegen des geplanten Neubaues des Königlichen Opernhauses [Abschrift]
Berlin, 1. Juli 1914

Landesarchiv Berlin
Pr.Br.Rep. 42, Nr. 3020

II/36
Meßtischblatt-Ausschnitt von Spreebogen, Alsenviertel und Königsplatz mit eingezeichnetem Standort des geplanten Opernhaus-Neubaus, um 1910
40 x 30 cm, Maßstab 1:4000

Landesarchiv Berlin
Pr.Br.Rep.42, Nr. 3020

II/37
Entwurf eines Königlichen Opernhauses
zu Berlin von Oskar Kaufmann
Wettbewerb 1910
1. Preis
Druck

Landesarchiv Berlin Bibliothek

II/38
Ansicht des Theatersaales nach dem
Umbau durch Oskar Kaufmann,
um 1925
Foto

Landesarchiv Berlin
Bibliothek

II/39
Wettbewerbsentwurf des
Regierungsbaumeisters Hans Grube für den
Neubau eines Königlichen Opernhauses
Perspektivische Ansicht der Vorderfront
Seitenansicht
Grundriß
1912
Drucke

Landesarchiv Berlin
Bibliothek

II/40
Entwurf für das neue Königliche
Opernhaus am Königsplatz von
Ludwig Hoffmann
Hauptansicht
Bleistift auf Papier, Kartoniert
11. Mai 1913

Landesarchiv Berlin
Nachlaß Ludwig Hoffmann

II/41
Ansicht des Zuschauerraumes des
Königlichen Operntheaters (Kroll) vor dem
Umbau, um 1910
Foto

Landesarchiv Berlin
Bibliothek

II/42
Gesuch der Vorsitzenden des
Nachmittagsheimes für verwundete Krieger
an die Tiergarten-Verwaltung mit der Bitte
um Verschönerung des Kroll'schen Gartens
zum Aufenthalt verwundeter Soldaten
Berlin, 15. Mai 1915

Landesarchiv Berlin
Pr.Br.Rep.42, Nr. 3020

II/43
Aktenvermerk der Tiergarten-Verwaltung
über die Nichtausführung des geplanten
Opernhaus-Neubaues
5. Juni 1919

Landesarchiv Berlin
Pr.Br.Rep. 42, Nr. 3020

II/44
Aktenvermerke des Polizeibauamtes I
Berlin, der Städtischen Baupolizei und des
Polizei-Präsidiums, Abteilung III, zu den
Umbauplänen Oskar Kaufmanns für das an
die Freie Volksbühne verpachtete Kroll'sche
Theater; Verzögerung des Umbau-Beginns
wegen finanzieller Schwierigkeiten und von
Stadtbaurat Ludwig Hoffmann nicht
genehmigter Fassadenänderungen.
Berlin, 22. Juli 1920/
24. Juli 1922

Landesarchiv Berlin
Rep. 202, Acc. 2068, Nr. 4205

II/45
»Projekt zum Umbau des ehemaligen
Kroll'schen Theaters zur Volksbühne
am Königsplatz«
Ansicht am Königsplatz, 1921/22
Lichtpause,
122 x 50 cm,
Maßstab 1:100

Landesarchiv Berlin
Rep. 202, Acc. 2068, Nr. 4205

Restaurant Kroll. Oben: Blaue Terrasse, unten: Großer Festsaal. Aufnahmen 1936

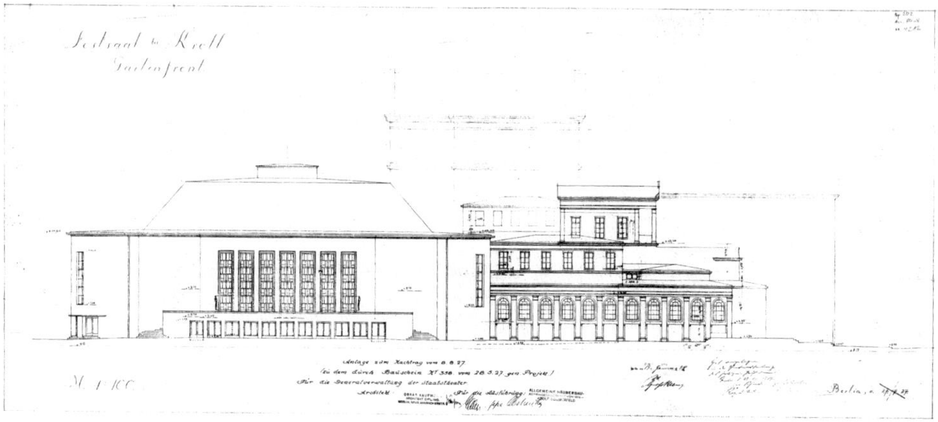

»Festsaal bei Kroll«, Gartenfront. 1927/28

II/46
»Oper und Festsäle am Platz
der Republik |Kroll|«
Grundriß des Ranggeschosses, 1929
Lichtpause,
50 x 47 cm,
Maßstab 1:125

Landesarchiv Berlin
Rep. 202, Acc. 2068, Nr. 4205

II/47-49
»Kroll« nach dem Umbau
durch Oskar Kaufmann
Seiteneingang
Terrasse am Festsaal
Nebensaal
Fotos, um 1928

Bildarchiv PK
Landesbildstelle Berlin

II/50
»Volksbühne am Königsplatz«
Grundriß des Parketts, 1921/22
Lichtpause,
135 x 92 cm,
Maßstab 1:100

Landesarchiv Berlin
Rep. 202, Acc. 2068, Nr. 4205

II/51-53
»Kroll« nach dem Umbau
durch Oskar Kaufmann
Nebensaal
Geschmückter Nebensaal
Großer Festsaal
Fotos, um 1928 und um 1936

Bildarchiv PK
Landesbildstelle Berlin

II/54
»Festsaal bei Kroll«
Gartenfront, 1927/28
Lichtpause,
118 x 50 cm,
Maßstab 1:100

Landesarchiv Berlin
Rep. 202, Acc. 2068, Nr. 4212

II/55
»Entwurf eines Saales auf dem Grundstück
der Kroll-Oper in Berlin«
Querschnitt, 1927
Lichtpause,
60 x 38,5 cm,
Maßstab 1:100

Landesarchiv Berlin
Rep. 202, Acc. 2068, Nr. 4212

III
Konzerte, Oper, Theater, Veranstaltungen

III/1
»Die Ausstellung landwirtschaftlicher Produkte und Gartenerzeugnisse in Berlin«
Aussicht auf den Exercirplatz mit den Ausstellungszelten
Der Königssaal im Kroll'schen Etablissement
Holzstiche nach Zeichnungen von H. Scherenberg
Illustrirte Zeitung,
Nr. 903 vom 20. Oktober 1860

Landesarchiv Berlin
Bibliothek

III/2
Gewerbeausstellung im Kroll'schen Etablissement
Holzstich, um 1850

Landesbildstelle Berlin

III/3
»Situationsplan von der Mitte des ehemaligen Exercirplatzes im Tiergarten bei Berlin« mit den fünf für die Ausstellung von »Gegenständen des Haus- und Bauwesens« vorgesehenen Zelten
|11. Juni 1861|
Reproduktion,
20 x 25 cm

Landesarchiv Berlin
Pr.Br.Rep. 42, Nr. 3029

III/4
Vereinbarung zwischen der Tiergarten-Verwaltung und dem Ausstellungs-Kommitee über die Errichtung der Zelte für die Ausstellung von »Gegenständen des Haus- und Bauwesens«
Berlin, 11. Juni 1861

Landesarchiv Berlin
Pr.Br.Rep. 42, Nr. 3029

III/5
Englischsprachiger Prospekt für eine Centrifugal-Eisenbahn mit bildlichen Darstellungen
London |o.J.|

Landesarchiv Berlin
Pr.Br.Rep. 42, Nr. 3013

III/6
Gesuch von Joseph Kroll an die Kgl. Tiergarten-Verwaltung, ihm für die Inbetriebnahme einer Centrifugal-Eisenbahn im Sommergarten die Errichtung eines Zaunes zu genehmigen
Berlin, 11. Mai 1846

Landesarchiv Berlin
Pr.Br.Rep. 42, Nr. 3013

III/7
Bericht der *Berlinischen Nachrichten,*
Nr. 119 vom 25. Mai 1846, über die Eröffnung der Centrifugal-Eisenbahn am Sonntag, den 24. Mai, in Kroll's Garten

Landesarchiv Berlin
Bibliothek

III/8
Entwurf für ein leichtes Gebäude zur Aufstellung von Wagen und schweren Gegenständen anläßlich der Berliner Gewerbeausstellung 1849
Bauzeichnung aquarelliert |o.J.|,
26,5 x 41 cm

Landesarchiv Berlin
Plansammlung

III/9
Gesuch der Polytechnischen Gesellschaft an das Polizei-Präsidium um schnellste Genehmigung der Errichtung eines Gebäudes zum Unterbringen von Wagen und schweren Gegenständen anläßlich der Berliner Gewerbeausstellung 1849 auf dem Kroll'schen Gelände
Berlin, 28. Juli 1849

Rep. 202, Acc. 2068, Nr. 4198

Kroll's Theater.

Direction: Engel-Bebrun.

Große

Weihnachts-Ausstellung.

Für Jung und Alt.

Entworfen und gemalt von Hrn. **Lüttkemeyer** aus Coburg. Die Transparentbilder im Römischen Saale vom Maler Hrn. **Heyl**, die plastischen Figuren von den Bildhauern Herren **Weiss** und **Friedrich**. Die Decorirung vom Decorateur Hrn. **Zahl**.

Im Römischen Saale:
Im Reich der Weihnachtsfee.

Erster Zwischensaal:
Glückstempel.

Zweiter Zwischensaal:
Glückliche Kindheit.

Im Rittersaal:
Byzantinische Klosterhalle.

Im Korbsaal:
Die Heilige Grabes-Kirche in Jerusalem.

Im Königssaale:
Zum 17. Male:

Liebeszauber.

Phantastische Posse mit Gesang und Tanz in 3 Akten u. 8 Bildern v. Ed. Jacobson. Musik v. G. Michaelis. Die Decorationen gemalt von den Gebrüdern H. Borgmann u. W. Menge. Die Tänze arrangirt vom Balletmeister Hrn. Brus.

Morpheus, König der Träume . Hr. Kriete
Phantasos,) seine Brüder . Frl. Hellbronn
Hylos,) . Hr. Schmidt
Traumgenien.

Geheimrath Ollbrich . . . Hr. Riedt
Baronin Fennbach . . . Frl. Böhm
Elise, ihre Stieftochter . . „ Kuhn
Hector von Gurten, ihr Neffe . . . . Hr. Seydel
Dornwall, Maler . . . „ Wallner
Murrmann, Besitzer einer Droschke 2. Klasse . . „ Meißner
Christel, seine zweite Frau Frl. Mejo
Alma, seine Pflegetochter . „ E. Wegner
Victor,) seine Kinder . „ Zernsdorf
Hannchen,) zweiter Ehe . Lottchen Simon
Achmed, ein Mohr . . . Hr. Burtwig
Frau Menzel, Wirthschafterin bei Ollbrich . . . Frl. Radzuweit
Male, Dienstmädchen . . „ Friedrich
Ein Lakei . . . . Hr. Brock
Herren, Damen, Volk.

Vorkommende Tänze: Pas de caractère, ausgeführt von den Solotänzerinnen: Sigra. **Angiola Lapucci** und den Geschwistern Sigre. **Linda** und **Giselda Viola**; Pas serieux, ausgeführt von Sigra. **Angiola Lapucci**, den Sigre. **Linda** u. **Giselda Viola** u. den Elevinnen.

Nach jedem Akt Pause.

Vor, während und nach der Vorstellung im Tunnel:
Concert der Tyrolergesellschaft Hinterwaldner.

Vor der Vorstellung, im Königs-Saal:
GROSSES CONCERT.

Anfang des Concerts 5 1/2 Uhr, der Vorstellung 7 Uhr (an den Wochentagen).

Preise der Plätze: 1. Parquet 2,50 Mark, Tribüne und 2. Parquet 2,00 Mark, Loge 1,50 Mark, Entrée incl. Theater 1 Mark.

Abonnements-Billets gültig bis 1. Oktober 1880, das Dutz. 9 Mark, an nachstehenden Verkaufsstellen zu haben.

Der Billetverkauf findet statt: An der Kasse des Etablissements von 9 Uhr an, im „Invalidendank", Markgrafenstr. 51a, in den Cigarren-Geschäften von Bach, Unter den Linden 46, Lindenberg, Leipzigerstr. 50 und E. Heintze, Unter den Linden 3.

Morgen: Dieselbe Vorstellung. Anfang des Concerts im Tunnel u. im Königssaal 5 1/2 Uhr d. Vorst. 7 Uhr.

Mittwoch, den 31. December:
Sylvester (Bal masqué et paré).

Bestellungen für geschlossene Logen und Zimmer werden an der Kasse entgegen genommen.

III/10
Fünf Programmzettel mit Konzertankündigungen zu Aufführungen in Kroll's Etablissement
Der Nasenstüber,
28. August 1852
Ränke und Schwänke,
21. August 1854
Martha oder Der Markt zu Richmond,
26. Mai 1860
Junge Männer, alte Weiber,
1. November 1864
Zampa oder die Marmorbraut,
17. August 1866

Landesarchiv Berlin
Rep. 129, Acc. 2530

III/11
Theaterzensurexemplar
»Das große Loos oder Dummheit und Hochmuth«
Posse mit Gesang in drei Akten von Adolph L'Arronge
Genehmigt zur Aufführung im Kroll'schen Theater am 13. Oktober 1866

Landesarchiv Berlin
Pr.Br.Rep. 30, g 354

III/12
Adolph L'Arronge (1838-1908)
Komponist und Kapellmeister
Foto, 13 x 18 cm

Privatbesitz

III/13
»Mein Feld die Welt«
Marsch von Carl Michael Ziehrer
Notenblatt

Landesarchiv Berlin
Rep. 129, Acc. 2253, Nr. 8229

III/14
Porträt Carl Michael Ziehrer (1843-1922)
Komponist und Kapellmeister
Foto

Bildarchiv PK

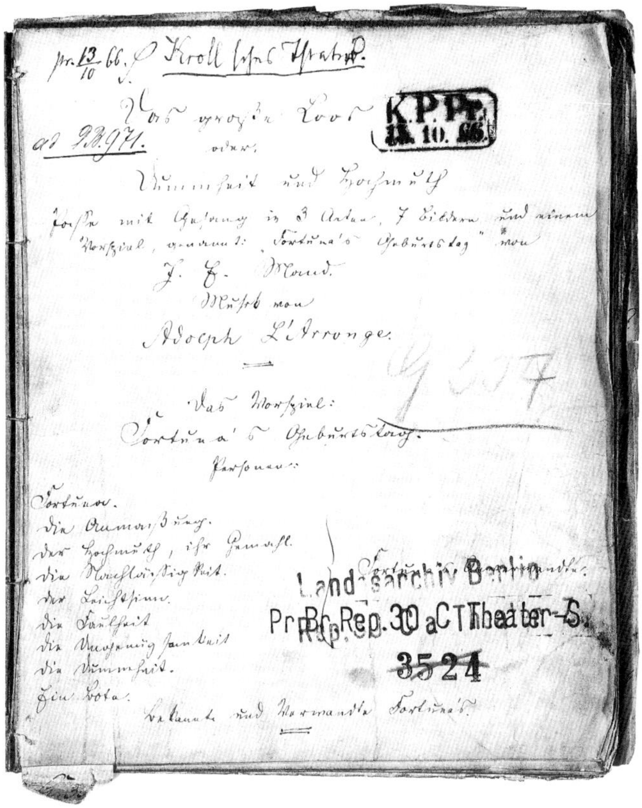

III/15
»The Stars and Stripes«
Marsch von John Philip Sousa
Notenblatt

Landesarchiv Berlin
Rep. 129, Acc. 2253, Nr. 6938

III/16
Porträt John Philip Sousa (1854-1932)
Komponist und Kapellmeister
Foto

Staatl. Inst. f. Musikforschung PK Berlin

III/17
Jacob Carl Engel (1821-1888)
Kapellmeister und Theaterdirektor
Reproduktion nach einer Lithographie, 1853

Staatl. Inst. f. Musikforschung PK Berlin

III/18
»An der schönen blauen Donau«
Walzer von Johann Strauß (Sohn)
Notenblatt

Landesarchiv Berlin
Rep. 129, Acc. 2253, Nr. 7378

III/19
Porträt Johann Strauß (Sohn) (1825-1899)
Komponist und Kapellmeister
Foto

Staatl. Inst. f. Musikforschung PK Berlin

KROLL'S THEATER.

Freitag, den 22. März 1867

zur Feier

des

Allerhöchsten 70sten Geburtsfestes

Sr. Majestät des Königs

Fest-Vorstellung

unter gefälliger Mitwirkung der Königl. Schauspieler Frau Jachmann-Wagner, Fräulein Kessler, Herren Berndal und Dehnicke.

PROGRAMM.

1. König Wilhelms-Marsch, ausgeführt von der Kroll'schen Kapelle unter Leitung des Kapellmeisters Herrn L'Arronge.

2. Fest-Prolog von R. Bürkner, gesprochen von Frau Jachmann-Wagner.

3. Fest-Ouvertüre von C. M. v. Weber, ausgeführt von der Kroll-schen Kapelle.

4. Märkische Kiefern.

Festspiel in 1 Aufzug von G. Hesekiel.

PERSONEN:

Friedrich Wilhelm Kiefer, Invalide aus den Befreiungskriegen, Besitzer des Haidekrugs bei Machnow auf dem Sande . . . Hr. Berndal.
Dorothea Kiefer, geb. Machandelbaum, Unteroffiziers-Wittwe, dessen Schwiegertochter . . . Fr. *Weckes.*
Friedrich Karl Kiefer, Husar vom Brandenburg. Hus.-Rgmt. No. 3 (Zieten'sche Husaren), deren Sohn . Hr. Dehnicke.
Louise Henriette Kiefer, seine Schwester . . . Frl. *Meja.*
Leopold Fichte, Soldat vom Anhaltischen Infant.-Rgmt. Hr. *Johannes.*
Zeit der Handlung: Königsgeburtstag 1867.

5. Unter gütiger Erlaubniss des Verfassers und der Königl. General-Intendantur:

Freund und Feind.

Dramatisirte Anekdote in 1 Akt von Paul Frohberg.

PERSONEN:

Reimar Karsten, Vollmacht, Besitzer eines Bauernhofes Hr. *Weiss.*
Dettlef, dänischer Lieutenant } seine Kinder . . . Hr. Dehnicke.
Christine . . . Frl. Kessler.
Anna, seine Schwester . . . Fr. *Rüger.*
Katharine, Wittwe . . . Fr. *Weckes.*
Hedrich, preussischer Unteroffizier . . . Hr. Berndal.
Dörthe, Magd . . . Frl. *Mejo.*
Klaus, Knecht . . . Hr. *Lüders.*
Ort der Handlung: Karstens Gehöft auf Alsen. Zeit: im Sommer 1864.

Nach der Theater-Vorstellung dreiviertel Stunden Pause.

Beginn des Festballes

unter gütiger Leitung des Königl. Tanzlehrers Herrn Medon.

Fest-Polonaise mit Blumenspende.

Die Ballmusik wird abwechselnd von zwei Kapellen ausgeführt.

Anfang 7 Uhr.

Von 12 bis 1 Uhr grosse Pause zur Restauration.

Ausser der Restauration in den Sälen findet eine solche auch im Tunnel statt.

Ende des Balles 3 Uhr.

Von 6 bis 7 Uhr CONCERT von der Kroll'schen Kapelle.

Es wird gebeten, den Mitgliedern des Fest-Comité's, welche an einer schwarzweissen Schleife kenntlich sind, bei ihren Arrangements bereitwilligst entgegen zu kommen.

Druck von G. Hickethier in Berlin, Lindenstr. 116.

III/20
Programmankündigung für ein »Grosses Militair-Concert« unter der Leitung des Kgl. Musikdirektors Wieprecht
Berlin, 2. Juli 1857

Landesarchiv Berlin
Rep. 240

III/21
Friedrich Wilhelm Wieprecht (1802-1872)
Komponist und Kapellmeister
Foto

Staatliches Institut für Musikforschung PK
Berlin

III/22
Ehekontrakt zwischen Auguste Kroll und Jacob C. Engel zur Regelung der Vermögensverhältnisse und Eigentumsrechte in bezug auf das Kroll'sche Etablissement
(Beglaubigte Abschrift)
Berlin, 26. August 1853

Landesarchiv Berlin
Pr.Br.Rep. 42, Nr. 3015

III/23
Mitteilung von Auguste Engel geb. Kroll an die Ministerial-, Militair- und Baucomission, daß sie auch nach der am 7. Juni 1853 geschlossenen Ehe mit dem Kapellmeister Jacob C. Engel das Kroll'sche Etablissement als Musikdirektorin und alleinige Besitzerin weiterführen wird
Berlin, 27. Juni 1853

Landesarchiv Berlin
Pr.Br.Rep. 42, Nr. 3015

III/24
Heiratsanzeige für Jacob und Auguste Engel geb. Kroll
Berlin, 8. Juni 1853
Vossische Zeitung,
Nr. 131 vom 9. Juni 1853

Landesarchiv Berlin
Bibliothek

SEKTION BERLIN DES D. u. OE. ALPENVEREINS.

L No. 213 III/1

Berlin, den 4 Februar 1898.

Polizei-Präsidium
4. 2. 98. Vm.
Berlin

16

An das

Königl. Polizei-Präsidium
Abtheilung III.

Hier!

Zur Vervollständigung unserer gestrigen Angabe über die Besucherzahl des am 26. Februar d. J. im Neuen Königlichen Opernhaus stattfindenden Kostümfest der Sektion Berlin des Deutschen und Österreichischen Alpenvereins theilen wir noch mit, daß die Zahl der Angestellten einschl. der Kellner = 150 ist, die Gesammtsumme der Theilnehmer sich daher auf 2950 erhöht.

Hochachtungsvoll

Das Büreau der Section Berlin des D. u. Oe. Alpenvereins.

[illegible]

Zu 213 III 1

III/25
Ankündigung »Großes Abend-Concert im Sommergarten unter Leitung des äus.-Dir. Hrn. Engel« am 7. Juni 1853
Vossische Zeitung,
Nr. 129 vom 7. Juni 1853

Landesarchiv Berlin
Bibliothek

III/26
Fünf Festprogramme zu Veranstaltungen bei Kroll
Alpenfest der Berliner Liedertafel,
5. Februar 1911
Alpenfest des Deutschen und Österreichischen Alpenvereins,
Sektion Hohenzollern e.V.,
7. Februar 1914
Winterfest des Akademischen Vereins »Motiv« mit Eintrittskarte,
4. Dezember 1894
Alpenfest der Berliner Liedertafel,
1. Februar 1914
1. Sommerkonzert der Berliner Liedertafel,
21. Juni 1911

Landesarchiv Berlin
Rep. 240, Acc. 1109, 1396, 1485

III/27
Drei Gartenansichten vom Kroll'schen Etablissement, um 1900
Fotos

Landesarchiv Berlin
Rep. 250

III/28
»Eine Rheinfahrt. Fest zum Besten des Baufonds eines Vereinskrankenhauses«
Veranstaltet vom Zweigverein Berlin des Vaterländischen Frauenvereins
2./3. Februar [1900]
Künstler: Otto Eckmann
Plakat,
56 x 76 cm
(Reproduktion)

Kunstbibliothek SMPK Berlin

III/29
»Maienfest bei Kroll zum Besten des Allgem. Deutschen Schulvereins zur Erhaltung des Deutschtums im Ausland«,
16. Mai 1903
Künstler: Lucien Bernhard
Plakat, 46,3 x 68 cm
(Reproduktion)

Kunstbibliothek SMPK Berlin

III/30
»Grosser Abschluss-Festball bei Kroll am 9. Februar 1937, zu Ehren des 1. Internationalen Karneval-Kongresses München«
Künstler: Paul Freiwald
Plakat, 58,5 x 88 cm
(Reproduktion)

Kunstbibliothek SMPK Berlin

III/31
»Ein Sommernachtsball am Ostseestrand«,
24. Januar [um 1900]
Künstler: Franz Herda
Plakat, 93 x 70 cm
(Reproduktion)

Kunstbibliothek SMPK Berlin

III/32
»Ein Kirchweihfest in Gross Tutentümpel (Alpenfest) bei Kroll«,
8. Februar ((1911))
Künstler: Franz Herda
Plakat, 91 x 71 cm
(Reproduktion)

Kunstbibliothek SMPK Berlin

III/33
»Dichter und Darsteller. Winterfest des Berliner Journalisten- und Schriftsteller-Vereins bei Kroll am 16. November 1909«
Künstler: August Hajduk
Plakat, 95 x 67 cm

Kunstbibliothek SMPK Berlin

III/34
»Kroll Garten und Terrassen täglich große Konzerte/Tanz«, [um 1925]
Plakat, 96 x 74 cm
(Reproduktion)

Kunstbibliothek SMPK Berlin

IV
»Ära Klemperer«

IV/1
Plakat zur Erstaufführung der Oper *Aus einem Totenhaus* von Leos Janacek in der Staatsoper am Platz der Republik am Freitag, den 29. Mai 1931
93 x 68 cm

Deutsches Literaturarchiv Marbach
Handschriftenabt., Nachlaß H. Curjel

IV/2-8
Szenenfotos zu den Opernaufführungen
Rigoletto von Giusepe Verdi, 17.Mai 1930
Der fliegende Holländer von Richard Wagner, 15. Januar 1929
Die Zauberflöte von Wolfgang Amadeus Mozart, 10. November 1929
Falstaff von Giuseppe Verdi, 20. April 1931
Leben des Orest von Ernst Krenek, 4. März 1930
Hoffmanns Erzählungen von Jacques Offenbach, 12. Februar 1929
Die Hochzeit des Figaro von Wolfgang Amadeus Mozart, 3. Juli 1931, anläßlich der Schlußvorstellung der Kroll-Oper

Deutsches Literaturarchiv Marbach
Handschriftenabt., Nachlaß H. Curjel

IV/9-17
Porträts tätiger oder mit der Kroll-Oper verbundener Künstler
Otto Klemperer (1855-1973), Dirigent
Ernst Legal (1881-1955), Regisseur
Alexander von Zemlinsky (1877-1942), Komponist und Dirigent
Arnold Schönberg (1874-1951), Komponist
Paul Hindemith (1895-1963), Komponist
Kurt Weill (1900-1950), Komponist
Leos Janacek (1854-1928), Komponist
Igor Strawinskij (1882-1971), Komponist
Gustave Charpentier (1860-1956), Komponist
9 Fotos, 24 x 30 cm

Bildarchiv PK, Berlin

IV/18
Programmzettel für Beethovens *Fidelio* am Sonnabend, den 19. November 1927, in der Staatsoper am Platz der Republik
Erste Inszenierung unter Operndirektor Otto Klemperer

Deutsches Literaturarchiv Marbach
Handschriftenabt., Nachlaß H. Curjel

IV/19
Brief Otto Klemperers an Hans Curjel über die Wiederaufnahme von Paul Hindemiths *Cardillac* sowie die Möglichkeiten, neben Ewald Dülberg noch andere Bühnenbildner, z.B. Wilhelm Reinking, für die Arbeit an der Kroll-Oper zu gewinnen
Sils-Maria, 29. August 1928

Deutsches Literaturarchiv Marbach
Handschriftenabt., Nachlaß H. Curjel

IV/20
Brief Otto Klemperers an Hans Curjel betr. Aufführung von Werken Paul Hindemiths und Kurt Weills sowie Rollenbesetzungen
Sils-Maria, 8. August 1929

Deutsches Literaturarchiv Marbach
Handschriftenabt., Nachlaß H. Curjel

IV/21
Bericht über die Zeugenaussage des Generalintendanten Tietjen im Klemperer-Prozeß vor dem Arbeitsgericht
Berliner Tageblatt,
Nr. 185 vom 20. April 1931

Landesarchiv Berlin
Bibliothek

IV/22
Otto Klemperer bei seiner Aussage vor dem Arbeitsgericht Berlin am 21. April 1931
Foto

Bildarchiv PK

IV/23
Besoldungsliste der General-Intendanz der Staatlichen Theater: Übersicht betr. Gehälter, Vertragsdauer und Funktionen des »Kunstpersonals der Oper«
Nr. 9 bis 12 namentlich genannt:
Erich Kleiber, Generalmusikdirektor,
Leo Blech, Generalmusikdirektor und 1. Kapellmeister,
Otto Klemperer, Generalmusikdirektor,
Alexander von Zemlinsky, 1. Kapellmeister,
Fritz Zweig, 1. Kapellmeister
Berlin, 1930

Deutsches Literaturarchiv Marbach
Handschriftenabt., Nachlaß H. Curjel

IV/25
Mitteilung von Generalintendant Tietjen an den Minister für Wissenschaft, Kunst und Volksbildung, daß eine entsprechende Gehaltserhöhung des Generalmusikdirektors Klemperer bisher nicht stattgefunden hat
Berlin, 1. März 1930

Deutsches Literaturarchiv Marbach
Handschriftenabt., Nachlaß H. Curjel

IV/26
Programme zu Aufführungen der Staatsoper am Platz der Republik
Don Giovanni von Wolfgang Amadeus Mozart, 6. Mai 1928
Leben des Orest von Ernst Krenek, Erstaufführung, 4. März 1930
Carmen von Georges Bizet, 4. Februar 1929
Krenek-Abend: *Der Diktator, Das geheime Königreich* und *Schwergewicht* oder: *Die Ehre der Nation,* Erstaufführung, 2. Dezember 1928
Der fliegende Holländer von Richard Wagner, 20. Juni 1930
Hoffmanns Erzählungen von Jacques Offenbach, 5. November 1929

Landesarchiv Berlin
Rep. 129

IV/24
Nachtrag zum Dienstvertrag zwischen dem Minister für Wissenschaft, Kunst und Volksbildung und Otto Klemperer betr. die Umwandlung seiner bisherigen Operndirektorstelle in die eines Generalmusikdirektors
Berlin, 24. Juli 1928

Deutsches Literaturarchiv Marbach
Handschriftenabt., Nachlaß H. Curjel

IV/27
Zeitschriftenaufsätze
»Erhaltet die Kroll-Oper!«,
»Wie man die Krolloper opferte!«,
»Das Ende von Kroll«
Deutscher Theaterdienst, 3. Jg., Nr. 91 vom 29. November 1930; 4. Jg., Nr. 81 vom 24. April 1931 und Nr. 138/139 vom 6./7. Juni 1931

Deutsches Literaturarchiv Marbach
Handschriftenabt., Nachlaß H. Curjel

IV/28
Auszug aus dem Protokoll der außerordentlichen Betriebsratssitzung der Staatsoper am Platz der Republik vom 13. November 1930 zur beabsichtigten Schließung des Kroll'schen Theaterbetriebes

Deutsches Literaturarchiv Marbach
Handschriftenabt., Nachlaß H. Curjel

IV/29
Programmzettel für die Oper
Die Hochzeit des Figaro
oder Der tolle Tag
von Wolfgang Amadeus Mozart
Letzte Vorstellung in der Staatsoper am Platz der Republik,
3. Juli 1931

Deutsches Literaturarchiv Marbach
Handschriftenabt., Nachlaß H. Curjel

IV/30
Brief Otto Klemperers an Hans Curjel mit dem Versuch der Rechtfertigung seines Verhaltens und seiner Taktik in den letzten Wochen vor Schließung der Kroll-Oper. Mit den Worten »Es giebt Todesfälle, bei denen man nicht ein Mal condolieren kann« beschreibt er seine Gefühle, als am 3. Juli 1931 das »Experiment Kroll-Oper« mit der Aufführung *Hochzeit des Figaro* zu Ende ging
Rivadavia (Buenos Aires), 13. August 1931

Deutsches Literaturarchiv Marbach
Handschriftenabt., Nachlaß H. Curjel

IV/31
Bühnenmodell für Igor Strawinskijs *Oedipus Rex* in der Inszenierung von Otto Klemperer, Premiere, 25. Februar 1928
Bühnenbild von Ewald Dülberg
Holz, Textil, Metall; 97 x 67 x 54 cm

Universität zu Köln
Theatermuseum

IV/32
Bühnenbildentwurf für Beethovens *Fidelio,* erster Akt, zweiter Aufzug, in der Inszenierung von Otto Klemperer, Premiere,
9. November 1927
Bühnenbild von Ewald Dülberg
Gouache auf Karton; 63,2 x 42,5 cm

Universität zu Köln
Theatermuseum

IV/33
Bühnenbildentwurf für Ludwig van Beethovens *Fidelio*, viertes Bild, in der Inszenierung von Otto Klemperer, Premiere, 9. November 1927
Bühnenbild von Ewald Dülberg
Gouache auf Karton;

Universität zu Köln
Theatermuseum

IV/34
Bühnenbildentwurf für Paul Hindemiths *Neues vom Tage* in der Inszenierung von Ernst Legal und unter der musikalischen Leitung von Otto Klemperer, Premiere,
8. Juni 1929
Bühnenbild von Traugott Müller
Aquarell; 40,5 x 26,6 cm

Universität zu Köln
Theatermuseum

IV/35
Bühnenbildentwurf für Paul Hindemiths *Neues vom Tage* in der Inszenierung von Ernst Legal und unter der musikalischen Leitung von Otto Klemperer, Premiere,
8. Juni 1929
Bühnenbild von Traugott Müller
Collage, 41 x 28,5 cm

Universität zu Köln
Theatermuseum

IV/36
Bühnenbildentwurf für Jacques Offenbachs *Hoffmanns Erzählungen* in der Inszenierung von Ernst Legal und unter der musikalischen Leitung von Alexander von Zemlinsky, Premiere, 12. Februar 1929
Bühnenbild von Lászlo Moholy-Nagy
Blei, Tusche, Tempera auf Pergamin, 58 x 41 cm

Universität zu Köln
Theatermuseum

IV/37
Bühnenbildentwurf für Jacques Offenbachs *Hoffmanns Erzählungen* in der Inszenierung von Ernst Legal und unter der musikalischen Leitung von Alexander von Zemlinsky, Premiere, 12. Februar 1929
Bühnenbild von Lászlo Moholy-Nagy
Blei, Tusche, Tempera auf Pergamin,

Universität zu Köln
Theatermuseum

IV/38
Bühnenbildentwurf für Claude Debussys *Jeux* in der Inszenierung von Rudolf von Laban und unter der musikalischen Leitung von Fritz Zweig.
Bühnenbild von Teo Otto
Aquarell,

Universität zu Köln
Theatermuseum

IV/39
Bühnenbildentwurf für Paul Hindemiths *Cardillac,* zweiter Akt, in der Inszenierung von Hanns Niedecken-Gebhard und unter der musikalischen Leitung von Otto Klemperer, Premiere, 30. Juni 1928
Bühnenbild von Ewald Dülberg
Aquarell,

Universität zu Köln
Theatermuseum

IV/40
Bühnenbildentwurf für Wolfgang Amadeus Mozarts *Die Hochzeit des Figaro*
in der Inszenierung von Gustaf Gründgens und unter der musikalischen Leitung von Otto Klemperer,
Premiere , 25. Januar 1931
Bühnenbild von Teo Otto
Blei, Feder mit schwarzer Tusche, Aquarell und Gouache auf Karton, 130,3 x 47 cm

Stiftung Schweizerische Theatersammlung, Bern

V
Ersatz für Reichstag und Staatsoper

V/1
Bilddokumentation zum Reichstagsbrand am 27. Februar 1933
Die Woche, 35. Jg.,
Nr. 10 vom 11. März 1933
Reproduktion

Landesarchiv Berlin
Bibliothek

V/2
Bilddokumentation zur ersten Reichstagssitzung in der Kroll-Oper am 21. März 1933
Gedenkausgabe *Die Woche* zum 21. März 1933

Landesarchiv Berlin
Biblitohek

V/3
Besprechung des Reichstagspräsidiums über die Herrichtung der Kroll-Oper für Sitzungen des Reichstages
Links Reichsinnenminister Frick, zweiter von rechts Reichstagspräsident Göring
März 1933
Foto

Ullstein Bilderdienst Berlin

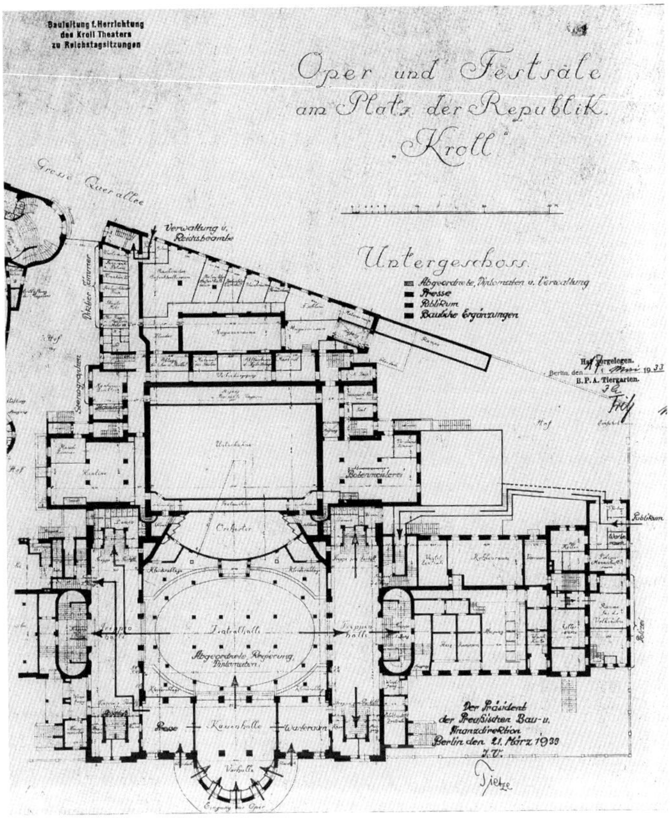

V/4
Mitteilung des Präsidenten der Preußischen Bau- und Finanzdirektion an die Städtische Baupolizei des Bezirks Tiergarten, daß die Kroll-Oper für Reichstagssitzungen behelfsmäßig hergerichtet ist
Berlin, 31. März 1933

Landesarchiv Berlin
Rep. 202, Acc. 2068, Nr. 4213

V/5
Fotos von Umbauarbeiten in der Kroll-Oper
März 1933

Ullstein Bilderdienst Berlin
Landesarchiv Berlin
Bibliothek

V/6
Berichte über die Eröffnung des Reichstages in Potsdam und die erste Reichstagssitzung in Berlin
am 21. März 1933

Landesarchiv Berlin
Rep. 240, Acc. 1147, Nr. 10b

V/7
»Herrichtung des Kroll Theaters zu Reichstagssitzungen« mit Zugängen für Abgeordnete, Diplomaten und Verwaltung sowie für Presse und Publikum farbig eingezeichnet
Grundriß Untergeschoß 41 x 48 cm
Berlin, 21. März 1933

Landesarchiv Berlin
Plansammlung

V/8
»Herrichtung des Kroll Theaters zu Reichstagssitzungen« mit Diplomatenloge und Foyer für Diplomaten und Reichsrat grün eingezeichnet
Grundriß Ranggeschoß 55,5 x 45 cm
Berlin,
21. März 1933

Landesarchiv Berlin
Plansammlung

V/9
»Herrichtung des Kroll Theaters zu Reichstagssitzungen« mit Zugängen für Abgeordnete, Diplomaten und Verwaltung sowie für Presse und Publikum farbig eingezeichnet
Grundriß Parkettgeschoß 45,5 x 48 cm
Berlin,
21. März 1933

Landesarchiv Berlin
Plansammlung

V/10
Fotos zu politischen und kulturellen Ereignissen »bei Kroll« in den 30er Jahren

Ullstein Bilderdienst Berlin
Bildarchiv PK Berlin
Landesbildstelle

V/11
Bericht über die Verabschiedung des Ermächtigungsgesetzes am 23. März 1933 im Reichstag
Vossische Zeitung,
Nr. 141 vom 24. März 1933

Landesarchiv Berlin
Bibliothek

V/12
Einlaßkarte zum Sitzungssaal des Reichstages in der Kroll-Oper
Berlin, 30. Januar 1937

Landesarchiv Berlin
Rep. 240, Acc. 1354, Nr. 27

V/13
Rede Hitlers im Reichstag zum Beginn des Krieges mit Polen am 1. September 1939
Völkischer Beobachter,
Nr. 245 vom 2. September 1939

Landesarchiv Berlin
Bibliothek

V/14
Rede Hitlers in der letzten Sitzung des Reichstages am 26. April 1942
Berliner Lokal-Anzeiger,
Nr. 100 A vom 27. April 1942

Landesarchiv Berlin
Bibliothek

V/15
»Ein ganzes Jahrhundert Kroll«
Zeitungsbericht zum hundertjährigen Bestehen des Kroll'schen Etablissements
Berliner Lokal-Anzeiger,
Nr. 36 vom 11. Februar 1944

Landesarchiv Berlin
Bibliothek

V/16
Programmzettel von Opernaufführungen der Staatsoper zur Zeit am Königsplatz
Cavalleria Rusticana von Pietro Mascagni und *Bajazzo* von Ruggiero Leoncavallo,
9. August 1942
Der Troubadour von Giuseppe Verdi,
15. Oktober 1942
Salome von Richard Strauß,
27. Oktober 1942
Rigoletto von Giuseppe Verdi,
29. Oktober 1943
Tiefland von Eugen d'Albert,
26. Oktober 1943
Ein Maskenball von Giuseppe Verdi mit Eintrittskarte, 7. November 1943

Landesarchiv Berlin
Rep. 129

Kroll'sche Garten-Restaurant, Aufnahme 1946

VI
Gartenlokal und Abriß

VI/1-9
»Kroll« nach dem Zweiten Weltkrieg
Fotos 1945-1956

Landesbildstelle Berlin
Ullstein Bilderdienst Berlin

VI/10
Bestuhlungsplan des
Kroll-Winter-Restaurants
Grundriß
um 1946
Lichtpause,
62 x 42 cm,
Maßstab 1:10

Landesarchiv Berlin
Plansammlung

VI/11
Vermerk der Baudirektion
über Bauzustand, Schäden und
Wiederaufbaukosten für den
Kroll-Wirtschaftsbetrieb
Berlin, 10. Juli 1945

Landesarchiv Berlin
Rep. 202, Acc. 2068, Nr. 4213

VI/12
Bescheinigung für Richard Kunze als
Pächter des Kroll-Wirtschaftsbetriebes
Berlin, 18. Juli 1945

Landesarchiv Berlin
Rep. 202, Acc. 2068, Nr. 4213

Von der Beethovenstraße Ecke Schlieffenstraße zum Platz der Republik.
Im Hintergrund das Reichstagsgebäude. Aufnahme von 1956

VI/13
Aktenvermerk der Baudirektion
über die Einsetzung Richard Kunzes
als Pächter an Stelle des früheren Pächters
Leussing für Krolls Garten
Berlin, 25. Juli 1945

Landesarchiv Berlin
Rep. 202, Acc. 2068, Nr. 4213

VI/14
Gesuch des Pächters Richard Kunze
an den Polizeipräsidenten wegen
Verlängerung der Tanzerlaubnis an
Sonnabenden und Sonntagen ab
1. Oktober 1947
Berlin, 30. September 1947

Landesarchiv Berlin
Rep. 202, Acc. 2068, Nr. 4213

VI/15
Liste des von der
Britischen Militärregierung
beschlagnahmten
Inventars des Kroll-Wirtschaftsbetriebes
Berlin, 21. März 1946
und 4. April 1946

Landesarchiv Berlin
Rep. 202, Acc. 2068, Nr. 4213

IV/16
Genehmigung des Polizeipräsidenten
zur Vollschankerlaubnis an den
Pächter Rudolf Rehnelt
Berlin, 28. April 1950

Landesarchiv Berlin
Rep. 202, Acc. 2068, Nr. 4213

VI/17
Gutachten zum baulichen Zustand des Kroll-Gartens
Berlin, 20. September 1952

Landesarchiv Berlin
Rep 202, Acc. 2068, Nr. 4213

VI/18
Mitteilung der Firma Ed. Züblin AG an die Abt. Bau- und Wohnungswesen des Bezirksamtes Tiergarten, daß mit den Abräumungsarbeiten des Grundstückes der ehemaligen Kroll-Oper in den nächsten Tagen begonnen wird
Berlin, 24. November 1955

Landesarchiv Berlin
Rep. 202, Acc. 2068, Nr. 4213

VI/19
Aktenvermerk des Senators für Bau- und Wohnungswesen, daß die Abräumungsarbeiten abgeschlossen sind
Berlin, 3. August 1956

Landesarchiv Berlin
Rep. 202, Acc. 2068, Nr. 4213

Literaturhinweise

Bullock, Alan, Hitler, Eine Studie über Tyrannei, Vollst. überarb. Neuausgabe, Düsseldorf 1969.

Cullen, Michael S., Der Reichstag, Geschichte eines Monuments, Berlin 1983

Curjel, Hans, Experiment Krolloper 1927-1931, Aus dem Nachlaß hrsg. von Eigel Kruttge, München 1975.

Dettmer, Klaus, Die Grundsteinlegungsurkunden der Siegessäule, Drei Begründungen für ihren Bau und eine für ihren Standortwechsel, in: Berlin in Geschichte und Gegenwart, Jahrbuch des Landesarchivs Berlin 1984, Berlin 1984, S. 49ff.

Domarus, Max, Hitler, Reden 1932-1945, Kommentiert von einem deutschen Zeitgenossen, 4 Bde., 4. Aufl., Leonberg 1988.

Fest, Joachim C., Hitler, Eine Biographie, Frankfurt/Berlin/Wien 1973.

Heyworth, Peter (Hrsg.) Gespräche mit Klemperer, 2. Aufl., Frankfurt am Main 1973.

Hoffmann, Ludwig, Lebenserinnerungen eines Architekten, bearb. u. aus d. Nachlaß, hrsg. von Wolfgang Schäche, Mit einem Vorwort von Julius Posener, Berlin 1983 (= Die Bauwerke und Kunstdenkmäler von Berlin, Beih. 10).

Huettchen, Bruno, Krolls Etablissement, Eine unterhaltsame berlinische Studie, Berlin 1938.

Krieger, Bogdan, Berlin im Wandel der Zeiten, Eine Wanderung vom Schloß Charlottenburg durch drei Jahrhunderte, Berlin 1923.

Raeder, Alwill, Kroll, Ein Beitrag zur Berliner Cultur- und Theater-Geschichte, Denkschrift zu dem 50jährigen Bestehen des Hauses 1844-1894, Berlin 1894.

Reichhardt, Hans J. und Wolfgang Schäche, Ludwig Hoffmann, Die Wiederentdeckung eines Architekten, Berlin 1986 (= Ausstellungskataloge des Landesarchivs Berlin · 6)

Reichhardt, Hans J. und Wolfgang Schäche, Von Berlin nach Germania, Über die Zerstörungen der »Reichshauptstadt« durch Albert Speers Neugestaltungsplanungen, 4. verb. Aufl., Berlin 1985 (= Ausstellungskataloge des Landesarchivs Berlin · 2).

Rodenberg, Julius, Bilder aus dem Berliner Leben, 3. Ausg., Berlin 1891.

Weddigen, Otto, Neues königliches Opernhaus, in: Geschichte der Theater Deutschlands, Bd. 1, Berlin 1904.

Landesarchiv Berlin: Bau-Akten
Pr.Br.Rep. 42, Nr. 3012 bis 3021, 3024, 3029
Pr.Br.Rep. 42, Acc. 1759, Nr. 4175 bis 4188
Rep. 202, Acc. 2068, Nr. 4197 bis 4214.

Bildquellen

Archiv für Kunst und Geschichte, Berlin: Seite 33 links.
Bildarchiv PK: Seiten 55, 93, 102, 130, 145.
Bregstein, Philo, Amsterdamm: Seiten 87, 92, 107, 109, 110.
Hammer, Konrad, Berlin: Seiten 15, 31, 32, 66.
Kunstbibliothek SM PK: Seiten 71, 74, 75, 78, 79, 82, 137.
Landesarchiv Berlin: Seiten 117, 118 oben, 135, 143, 150, 151, 153, 167, 174, 176, 177, 178, 179, 185.
Landesbildstelle Berlin: Seiten 23, 59, 60, 63, 73, 77, 80, 81, 83 unten, 123, 127, 131, 133, 134 154, 155, 156, 157, 162, 163, 169, 173, 187, 188.
Michel, Bruno, Warpe: Seite 6.
Müller, Gerd, Berlin: Seite 47.
Schäche, Wolfgang, Berlin: Seite 138.
Schiller-Nationalmuseum, Marbach a. Neckar: Seiten 99, 105, 111, 112, 113, 114.
Technische Universität Berlin, Plansammlung: Seiten 69, 171.
Ullstein Bilderdienst, Berlin: Seiten 48, 83 oben, 118 unten, 119, 121, 125, 161.
Universität zu Köln, Theatermuseum: Seiten 91, 94, 95, 101.